普通高等院校文化产业管理系列教材

创意管理学

向勇◎著

U0361753

清华大学出版社

北京

内 容 简 介

本书初步构建了以"创意价值"为核心,以创意生成的过程管理为手段,以创意个体和创意组织为管理对象,包括创意人格、创意思维、创意价值、创意故事、创意场景、创意产权、创意营销和创意组织等内容的创意管理体系。本书共分九章,第一章为导论篇,第二章至第四章为创意管理的原理篇,第五章至第九章为创意管理的机制篇。

本书旨在培养读者创意管理的跨领域整合与转化能力,增加其在艺术审美、故事叙事、数字人文和创新创业等方面的知识储备并提高实践技能,既可以用于高等院校文化产业管理专业和艺术管理专业的教学,也可以作为政府文化管理部门、文化企事业单位从业人员和创意工作者的参考用书。

图书在版编目(CIP)数据

创意管理学 / 向勇著. —北京:清华大学出版社,2022.7

普通高等院校文化产业管理系列教材

ISBN 978-7-302-61447-0

Ⅰ. ①创… Ⅱ. ①向… Ⅲ. ①管理学—高等学校—教材 Ⅳ. ①C93

中国版本图书馆 CIP 数据核字(2022)第 130823 号

责任编辑:杜春杰
封面设计:刘 超
版式设计:文森时代
责任校对:马军令
责任印制:杨 艳

出版发行:清华大学出版社

网　　址:http://www.tup.com.cn,http://www.wqbook.com
地　　址:北京清华大学学研大厦 A 座　　　　　邮　编:100084
社 总 机:010-83470000　　　　　　　　　　邮　购:010-62786544
投稿与读者服务:010-62776969,c-service@tup.tsinghua.edu.cn
质量反馈:010-62772015,zhiliang@tup.tsinghua.edu.cn

印 装 者:北京国马印刷厂
经　　销:全国新华书店
开　　本:185mm×260mm　　　印　　张:12.25　　　字　　数:277 千字
版　　次:2022 年 8 月第 1 版　　　　　　　　　印　　次:2022 年 8 月第 1 次印刷
定　　价:49.80 元

产品编号:089029-01

总　序

党的十九大报告首次提出："中国特色社会主义进入新时代，我国社会主要矛盾已经转化为人民日益增长的美好生活需要和不平衡不充分的发展之间的矛盾。"这是具有里程碑意义的一个重大判断，从经济学上来说，是重新定义了财富的概念，对"美"和"好"的诉求变得前所未有的重要。

美好生活建立在生活美学的观念之上，这是社会生产力高度发达后呈现出来的一种全新的生存状态。文化将回归本质，将普照社会生活的每个角落。产业的文化化将是大势所趋。这是全新的精神经济时代，文化在经济生活中将拥有前所未有的重要地位。

在此前的几十年中，我国社会的进步更多地体现在文化的产业化方面。从广州白天鹅宾馆的音乐茶座开始，"文化产业"这颗种子从 20 世纪 70 年代末破土而出，历经各种障碍，最终长成伟岸的大树和茂密的森林。我们都是亲历者和见证者。

也正因如此，很多人以为，文化产业是最近几十年出现的事，并且将文化产业的学术源头追溯到法兰克福学派。的确，法兰克福学派最早从学理上分析了文化工业/文化产业（cultural industries）这一概念，但他们对文化产业的研究是从哲学层面、文化批判的角度进行的，并没有研究文化产业自身的产业特性，这与我们今天所要从事的研究并没有太大的关系。

其实，从更广阔的历史维度看，我国的文化产业化或者产业化的文化拥有非常悠久的历史。从新石器时代的大规模玉器雕琢、交易，青铜器生产的全流程管理，到周代对艺术品市场的管理，再到汉、唐的碑铭市场，宋代的瓦肆勾栏，元代的杂剧和青花瓷，明代的小说出版，清代的绘画市场和京剧戏园，直到民国的电影，等等，无一不是文化产业的生动例证。这一切也为我们今天理解和分析文化产业提供了重要的历史依据和文化自信。

在很长一段时期内，我们对文化产业、文化经济的研究都是严重滞后的。1987 年，钱学森在谈到精神经济理论时说过这么一段话："这个大问题，我国经济学家也出不了多少力，他们也没有研究过。还望有志于此的同志继续努力！"

21 世纪以来，我国的文化产业研究者从文学、艺术、经济、历史、伦理、社会学以及哲学的角度，对文化产业问题进行了分析和解读，为推动国家的文化产业发展、推动相关学科的建设发挥了重大作用。

但从总体来看，文化产业的理论研究落后于如火如荼的产业实践，相关研究也大多局限在政策研究和规划的层面，加上研究者不同的专业背景，文化产业研究难以形成最大公约数。也正因如此，文化产业作为学科的面目并不清晰。目前将文化产业管理作为二级学科归入工商管理的一级学科之下只能说是权宜之计、无奈之举。

学科认知上的错位反映了理论的贫瘠。缺乏理论的学科是肤浅的，更不用说在其上构建学术殿堂。正是学科定位上的不确定性和诸多专家五花八门的专业话语，给人造成一种文化产业管理是一个没有门槛的学科的错觉。但是，文化产业管理并不是一个不需要工具的学科。我们需要整合大家的理论贡献，并且凝聚共识，打造文化产业理论的中国学派。

从 21 世纪初国内开始有高校开设文化产业相关本科专业以来，发展到现在全国已经有上百所高校开设了文化产业管理专业，涵盖专科、本科、研究生等全部教育层次。此前，北京大学、上海交通大学等高校也先后组织出版了相应的文化产业系列教材，这些教材为推动专业建设和学科建设发挥了积极作用。同时，由于各高校开设的文化产业管理专业的学科归属千差万别，一定程度上存在着老师会什么就教什么的现象，而不是根据专业需要设置基础课、专业基础课和专业课，这既不利于文化产业管理专业的标准化和规范化，又不利于培养符合社会需要的合格的文化产业人才。当然，这也并不是一所学校、一位教师所能解决的。

应当看到，经过三十余年的探索，尤其是近二十年政策和实践的推动，以及二十余年持续不断的人才培养，文化产业学科已经聚集了大量的从业者。教学科研队伍也因为专业多样性而显示出新文科和交叉学科的特点。我们对中国文化产业研究中所涉及的问题、提出的观点也是有价值的，对我国产业发展做出了重要的理论贡献。对此，我们充满信心。

2017 年，中国艺术学理论学会中国文化产业管理专业委员会成立，这是我国文化产业学科第一个全国性学术组织，发起单位包括北京大学、清华大学、中国人民大学、复旦大学、上海交通大学、南京大学、武汉大学、厦门大学、四川大学、云南大学、中国传媒大学、中央财经大学、中国海洋大学、深圳大学、南京艺术学院等高校和国家行政学院，聚集了国内研究文化产业最活跃、最有影响力的专家学者，代表了从事文化产业教学和科研的主流力量。中国文化产业管理专业委员会成立后，大家一方面致力于推动文化产业的学科建设和智库建设，另一方面致力于推动文化产业管理的专业建设，希望能够联合起来，形成一些较为规范和成熟的本科专业教材。

在这样的动议下，中国文化产业管理专业委员会成立了由会长、副会长以及常务理事组成的教材编纂委员会，负责教材的遴选和把关。教材建设拟分步实施，成熟一本出版一本，计划通过几年的努力，完成三十本左右的规范教材，推荐给全国的文化产业管理专业的教师和学生。

在教材的编写中，我们坚持马克思主义的立场、观点和方法，博采众家之长，反映课程思政的最新成果。随着全面建成小康社会第一个百年目标的实现，我国开启了全面建设社会主义现代化强国的新征程，高质量发展成为社会的最强音。文化经济和文化产业发展任重道远。我们将以习近平新时代中国特色社会主义思想为指南，以生动、宏伟的文化产业实践为归依，努力编撰出反映文化产业学科特点和水平的系列教材。

还望同行们共同努力！

李向民

2021 年 6 月于南京

前　言

　　当今时代处于经济社会大变革的新时代，是哲学社会科学大发展大繁荣的时代。如何有效地推动文化艺术参与市场经济和产业升级的社会实践，无论是 20 世纪 60 年代肇始的艺术管理和 20 世纪 80 年代兴起的文化产业的西方学界，还是 20 世纪和 21 世纪之交勃兴的艺术管理和文化产业的中国学界，都对此进行了富有创新性的学术探索。无论是艺术管理还是文化产业管理，都是以艺术作品或文化产品的艺术创作和文化生产为对象，侧重于艺术作品或文化产品的创意、制作、配送、营销、交易和消费的管理。随着数字技术的全面介入、文化创意的深度融合和人们日常消费的品质提升，艺术创造和文化创意作为一种核心能力，对传统产业的转型升级和经济社会的高质量发展产生越来越重要的作用，文化产业管理学界和工商管理学界应这种技术革命与时代发展的需要，不约而同地提出创意管理学学科探索的范式突破。

　　广义的文化产业管理专业建设大致分为三个阶段。第一阶段是艺术管理或文化管理阶段，开始于 20 世纪 60 年代欧洲大陆的文化管理专业和英、美两国的艺术管理专业。这个阶段的文化产业管理主要限定在文化艺术领域，包括音乐、舞蹈、戏剧的表演艺术，美术、雕塑、摄影、工艺品的视觉艺术以及与这些艺术品有关的音乐厅、美术馆、画廊、拍卖行和博物馆等艺术机构，以艺术价值为管理对象，以艺术作品为纽带，关注艺术创作、艺术接受、艺术营销、艺术赞助等内容。我国在 20 世纪 50 年代就有北京电影学院等个别高校开办了制片管理专修班，较早开设文化管理专业的高校是上海交通大学（1993 年开设，其实当年教育部也给北京大学批复了该专业，但未招生），很多艺术院校在 20 世纪八九十年代先后开设了艺术管理专业。艺术管理作为连接艺术与市场的桥梁，在维护艺术品的神圣价值和艺术家的专属地位的前提下，通过价格策略、渠道策略、促销策略等管理手段，把艺术品更好地推向消费大众，以提升消费大众的艺术感知和审美能力。

　　第二阶段是文化产业管理阶段，开始于 20 世纪 80 年代，西方大学和学者在联合国教科文组织的倡导下探索文化产业对一个国家和地区的经济贡献和社会价值，尝试推进文化产业学术研究和专业建设。随着 20 世纪 90 年代末英国提出"创意产业"的发展路径，一大批与文化产业相关的专业应运而生。2004 年，我国教育部在本科专业目录外设立文化产业管理专业，山东大学、中国海洋大学、云南大学和中国传媒大学首批开设文化产业管理专业；2012 年文化产业管理专业被正式纳入教育部本科专业目录，全国逐渐形成艺术管理、文化管理、文化产业管理三个不同学科定位的学科建设与专业建设的发展道路，后来逐渐汇流为艺术管理和文化产业管理两大路径。这个阶段的文化产业管理以文化价值为管理对象，以文化产品为纽带，拓展了艺术管理的行业范畴、价值使命和操作实践，加大了文化与经济、艺术与商业、文化与技术、文化与产业的融合力度，关注文化产业的经济效益与社会效益的统一，以市场化方式满足消费大众个性化、多元化的精神需求，实现文化产业的价值链集聚效应和地区空间集群效应。

第三个阶段是创意管理阶段，开始于 2010 年前后。随着文化产业的深入发展，文化产业不仅要面对文化资源如何推动文化产业快速发展的"转化"问题，而且要面对文化产业如何提升传统产业附加价值的"赋能"问题。文化产业的核心竞争力不仅是静态的文化创意产品，更是动态的文化生产能力。这个阶段的文化产业管理以创意价值为管理对象，以创意产品为纽带，大大拓展了文化产业管理的范畴和应用领域，特别关注创意生产链、创意供应链、创意价值链的理论研究和社会实践，强调以动态性、系统性、网络化的创意观延长创意价值。这个阶段的文化产业管理将创意管理能力视为个体、组织、地区和国家的核心竞争力，倡导将创意管理作为每个人的通用能力，这样有助于提升个体自身的生活品位和职业品格，有助于提升产品价值的精神内涵和国家经济的发展品质。

本人在 2005 年前后从事博士研究的时候开始关注文化产业经营管理者的创意赋能能力，重点探究创意管理者的个体特质与开发模式，初步提出了"创意领导力"的能力框架。随着研究问题的聚焦和学术视野的开阔，本人也比较有意识地关注国内外学术同行对这一问题的研究。2012 年，本人先后翻译、出版了英国创意管理学者克里斯·比尔顿（Chris Bilton）教授的《创意与管理》和《创意战略》等学术著作，与德国斯泰恩拜斯大学（Steinbeis-Hochschule Berlin）创意领导力学院大卫·斯洛库姆（David Slocum）博士保持紧密的学术联系，也注意到国际人力资本学者开始研究创意资本的学术成果。这些学者都从不同角度去探究艺术创造、文化创意和创意劳动的过程管理，不仅要把艺术家创作的艺术作品更好地向消费者推广，更为重要的是探究这些艺术创作和文化创意和整个社会经济的关系，探究创意如何成为一个更大的产业体系和经济生态。因此，本人从关注文化产业的内容管理和结果管理转而开始关注文化产业的过程管理，把文化产业管理的重点从文化资源和文化产品本身转向文化资源变成产业经济现象的创意过程，凸显"创意"的价值。2014 年，本人依托中国文化产业新年论坛每年举办的创意管理峰会，发起公益组织"创意领导力学院"，开办创意管理的公益课程。2014 年，四川大学商学院杨永忠教授成立"创意管理研究所"，2015 年率先招收工商管理学文化创意管理研究方向的博士生，编撰《创意管理评论》和"中国创意管理前沿研究系列"，2019 年在"中国技术经济学会技术创新创业分会"下设立"国际创意管理专委会"，组织国际创意管理前沿教材建设，在全国范围内产生了广泛的影响。创意管理学作为人文学科与社会科学交叉的研究领域，自此在全国形成北京大学以艺术学理论一级学科为建设依托，四川大学以工商管理学一级学科为建设依托的创意管理学理论研究、人才培养、专业建设和学科建设的两种模式，得到清华大学、中国人民大学、同济大学、吉林大学、重庆大学等诸多高校的积极响应。

总体而言，本人还是在艺术管理与文化产业管理的学科视野下推动创意管理学的研究与实践。"创意管理学"可以作为艺术管理和文化产业管理专业的必修课程，可以拓展艺术管理与文化产业管理专业建设的知识视野和适用范围。创意管理学还是一个发展中的、新兴的知识领地且涉及艺术学、管理学、传播学、心理学等诸多学科领域，还没有形成一个成熟的理论框架。考虑到本书的写作定位要承担文化管理、艺术管理和文化产业管理等相关本科专业课程的教材功能，经过对中外学者创意管理学相关研究的广泛阅读和认真梳理，初步构建了以"创意价值"为核心，以创意生成的过程管理为手段，以创意个体和创意组织为管理对象，包括创意人格、创意思维、创意价值、创意故事、创意场景、创意产权、创意营销和创意组织等内容的创意管理体系。这个创意管理的知识体系并不是面面俱到、无所不包的，而是对创意管理知识模块的重点强调。简而言之，创意管理学就是为实现创意价值而开展的一系列与之相关的管理实践。

创意管理已经成为一种超越文化艺术生产和文化产业管理的实践活动，创意管理的理论和实践具有复杂性和多样性。

本书共九章。第一章为导论篇，阐释了创意管理学的对象与方法，探讨了创意管理学兴起的时代背景、创意与管理理论的知识演化、创意管理的基本内涵与特征以及创意管理学的主要研究方法，从整体上梳理了创意管理学的学术源流、发展脉络和基本内容。

第二章至第四章为创意管理的原理篇。其中，第二章"创意管理的能力与生态"介绍了创意能力的基本概念与开发途径，创意人格的要素、测量与养成以及创意生态的基本特点与构建机制等内容；第三章"创意思维的方式与技法"总结了创意思维的根据特征、创意思维的基本原理和创意思维的主要技法等内容；第四章"创意管理的价值与资本"分别阐释了创意价值的历史评价与基本内涵，创意价值评估的角色、依据与逻辑，创意价值评估的方法与流程以及创意资本的结构与框架等内容。创意能力、创意人格、创意思维、创意价值构成了创意管理的基础原理。

第五章至第九章为创意管理的机制篇。其中，第五章"创意故事的开发与应用"分析了创意故事的内涵、价值与构成要素，创意故事的素材萃取、原型提炼和消费洞察以及创意故事的收集与整合等内容；第六章"创意场景的结构与构建"阐释了创意场景的概念、创意场景的层次与内涵，气氛美学、元气思维与气氛制造以及创意场景的文化元素、舒适物与构建模式等内容；第七章"创意产权的孵化与授权"论述了创意产权的保护途径与主要价值、文创 IP 的基本要素与主要分类以及创意产权的授权方式及其评价指标等内容；第八章"创意营销的品牌与传播"分析了创意品牌的概念、价值构成与架构模型，创意品牌的特征、要素与模式以及创意营销的发展转型与价值本质等内容；第九章"创意组织的运营与战略"阐释了创意组织的发展形态与观念、创意组织的职能定位与运营、创意战略的制定与执行以及创意领导力的共生基因等内容。创意故事、创意场景、创意产权、创意品牌、创意传播、创意战略、创意领导力等构成了创意管理的发生机制。

此外，本书原计划用六章的内容讨论创意管理的实务与案例，准备遴选视觉创意策展、影视创意制片、演艺创意制作、文旅创意运营、文化空间创意营造、节庆创意运营等不同行业的创意管理理论与实务，但囿于通用教材的篇幅只好作罢，希望以后有机会专书一本有关"创意管理实务与案例"的研究成果。

英国创意经济学者约翰·霍金斯（John Howkins）在《创意生态》一书中指出，21世纪是一个创意经济的时代。在这个时代，人人都是创意者，这些创意者通过市场机制实现创意的价值交换，这些创意者生长于自由、多元和包容的社会环境之中。创意管理学作为艺术学与管理学的交叉学科，既有艺术学的学科属性，又有管理学的学科基因，是研究创意价值的生成、转化、扩散等发展规律及其社会功能的一门交叉学科，与人的创造能力、产品内涵、产业质量和经济品质息息相关。创意管理以文化资源为基础，以文化创意为起点，通过创意的产生、制作、传播、转化、扩散等社会化过程，实现创意价值的综合效应。创意管理点燃了每个人的创造力和想象力，改变了产品的价值内涵和产业的创新维度，激活了整个社会的创新力和生产力。

创意的时代已经来临，我们唯有勇敢面对。

向勇

2022 年 3 月于北大燕南园

目 录

导 论 篇

原 理 篇

机　制　篇

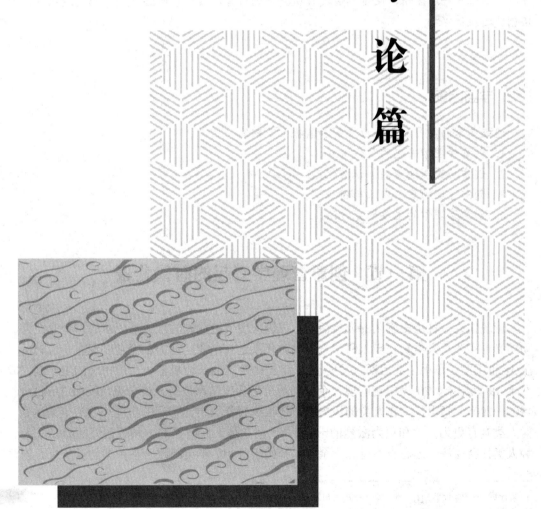

导 论 篇

第一章

创意管理学的对象与方法

创造主未完成之工作，我们接过来，继续创造……所以处处是创造之地，天天是创造之时，人人是创造之人，让我们至少走两步退一步，向着创造之路迈进吧……只要有一滴汗，一滴血，一滴热情，便是创造之神所爱住的行宫，就能开创造之花，结创造之果，繁殖创造之森林。[①]

——陶行知

 学习目标

通过本章的学习，学生应了解和掌握如下内容。

1. 创意管理学兴起的时代背景。
2. 创意与管理理论的知识演化。
3. 创意管理的基本内涵与特征。
4. 创意管理学的主要研究方法。

第一节　创意管理学兴起的时代背景

管理作为一种历史悠久的人类活动，在进入现代企业制时代以后，才成为企业经营活动的必要实践。人类真正步入科学管理的时代不过百余年。西方的企业制诞生于 14 世纪至 18 世纪的工场手工业后期，发展于 18 世纪中叶工业革命机器大生产出现的工厂制，成熟于 19 世纪末、20 世纪初的现代企业制。著名管理学家彼得·德鲁克（Peter Drucker，1909—2005）指出，"在人类的历史上，还很少有什么事比管理的出现和发展更为迅猛，对人类具有更为重大和更为激烈的影响"[②]。创意是人人向往的一种开创性能力，成为一种人类社会经济新形态也不过二十余年，开始于 1998 年英国政府主推的创意产业和创意

---

① 陶行知. 育才学校手册[J]. 重庆陶研文史, 2012（3）：11-25.
② 德鲁克, 齐若兰. 管理的实践[J]. 当代电力文化, 2014（4）：12.

经济。未来学家阿尔文·托夫勒（Alvin Toffler，1928—2016）认为，资本的时代已经过去，创意时代在来临；谁占领了创意的制高点，谁就能够控制全球！主宰 21 世纪商业命脉的将是创意①。创意管理学来自于两个学科领域的融合，即人文学科的"创意"与社会科学的"管理"。本书所谓的"创意管理"的内涵，不是让管理看起来富有创意，而是将创意视为管理的对象。

根据《辞海》的定义，"管理"指"社会组织中为实现预期目标进行的以人为中心的协调活动，其目的是实现预期目标，本质是协调，使个人的努力与集体的预期目标相一致"。"创意"指"创造新意或新的意境，具有开创性的想法、构思等"。从文化产业的角度而言，创意管理是文化产业战略思维与运营管理实践的具体落实。创意管理是艺术管理、文化产业管理和文化管理等不同形式的价值演进（见图 1-1）。

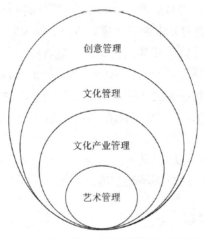

图 1-1　创意管理及其相关概念的关系

一、创意管理学诞生的宏观背景

创意管理是时代的产物。人类文明的进程方向呈现一种"之"字形螺旋式上升的结构。按照马克思历史唯物主义生产力与生产关系基本矛盾的不同性质，人类社会发展的历史进程分为原始社会、奴隶社会、封建社会、资本主义社会、社会主义社会和共产主义社会等不同的社会形态。按照技术演进生产要素和社会组织的变化，日本野村证券把人类社会的经济行为分为农业经济时代、工业经济时代、信息经济时代和创意经济时代。美国趋势专家丹尼尔·平克（Daniel Pink）把人类的经济发展分为以农民为主的农业经济时代、以工人为主的工业经济时代、以知识劳工为主的信息经济时代以及以创意者为主的概念经济时代，称概念时代是创造者和共情者的时代，是高感知和高概念的时代。②人类社会从原始社会、原始经济进入农业社会、农业经济经历了漫长的历史演进，从农业社会、农业经济

---

① 托夫勒. 第三次浪潮[M]. 朱志焱，潘琪，译. 北京：三联书店，1983：44-512.

② 平克. 全新思维：决胜未来的 6 大能力[M]. 高芳，译. 杭州：浙江人民出版社，2013：52-57.

进入工业社会、工业经济是人类社会的第一次现代化，进入知识社会、知识经济是人类社会的第二次现代化。当前，人类社会开始进入创意社会、创意经济时代，进入世界经济史学家安格斯·麦迪森（Angus Maddison，1926—2010）所谓的经济发展拐点[1]，从物质经济向非物质经济（精神经济、文化经济、概念经济）转变，出现基于生产端的"创造力生产"和基于消费端的"想象力消费"的产、消融合现象。美国经济学家华尔特·罗斯托（Walt Rostow）提出一个罗斯托起飞模型（Rostovian take-off model），认为人类社会经济发展要经历早期阶段、起飞阶段、成熟阶段、高消费阶段、生活质量阶段和追求生活质量阶段。[2]进入追求生活质量阶段以后，人类社会进入大规模消费时代，以消费业和服务业为主，也将进入福利社会时代。

总体而言，创意管理发生在人类社会进入创意经济的高级阶段。在这个阶段，社会经济的增长动力从物质要素转向符号要素，从物质经济转向符号经济。社会生产要素已从物质资源（如土地、矿产、劳动力）让位于非物质资源（如大数据、技术专利、故事版权）。社会财富日益表现为一种符号价值和数据资本，包括商标、专利和版权在内的文创资产成为社会经济发展的核心生产要素之一，也成为一个文化企业和地方政府的核心资产之一。这个阶段，社会经济的增长效益实现从时间经济向场景经济的转型。随着互联网尤其是移动互联网的发展以及 5G、大数据、人工智能、区块链、云计算、机器人、3D 打印等数字新基建的加快布局和场景应用，那些决定经济增长的主要方式已经从时间过渡到场景，或者说时间也被置换到场景之中。场景是人与人在智能时代的新连接方式，是一种基于共享的价值观连接，具有多元叙事的故事驱动和通感场域的统觉体验的后现代特征。

二、创意管理学诞生的中观背景

从旧经济向新经济的转变，同时伴随着社会消费的迭代升级。我们一般把消费群体分为 X 世代、Y 世代、Z 世代和 α 世代。X 世代出生于 1965 年到 1975 年，Y 世代出生于 1976 年到 1995 年，Z 世代（又称千禧一代）出生于 1996 年到 2010 年，2011 年之后出生的人被称为 α 世代。现在，创意产品的消费主体是 Z 世代，消费潜力主体是 α 世代。Z 世代人群有独特的审美需求、社交诉求和价值追求。这种新时代的消费者到底是什么人呢？这些消费者具有明确的社交态度和道德标准，具有对高尚事物的追求和感动，对社群文化充满专注力和自信，具有很高的人文素养和审美能力。[3]这与旧时代的消费观有很大的不同，有业界人士把这种新消费浪潮概括为"老潮"（既老又潮）、"低雅"（既低又雅）、"高暖"（既高又暖），这样的新型消费群体正在快速成长。新经济业态不仅包括新智能经济、新信息经济和新能源经济，还包括新文创经济。这种新文创经济就是业界所谓的"美学经

---

① 麦迪森. 世界经济千年史[M]. 伍晓鹰，等，译. 北京：北京大学出版社，2003：20-300.
② 罗斯托. 经济成长的阶段：非共产党宣言[M]. 北京：商务印书馆，1962：10-180.
③ 吴声. 新物种爆炸：认知升级时代的新商业思维[J]. 华北电业，2018（4）：91.

济"，也是一种惊奇经济、心灵经济、体验经济、手感经济。①新文创经济与人的体验和心灵密切相关，是审美需求的高级需求。美学经济必然是一种体验经济，在人的体验当中，除了视觉、听觉之外，还有触觉、味觉、嗅觉和心灵的感知。数字技术通过这些不同感官给人们带来意想不到、情理之中的惊奇震颤。因此，在高质量发展当中推动新经济增长，必须运用美学经济策略来实现新动力的激活和新业态的创生。

创意管理是文化产业自身逻辑演进的结果。从文化产业发展到文化经济的转变，核心部分是高度重视和深入提炼文化基因和文化记忆。这意味着我们要高度重视和提炼文化遗产并且进行创造性转化和创新性发展。与此同时，要借助各种文化创意手段对传统产业进行赋能，为其提供大量的文化动力和创意价值，推动实体经济的品质提升和结构升级。联合国教科文组织于 2004 年提出全球创意城市网络，在全世界范围内遴选设计之都、音乐之都、电影之都、美食之都、手工艺和民间艺术之都、媒体艺术之都、文学之都七大"创意之都"。我国的上海、深圳、北京、佛山、杭州、苏州、长沙、青岛、澳门先后入选。创意之都的评选体现了联合国教科文组织对文化创意在经济发展中所发挥作用的高度重视。文化创意通过融合创新，推动地方经济的转型发展。2014 年，国务院在《关于推进文化创意和设计服务与相关产业融合发展的若干意见》中明确提出，文化创意和设计服务要和第一、第二、第三产业进行深度融合，与农业、消费品制造业、工业品制造业、人居环境业、旅游业、科技业等紧密融合。

印度整合营销专家辛默（Kunal Sinha）认为，创意是"摈弃惯例、打破常规"，"创意的实用性和功能性尤为重要"，"创意是艰苦思考的结果"，"创意的灵感来自生活"，中国人在应对世界的时候往往采取感性和象征的情感方式，中国是一个具有深远的创意历史的国家，中华文明为世界贡献了地动仪、印刷术、火药、指南针等诸多创意发明，当今的中国人都在寻求个性化、差异化的发展道路，关注个体的创新精神和创意法则，重视创造力教育的体制改革，正在音乐、美术、影视、娱乐、设计等新兴领域展现出蓬勃发展和繁荣兴盛的创意生机，中国已经用创意事实和实践打破了西方人对中国人缺乏创意的刻板印象。②近年来，北京大学文化产业研究院研究团队进行了关于"中国城市文化创意融合发展指数"的研究，针对文化创意融合发展的角色认知，提出"中国城市文化创意指数"。这套指数分为文化创意+创新驱动力、文化创意+审美驱动力、文化创意+赋能能力和文化创意+创意生态四个一级指标，还包括十六个二级指标。文化创意融合发展的核心，既有价值驱动，又有审美驱动，其细分指标包括未来可能性、创新研发力、失败容忍度、城市美感、城市普惠度、城市幸福感等。③通过文化创意指标体系的数据分析和成果呈现，城市主要领导越来越重视文化创意的作用。我们可以看到，在 2020 年的"中国城市文化创意指数榜单"上（见图 1-2），中国城市文化创意指数排名前四位的依次是北京、深圳、

① 庄锦华. 特色小镇文创宝典：桐花蓝海 5.0[M]. 北京：电子工业出版社，2018：32-100.
② 辛默. 谁说中国没创意：奥美揭示中国创意真相[M]. 北京：中国青年出版社，2009：1-184.
③ 王齐国，王苗苗，段世文. 2019 年中国城市文化创意指数研究报告[J]//叶朗，等. 中国文化产业年度发展报告（2020—2021）[M].北京：社会科学文献出版社，2021：336-355.

上海、广州。北京位居榜首，深圳赶超上海，跃居第 2 位。从指数分值来看，北京位居榜首的优势较弱，排名第 2 名的深圳正在奋起直追。广州和杭州分别保持在第 4 位和第 5 位。苏州从 2019 年的第 12 名跻身 2020 年的十强，位列第 6 名。南京从 2019 年的第 10 名提升到 2020 年的第 7 名。东莞依然保持在第 9 名。2019 年入围十强的三个西部城市在 2020 年排名整体下滑，西安从第 7 名下降至第 8 名，重庆从第 6 名下降至第 10 名，2019 年排名第 8 位的成都在 2020 年掉出十强城市，位列第 11 名。

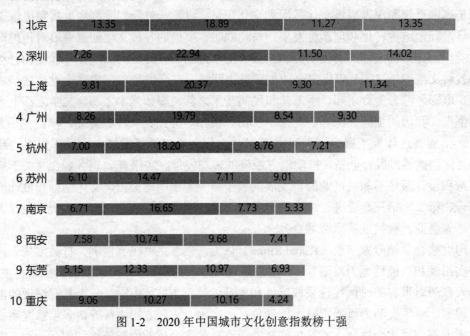

图 1-2　2020 年中国城市文化创意指数榜十强

注：各段指数依次为创意生态、赋能能力、审美驱动力和创新驱动力

根据中国城市文化创意指数分析，城市文化创意呈现为一个巨大的有机系统，包括整体城市环境的建设、文化的多样性、文化的内涵度、人才培养、文化企业的数量、文化企业的市值规模、城市公共文化基础设施、城市对公共服务预算的支出等。仅就上海而言，它所具有的独特优势是高度的开放性、国际化和市场化。上海建设了我国第一个自贸区，与国务院相关部委共建国家文化贸易基地、国家版权贸易基地等，开展以负面清单为代表的体制和机制创新。拥有巨大的文化消费市场并形成海纳百川的海派文化传统，使得上海在文化创意方面的可持续发展前景巨大。

三、创意管理学诞生的微观背景

人的发展总是通过社会角色获得重新定义。早期的研究采取"经济人假设"，认为人总是追求自己的利益最大化，而且总是以自身的利益进行理性决策。但在实际情况中，很多事实证明"经济人"不一定完全代表人的状态，人也不一定全部根据自身的经济利益诉求来决策。所以，后来有了"社会人假设"，即人在利己的同时又利他，有追求自我发展和社会和谐发展的双重需要。再后来，有学者提出"文化人"的假设，即人需要获得文化内涵的价值驱动并根据世界观和价值观，追求自我实现，人的发展与文化因素密切相关。此外，有学者提出"创新人"的假设，认为在一定的条件下，人的创新力、想象力和创造力可以实现更大价值的发挥。①总体而言，人具有多元人性的复杂需求，在不同的发展阶段、生活场景和生产情境中，不同的人性假设对人的心理、认知、行为发挥不同的作用。

按照美国人本主义心理学家亚伯拉罕·马斯洛（Abraham Maslow，1908—1970）的需求层次理论，我国在全面完成脱贫攻坚和全面建成小康社会之后，实现个体生存层面的突破，人们不再满足于对产品所具有的质量、工艺等功能价值的满足，开始迈向对生活境界的探索，追求以设计、创意、情感为特征的美感体验，开始崇尚生命视野的开拓，追求以价值、文化、信仰为内涵的理念分享（见图 1-3）。因此，在丹尼尔·平克看来，创意者在未来社会占据着知识生产和创意生产的主导地位，要具备六种能力：① 设计感，不但要注重产品的功能、效率，还要注重产品的美感、风格和形式；② 故事力，不但要讲逻辑、理性、商业，还要讲故事、情感、情绪；③ 交响力，注重整合、和谐；④ 共情力，要有同理心；⑤ 娱乐感，拥有快乐的竞争力，要有游戏心态、好玩心和幽默感；⑥ 意义感，要追求内在的意义、价值。②创意管理的过程是日常生活的审美呈现的过程。英国美学家迈克·费瑟斯通（Mike Featherstone，1946—）认为，"日常生活审美化"主要包括三个方面：第一，消解美和艺术与日常生活之间的界限，消解艺术的独立性与神圣性，高雅艺术或精英艺术与通俗艺术、流行艺术之间的鸿沟渐渐消失；第二，日常生活被打造成艺术品，日常生活中那些具有审美性、创造性的因子被重新激活，人们追求现实生活的艺术化；第三，视觉文化进入日常生活，影像性艺术和虚拟性创意参与日常生活艺术化的形塑。③

图 1-3　人们美好生活需要的迭代升级

---

① 胡雨晗."创新人"假设的生成依据及其内涵[J]. 理论导刊，2018（9）：81-85.

② 平克. 全新思维[J]. 日用电器，2007（3）：35-38.

③ 费瑟斯通. 消费文化与后现代主义[M]. 刘精明，译. 南京：译林出版社，2000：1-252.

人们的消费升级要求提升产品的品质内涵。消费品的价值分为使用价值（本体价值）和交换价值（客体价值、经济价值），而使用价值包括功能价值和文化价值。一般而言，按照消费品的功能价值和文化价值的主次进行分类，人们的消费品可以分为以功能价值为核心的日用品，以功能价值为主、文化价值为辅的时尚品，兼具功能价值和文化价值的奢侈品，以文化价值为核心的艺藏品。人们越来越追求充满文化内涵、艺术审美的产品。因此，文化产品可以被分为"纯文化产品"（以精神文化消费为直接目的的产品）和"混合型文化产品"（兼具功能价值与文化价值的文化产品，又分为"半文化产品"和"泛文化产品"）。长远来看，一切有竞争力的产品都将采用文化策略，以创意为手段，增强产品的文化内涵和审美品质。

随着互联网技术的迅猛发展，企业的边界消失，现代企业出现一种共生型组织特征。陈春花认为，共生型组织具有以下四个特征：① 互为主体性，即彼此互相设定，每个个体在互动交往当中设定对方的角色，也设定自己的角色；② 整体多利性，即不是一种零和博弈，是双赢和多赢；③ 柔韧灵活性，具有灵活性和扁平化的组织特性；④ 效率协同性，即在高度灵活的协同中产生高效率。[①]

共生型组织呼唤集体智慧。英国学者杰夫·摩根（Geoff Mulgan）系统地阐述了"集体智慧"的功效。他认为，互联网时代的社会进步不仅仅是专家和精英的引领结果，而且集体智慧也在其中扮演更重要的角色。集体智慧是一个协作进化的过程，要求活力四射的创新空间，要有一套把注意力、创造力、判断力统和到一起的运作机制。集体智慧不是乌合之众的加总，而是需要一系列规则、标准和结构。集体智慧需要优良的组织管理风格，这种组织的原则自治性很高，既要聚焦和扩散，又要反思和学习。集体智慧的创意更多地来自于日常生活。[②]

创意来源于生活，创意根植于生活。美学氛围赋予日常生活以创意价值。如同费瑟斯通提出的"日常生活审美化"现象，创意不仅"把艺术转换成生活"，也"把生活转换成艺术"。创意不是来自于办公室等生产空间，而是来自于人们的生活空间和交流空间，人们在其中产生创意。现代新型管理就是增加创意、增加美感、增加创造力的氛围培育和机制建设。日常生活当中集体智慧的释放不是简单的个体智慧的综合和加法，而是各种能力的平衡、有效设施的保障、规范管理的实施、相关资源的投入。

第二节　创意管理学的理论源流

创意管理学分为创意文化理论和管理科学理论两个角度，其知识历程和学术演进以创意的维度和管理的维度曾分属不同的学术源流，经过漫长的理论演进和实践发展，最终汇合成创意管理的知识洪流。

---

① 陈春花，赵海然. 共生：未来企业组织进化路径[J]. 当代电力文化，2018（11）：88.
② 摩根. 大思维：集体智慧如何改变我们的世界[M]. 郭莉，尹玮琦，徐强，译. 北京：中信出版社，2018：1-354.

据考证，中文语境下的"创意"第一次出现在王充（东汉，27—约97）撰写的《论衡·超奇》："及其立义创意，褒贬赏诛，不复因《史记》者，眇思自出于胸中也"，特指创出新意。"创意"与"创作""创造""发现""发明""创新""创业"等概念相关。其中，"创作"指最大限度地发挥创作主体的创造力，包括敏锐的感受力、深邃的洞察力、丰富的想象力、充分的概括力以及相应的艺术表现技巧，一般特指文艺作品的创造性活动；"创造"特指做出前所未有的事情，多用于艺术创造；"发现"指经过研究、探索，找到前人没有看到的事物或规律，一般用于科学发现；"发明"指创造出从前没有的事物或方法，一般用于技术发明；关于"创新"，按照创新理论大师约瑟夫·熊彼特（Joseph Schumpeter，1883—1950）的理解，是指建立一种新的生产函数，企业家的职能就是实现创新；"创业"指开办新的事业，一般指基于市场逻辑以开办企业组织的事业形态。总之，创意跟创造、创新和创业等紧密相连，它们之间各自有包含或被包含的关系（见图1-4）。

图 1-4 创意及其与相关概念的关系

一、创意观念的历史演进

西方历史上，人们对创意观念的认知经历了四个阶段（见图1-5）。

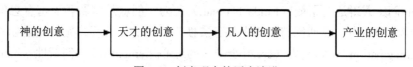

图 1-5 创意观念的历史演进

第一阶段为"神的创意"观念阶段（时间大致为文艺复兴以前）。"从某种意义上说，创造的观念很可能起源于上帝创造的观念，直到基督教兴起才有真正的创造观念。"[①]古希腊神话中掌管灵感、艺术与科学的缪斯女神分别司掌音乐、舞蹈、诗歌等艺术。基督教经典《旧约·创世记》在描述宇宙的起源、人类的起源时，也称天地万物为上帝所造："起初神创造天地。地是空虚混沌。渊面黑暗。神的灵运行在水面上。神说，要有光，就有了光。神看光是好的，就把光、暗分开了。"此后，上帝还创造了诸水之间的空气，大地和海洋，日月星辰，鱼、生物和雀鸟，牲畜、昆虫和人的始祖亚当、夏娃。我们注意到，《创世记》的英文为"*Creation*"，强调"创意归神"的专属性。这是一种创意魔岛观，

---

① 彭锋. 西方美学与艺术[M]. 北京：北京大学出版社，2005：123.

认为创意神秘莫测，就像古希腊传说中的魔岛，悄然浮现，又不可捉摸。

第二阶段为"天才的创意"观念阶段。"创意"一词的现代意义产生于欧洲文艺复兴时期。英文语境下的"创意"（creative）最早见于英国诗人杰弗雷·乔叟（Geoffrey Chaucer，1343—1400）创作的《坎特伯雷故事集》（*The Canterbury Tales*）中的《牧师的故事》（*The Parson's Tale*）一文，creative 一词来源于拉丁语 creō，意为"to create, make"。这个时候的创意来自于"天启"和"神授"的天才。天才即有天赋的杰出人才，犹如神的创意进入天才的身体而让天才显现神的创意。尼采在《悲剧的诞生》中指出，这种创意天才具备理性的日神精神（即阿波罗精神）和感性的酒神精神（即狄俄尼索斯精神）。他指出，"艺术的持续发展是同日神和酒神的二元性密切相关的……两种如此不同的本能彼此共存，多半又彼此公开分离，相互不断地激发更有力的新生，以求在这新生中永久保持对立面的斗争"。在尼采看来，希腊艺术的顶峰应该是"阿提卡悲剧"和"戏剧酒神颂"，因为它们是既属于酒神又属于日神的艺术作品。[①]英国遗传学家弗朗西斯·高尔顿（Francis Galton，1822—1911）在 1869 年出版的《遗传的天才》（*Heredity Genius*）中依然持有这样的天赋才能观（god-given ability）。

第三阶段为"凡人的创意"观念阶段。进入工业革命中后期，随着机器设备替代人力承担繁重的劳动，创意逐渐变成人的一种普遍的劳动方式。人的劳动行为越来越显现为知识劳动、文化劳动和创意劳动等非物质劳动形态。创意劳动属于社会再生产的劳动，是一种精神劳动。在马克思看来，精神生产不同于物质生产，是人类创造性脑力劳动的结果，"最蹩脚的建筑师从一开始就比最灵巧的蜜蜂高明的地方，是他在用'蜂蜡'建筑'蜂房'之前，已经在自己的头脑中把它建成了"[②]。人类进入工业时代后，最大的变化是从传统的手工作坊过渡到以机器为主导的社会生产体系，也就是机器时代。此时，整个社会出现非常复杂的社会分工，既有体力劳动、物质劳动，又有知识创造、非物质劳动。美国创意指导联盟的创始人琳达·奈曼（Linda Naiman）认为，创意是将新颖而富有想象力的新奇点子变成现实的能力，包括创造性思考和务实性产品化的全过程。她提出的创意公式为：想象力（imagination）+创造力（creativity）+同理心（empathy）+创新性（innovation）=价值创意（value creation）。[③]美国创造力心理学家迈克尔·芒福德（Michael Mumford）指出，创意有两个维度，即新颖性和价值性（实用性）。创意技能可以通过后天的勤奋、努力而习得。美国心理学家安德斯·埃里克森（Anders Ericsson）认为，高水平的创意能力可以通过勤奋、刻苦地刻意训练（deliberate practice）打磨出来。美国心理学家卡罗尔·德韦克（Carol Dweck）提出成长型创意思维模式（growth mindset），他认为人的真正潜能是未知的，长期的激情、辛劳和训练所能造就的才艺也是无法预知的，无论天资、禀赋如何，甚至无论智商高低，人人都能通过努力和训练拓展自己的创意能力。总体而言，

---

① 尼采. 悲剧的诞生[M]. 张中良，译. 重庆：重庆出版社，2021：1-200.

② 中共中央马克思恩格斯列宁斯大林著作编译局. 马克思恩格斯全集（第 44 卷）[M]. 北京：人民出版社，2001：208.

③ VANGUNDY A, NAIMAN L.Orchestrating Collaboration at Work: Using Music, Improv, Storytelling, and Other Arts to Improve Teamwork[M]. Charleston:BookSurge Publishing, 2007: 1-278.

人类的劳动包括体力劳动和精神劳动，而与精神劳动相连的创意经历了劳动文化、文化劳动到现在的创意劳动的认知变革。[①]

第四阶段为"产业的创意"观念阶段。这个阶段开始于20世纪末、21世纪初，以1994年澳大利亚政府提出的创意国家（creative nation）和1998年英国发布的《创意产业路径文件》（*Creative Industries Mapping Documents*）为标志。英国政府在政策中强调，"创意产业是那些源自个人创意、技巧及才华，通过知识产权的开发和运用，具有创造财富和就业潜力的行业"。按照《辞海》的解释，创意与产业发展或经济增长联系起来就成为创意产业或创意经济，即以创新思想、技巧和先进技术等知识和智力密集型要素为核心，通过一系列创造活动，引起生产和消费环节的价值增值的产业形态或经济形式。在创意产业和创意经济中，创意是非竞争性的，即一个创意被创造出来，其他的单位和个人可以同时使用它，因创造创意产生的固定成本将会被更多的产品或劳务分担，进而在宏观层面上产生规模报酬递增的特征并成为内生经济增长的基本源泉。联合国贸发会议组织（UNCTAD）专门成立创意经济项目小组（Creative Economy Programme）以指导全球的创意经济，强调经济运转中的文化价值与商业价值。"产业的创意"这一观念强调创意过程的受众参与以及创意生产的技术主导。

总之，创意观念与实践的演进经历了"神的创意""天才的创意""凡人的创意"和"产业的创意"四个阶段。当前，我们对于"创意"的认知基本处于"凡人的创意"和"产业的创意"的双重叠加阶段。在这个双重叠加阶段，创意统一于新颖性和价值性、知识性和审美性、目的性和手段性、个体性与集体性等多对二元统合的观念之中。按照英国创意管理学家克里斯·比尔顿（Chris Bilton）的定义，创意的内涵涉及三个维度：① 从内容维度而言，创意应该同时兼具新奇感和价值性，为了评价某些创意是否满足社会的标准，必须联结想法和适用，将创意定位于意图、行动和结果的背景环境之中；② 从过程的维度而言，创意要求人们把不熟悉的参考框架联结起来，利用不同的思维形式（左脑和右脑），需要把不同的人群联结起来；③ 从结果维度而言，创意联结了创意发生的领域或领地，创意想法转换了原有创意周围的背景环境或"概念化空间"，打开了一种面向未来创意的崭新的可能性。[②]个人的创造力洞见推动了集体性的创造性结果。

二、管理理论的发展历程

管理是对组织资源的计划、组织、领导和控制，以期达到组织的目标。"管理"一词的含义在中文语境下相对固定，而在英文语境中则有不同的对应表达，如manage（多指一般性管理）、administer（多指政府的行政事务管理）、run（强调管理的运作过程）、rule（强调管理的规则意识）、control（强调管理的控制手段）、regulation（强调管理的治理理念）、supervise（强调管理的指导风格）等。一般而言，学术界针对管理有两种观念：

---

① 单世联. 文化大转型：批判与解释——西方文化产业理论研究[M]. 北京：中国社会科学出版社，2017：1-626.
② 比尔顿，卡明斯. 创意战略：商业与创新的再联结[M]. 向方勇，译. 北京：金城出版社，2015：1-331.

① 作为协调的管理，强调管理是协调人力、物力、财力，以达到组织的目标；② 作为过程的管理，强调管理是计划、组织、命令、协调和控制的实践过程。总体而言，管理理论的发展历程分为经验管理、古典管理、现代管理和当代管理四个时期（见图1-6）。

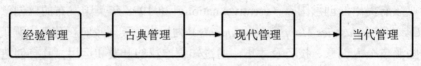

图1-6 管理理论的演进

第一，经验管理时期。人类的经验管理经历了一个漫长的历史时期。从广义的组织管理而言，经验管理萌生于人类进入氏族部落的时期；从生产管理与社会发展的关系而言，经验管理发展于第一次工业革命时期。1776年，亚当·斯密（Adam Smith，1723—1790）在《国富论》里提出劳动分工促进了社会生产力的提高，增加了社会财富。因此，社会财富的增加源于分工，分工促进了管理。当然，亚当·斯密处于一个从手工过渡到蒸汽机的大工业时代，那时的管理还处于经验管理阶段。经验管理时期一直持续到19世纪末。

第二，古典管理的科学管理时期。科学管理理论滥觞于机器大生产时期（19世纪末至20世纪初）现代企业制的公司对于更大程度地提升劳动生产效率的需要，又被称为古典管理理论或传统管理理论。

被后人誉为"科学管理之父"的弗雷德里克·温斯洛·泰勒（F. W. Taylor，1856—1915）为科学管理的第一个代表人物。他于1911年出版了《科学管理原理》，曾任工程师的他以严密、精确的精神，用观察、记录、调查、试验等科学方法研究管理并指出，人是管理的工具，科学管理的中心是提高劳动生产率。他确定了工时研究与工作定额的关系，认为科学的培训就是挑选一流的工人，采取流水线和标准化的设定，实行差别计件工资制，实施彻底的"革命精神"，计划只能同执行职能分离，采用职能工长制。亨利·甘特（Henry Gantt，1861—1919）是泰勒之科学管理主张的践行者，他把总的工作计划目标看成"人们能够了解和执行的，具有相互关系的一系列计划或各项事务"，提出基于任务的奖金，发明了呈现生产计划进度的甘特图。弗兰克·吉尔布雷斯（Frank Gilbreth，1868—1924）及其妻子也是科学管理的追随者，他们重点开展动作研究，把每一个特定的任务跟一个具体的动作结合在一起，然后再用更好的方式去组合这些动作。把所有元素重新组织起来可以形成另外一个相对完整的动作组合，这个组合可以用最少的花费、最少的时间和精力投入来提高效率。这套理论也需要一个流程图。吉尔布雷斯夫妇的动作研究指导了后来的流水线生产。总之，泰勒主张的科学管理的目的是提高生产效率，内部分工主要基于经济人假设，用科学工作的方法实行定额管理、标准化管理，进行计划和执行分析。管理制度有差别工资制度、职能工长制等，因为工作显著程度不一样，可以提升职员的级别、职级。科学管理理论的泰勒主义与企业生产实践的福特主义可谓资本主义大生产时代关于"时间与行动"最大化管理的集大成者。

科学管理的第二个代表人物是法国过程管理学派代表人物亨利·法约尔（Henry Fayol，1841—1925）。他在1925年出版的《一般管理与工业管理》中提出了以下内容：

① 企业的六项基本活动，即技术、商业、财务、安全、会计和管理；② 管理的五大主要职能，即计划、组织、指挥、协调和控制；③ 管理的十四项原则，即劳动分工、权责对等、统一领导、等级链、集权与分权、统一命令、平等、秩序、纪律、主动性（创新精神）、员工报酬公平、人员的稳定性、个人利益服从集体利益、集体精神（合作精神）。

科学管理的第三个代表人物是德国社会学家马克斯·韦伯（Max Weber，1864－1920）。他提出了一个理想的行政管理-组织管理模式，是组织理论的奠基者。韦伯在 1905 年出版的《新教伦理与资本主义精神》中指出，理想的组织应以合法权利为基础，没有某种形式的权力，任何组织都不能达到自己的目标；权力的类型（传统权力、超凡权力和法定权利）是行政管理体制的权力基础；现代官僚行政组织的结构是现代的法律、国家和官僚体系。

第三，现代管理的行为科学管理时期。美国行为科学的奠基人乔治·埃尔顿·梅奥（George Elton Mayo，1880—1949）通过霍桑实验的发现提出了人群关系理论。霍桑实验的目的是探讨工作条件与工作环境对工作效率的影响。梅奥带领实验团队通过改变照明、温度、颜色等工作室物理环境、调整福利工资以及大规模访谈等手段，发现影响工作效率的因素还有非物质因素，得出人是"社会人"，而不是单纯的"经济人"的实验结论。企业中存在正式组织和非正式组织，后者通过不成文的规范左右成员的情感倾向和行为，通过提高成员的满意度来激发工作士气，从而提高工作效率。

马斯洛在 1943 年出版的《人类动机的理论》中提出了需求层次理论。他认为，人类行为在"尚未满足的需求""为目标所驱使的行为"和"需求的满足"之间循环；人的需求结构按重要性和层次性排列；未满足的需求才能影响人的行为；低级层次的需求获得满足后才能追求高层次的需求。他构建的五个需求层次分别为：生理需求（食物和衣服）、安全需求（工作保障）、社交需求（友谊）、尊重需求和自我实现需求。其中，前四个为不足需求，而最后一个为增长需求。

美国行为科学家弗雷德里克·赫茨伯格（Frederick Herzberg，1923—2000）提出了双因素理论，又称保健-激励因素理论。其中，保健因素是指对成员行为的影响类似于卫生保健对人体健康产生的影响的那些因素，如公司政策、管理措施、监督、人际关系、物质工作条件、工资、福利等；激励因素是指能带来积极态度、满意和具有激励作用的因素，如成就、赏识、挑战性工作、增加的工作责任以及成长和发展的机会等。前述马斯洛需求层次中的生理需求、安全需求、社交需求为赫茨伯格所称的保健因素，尊重需求、自我实现需求为赫茨伯格所称的激励因素。

美国行为科学家道格拉斯·麦格雷戈（Douglas McGregor，1906—1964）在 1957 年出版的《企业的人性面》一书中基于新的人性假设提出管理学的 X-Y 理论。他认为，人性假设与管理方式密切相关，不同的人性假设会采取不同的组织、控制和激励等管理方式，X-Y 理论是基于两种相对应的人性假设实施的管理。其中，X 理论的人性假设为：成员天生懒惰，不喜欢承担责任，个人目标与组织目标是矛盾的，工作是为了生活，缺乏理智。X 理论的管理方式为：关注工作效率和完成任务，管理的职能是计划、组织、指挥和监督；管理者用职权发号施令，不考虑感情和道义上对成员的尊重；采取严密的组织、规则和制度；

用物质利益"收买"下属的效力和服从。Y 理论的人性假设为：成员天生勤奋，擅于自我约束，自我实现要求与组织的行为要求之间没有矛盾，勇于承担责任，具有创造能力，拥有较高层次的需求。Y 理论的管理方式为：创造令成员发挥才能的工作环境；管理者是辅导者、支持者和帮助者；给予成员来自工作本身的激励，让成员承担更多的责任；给予成员更多的自主权，使其实现自我控制、参与管理和决策。

日裔美籍学者威廉·大内在《Z 理论——美国企业界怎样迎接日本的挑战》一书中基于文化人假设提出了 Z 理论。他在战后对日本企业进行了研究，试图解释战后日本经济快速复苏、增长之谜。他发现，日本的管理方式跟美国的管理方式有很大的区别，如日本人从事某个职业时常会被终身雇用，他们非常忠诚，不轻易换工作，由此他发现了文化激励的重要性。他认为，企业内的文化激励体现在：管理者与被管理者的利益是一致的；建立长期雇佣关系，实行民主决策与个人负责制度；强调和谐相处、共同发展、培训提高；稳步提拔与远景激励；控制适度，测评严格。大内明确提出，"企业文化在管理当中占有重要的地位"，将人视为"文化人假设"，不同于麦格雷戈的"社会人假设"，区别于从亚当·斯密到泰勒的"经济人假设"。大内的 Z 管理理论反映了东方主义的集体精神和东亚儒家文化观对企业管理的影响。

这一时期还有约瑟夫·熊彼特（Joseph Alois Schumpeter，1883—1950）提出的创新管理理论。他认为，管理就是建立一种新的生产函数，把一种从来没有过的关于生产要素和生产条件的新组合引入生产体系。他在创新管理理论的基础上提出了经济周期理论，认为一种创新通过扩散，刺激大规模的投资，引起了高涨，一旦投资机会消失，便转入衰退；一旦经济进步使一切都非人身化和自动化了，无须人的作用了，创新本身降为例行事务了，企业家就因创新职能日趋薄弱、投资机会日渐消失而变得无用，资本主义自动进入"社会主义"。

第四，当代管理的管理丛林时期。"管理丛林"源自美国管理学家哈罗德·孔茨（Harold Koontz，1908—1984）在 1961 年发表的《管理理论丛林》（*The Management Theory Jungle*），用以描述二战以后的各种管理理论流派。尤其是进入 20 世纪 80 年代以来的管理理论，管理学界出现一种反对凭经验、直觉、主观判断进行管理的思潮，人们开始运用严格的计算技术帮助管理者最大化地利用组织资源生产产品、提供服务，侧重于管理中的定量技术与方法；提倡用逻辑步骤构造问题、收集信息，建立数学问题的解决方法，把解决方案付诸实践；要求管理者具备数学、工程学和经济学等方面的技能和手段；以生产活动的经济效果评价管理。

彼得·德鲁克（Peter Drucker，1909—2005）提出的目标管理概念影响深远。他认为，管理是一门学科，管理人员付诸实践的是管理学而不是经济学、计量方法或行为科学。管理人员付诸实践的并不是经济学，就像一个医生付诸实践的并不是验血；管理人员付诸实践的并不是行为科学，就像一位生物学家付诸实践的并不是显微镜；管理人员付诸实践的并不是计量方法，就像一位律师付诸实践的并不是判例。管理人员是企业中最昂贵的资源，也是折旧最快、最需要经常补充的一种资源。

迈克尔·波特（Michael Porter）是最负盛名的战略管理学家之一，先后出版了《竞争战略》（1980）、《竞争优势》（1985）和《国家竞争优势》（1990）等经典著作，提出了竞争战略理论。竞争战略理论包括三个体系：① 产业五力理论，五力包括同行业竞争者的竞争程度、供应商的议价能力、购买者的议价能力、潜在进入者的威胁、替代品的威胁；② 三大常规战略，即总成本领先战略、差异化战略、专门化战略；③ 价值链理论，即企业的任务是创造价值，分解为若干组成部分，包括公司的基础设施、人力资源管理、技术开发和采购四项支持性活动以及运入后勤、生产操作、运出后勤、营销和服务五项基础性活动，这九项活动的网状结构便构成了价值链。

被誉为管理学界"杰克逊·波洛克"的亨利·明茨伯格（Henry Mintzberg）在1973年出版的《管理工作的本质》一书中提出了角色管理理论。他认为，角色就是属于一定职责或地位的一套有条理的行为，同时总结了十种管理行为，分为三类角色：① 人际关系角色，直接产生于管理者的正式权力的基础，包括代表人、领导者、联络者三种角色；② 信息传递角色，确保其他一起工作的人员有充足的信息，包括监督人、传播者、发言人三种角色；③ 决策制定角色，负责处理信息并得出结论，包括企业家、资源分配者、冲突管理者、谈判者四种角色。

通过以上对管理理论发展历程的梳理[①]，可以分别从三个维度来理解管理的含义：① 基于过程的管理，管理可以被视为计划、组织、命令、协调和控制的过程；② 基于内容的管理，管理可以被看作通过人力、物力和财力的协调以达到组织的目标；③ 基于结果的管理，管理被认为可以让组织变得更有效率、更有竞争力。

第三节　创意管理学的概念与内涵

从创意和管理的观念和理论发展历程可以看出，创意的内容是新颖性和持久性价值，创意的过程是容忍矛盾对立体和激发异类联想思维，创意的结果是重新思考问题，转换背景环境。管理的内容是协调人力、物力、财力以达到组织的目标；管理的过程是计划、组织、命令、协调和控制等；管理的结果是让组织的效率和竞争力更高。那么，从创意管理的内涵来说，"创意"和"管理"的相加会发生什么情况呢？在内容层面，创意管理表现为创意的创新性，可以用管理的计划、定位、模式、观念和计谋来增加创意的价值；在结果层面，创意管理表现为整合创意组织的目标、活力，做到更好。在过程层面，创意管理的表现形式不是创意和管理的简单相加，是二者的过程融合，是以文化资源为基础、以创意的过程为对象的管理活动。本书要探讨的内容就是这个创意管理的过程与机制（见表1-1）。

---

① 以上关于管理理论发展历程的内容简述参考方振邦，韩宁. 管理百年[M]. 北京：中国人民大学出版社，2016：1-462.

表 1.1　创意管理的概念内涵

名　称	过　程	内　容	结　果
创意	容忍矛盾对立体和激发异类联想思维	新颖性+持久性价值	重新思考问题，转换背景环境
管理	计划、组织、命令、协调和控制等	协调人力、物力、财力以达到组织的目标	让组织的效率和竞争力更高
创意管理	？	创意的创新性，可以用管理的计划、定位、模式、观念和计谋来增加创意的价值	整合创意组织的目标、活力，做到更好

一、创意管理的概念

根据前文分别阐述的创意和管理的概念，创意管理的公式就是"创意管理=创意+管理"吗？我们还可以从内容、结果和过程三个维度来看"创意"与"管理"相加的可能结果。基于内容的创意管理，意味着具有创新性的计划、定位、模式、观念和计谋，这些创新的管理过程能增加创意的价值。基于结果的创意管理，意味着组织的目标、活力和整合力更加有效，可以促使组织内部各要素之间以及超越组织的意义转换和价值思考。而基于过程的创意管理，我们无法顺利得出结论，而这也正是本书需要解释的问题。

本书所阐述的创意管理是指以文化资源为基础、以文化创意为对象的管理实践活动。创意管理学是创意理论和管理理论动态融合的理论，是创意实践从"神的创意""天才的创意"到"凡人的创意""产业的创意"的实践驱动结果，是管理实践从"经验管理""古典管理"到"现代管理""当代管理"的实践驱动结果，是针对文化资源的开发与创意资本的激活而产生的新管理理论。创意管理学的理论体系分为宏观、中观、微观三个层面。

第一，宏观层面的基础理论。创意管理理论在宏观层面的研究主要表现在创意经济和创意生态的研究。例如前文提到的熊彼特的创新理论，他进而提炼出五种创新模式，包括开发一种新的产品、采用一种新的生产方法、开辟一个新的市场、控制一种原材料或半制成品的新的供应来源、实现一种新的工业组织。又如，约翰·霍金斯（Johns Howkins）提出创意生态理论，分别从"多样""改变""学习""适应"四个角度构建了创意生态的心智模式，提出"人人都能创意""创意需要自由"和"自有需要市场"三大创意生态的构建原则。再如克里斯·比尔顿的创意管理理论，他梳理了创意个体、创意团队、创意组织、创意产品、创意消费、创意营销、创意治理等不同维度构成的创意体系，还提出了一套完整的创意战略方法论。

第二，中观层面的应用理论。创意管理理论在中观层面的研究主要体现在创意产业和创意空间的研究。这个层面的理论包括美国文化社会学者理查德·佛罗里达（Richard Florida）的创意阶层理论、英国创意城市专家查尔斯·兰德利（Charles Landry）的创意城市理论、英国文化社会学者西蒙·路德豪斯（Simon Roodhouse）的创意聚落理论等。

第三，微观层面的应用理论。创意管理理论在微观层面的研究主要表现为创意人格、创意产品和创意组织的研究。美国创造力大师米哈里·奇凯岑特米哈伊（Mihaly Csikszentmihalyi，1934—）提出了创意心流，用以解释创造力的独特状态以及创造力对创新与发现的贡献。美国创造力心理学家特蕾莎·阿玛比尔（Teresa Amabile）提出专业知识、创新思维和驱动力等激发创新的要素。美国创造力专家蒂娜·齐莉格（Tina Seelig）总结了一个创意引擎，具体由知识、想象力、态度等要素的内部环境和资源、环境、文化等要素的外部环境构成。这个层面的创意管理理论还包括许多研究者和实践者提出的创意方法，美国创造力大家亚历克斯·奥斯本（Alex Osborn，1888—1966）的头脑风暴法就是一种激发团体创意的集体训练法。

二、创意管理学的内涵

创意管理的基本要素包括创意思维、创意资本、创意品牌、创意故事、创意产权、创意场景、创意组织和创意生态等（见图 1-7）。创意管理的流程包括创意概念的识别、创意资源的筛选、创意价值的评估、创意资本的激活、创意项目的研创、创意资产的实现、创意产权的保护、创意品牌的打造、创意组织的管理、创意文化的营造和创意生态的构建等创意过程。其中，创意管理最为关键的环节为创意灵感的发生、创意概念的形成、创意素材的选取和创意价值的实现，可以进一步提炼为创意构思的生成、创意原型的制作和创意价值的实现三大环节。这三个环节涉及个体直觉层面的美感体验、集体智慧层面的社会协作和历史心性层面的精神幽默等创意要素。创意管理的核心任务就是对这些创意要素、创意环节和创意流程的管理。

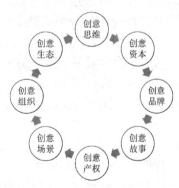

图 1-7　创意管理的基本要素

有学者提出，创意管理的实质就是推动灵光乍现的尤里卡（Eureka）[①]创意时刻转变为"啊（ah）、啊哈（aha）和哈哈（haha）"三部曲的创意过程。[②]

---

① 尤里卡来源于古希腊语，意为"我找到了"。相传 2000 多年前位于地中海西西里岛的叙拉古国王请古希腊哲学家、数学家阿基米德（公元前 287 年—公元前 212 年）鉴定其新制成的皇冠的黄金纯度。有一天，阿基米德在沐浴时从溢出的水流中获得灵感，兴奋地跳起来夺门而出，大声欢呼："尤里卡！尤里卡！"浮力定律由此诞生。后来，"尤里卡时刻"成为通过神秘灵感获得非凡创意的代名词。

② STEYAERT C. Going all the way: the creativity of entrepreneurship in the full monty//Handbook of management and creativity[M]. London:Edward Elgar Publishing Ltd., 2007: 1-424.

其中，创意"ah"的阶段为创意构思发生的阶段，是思考漫游、以感官发掘可能性的阶段。美国作家、心理学家亚瑟·凯斯特勒（Arthur Koestler）在1964年出版的《创意行为》一书中提出偶联性（bisociation）创意发生机制，认为创意的过程就是联结两个素不相关的思考框架或认知结构，人的思考必须借由没有目的性的漫游，进而激发出"ah"层级的创意。处于这个阶段的创意"ah"，就像是人们在生活中察觉到异常、创新时发出的惊叹声，是一种来自于感知的创造力，并且在团队中集思广益，保持开放、好奇的心态，以情绪与直觉为联结，突破已经存在的概念边界。

创意"aha"的阶段为创意原型制作的阶段，是释放非凡能量、将直觉转化为重复的团队练习的阶段。处于这个阶段的创意"aha"，就像阿基米德在尤里卡时刻发出的声音，但此阶段需要运用智力的力量，拼贴（bricolage）既有的材料以完成新的思考框架与联结，依赖于具体实践、材料转换以及社会性互动的能力。因此，创意也是一个集合性社会化过程。

创意"haha"的阶段为创意价值实现的阶段，是翻转旧秩序、实现新意义的阶段。这个阶段的创意"haha"好似美国心理学家阿尔伯特·班杜拉（Albert Bandura，1925—2021）所谓自我效能（self-efficacy）的幽默行动和创意信念，使创意者翻转对于自己和他人的平常概念或理解，形成一种对事物的新的感知方式。即便这种感知方式乍看是无理、荒谬的，创意者还是对这个结果充满强烈的创意自信，敢于面对并吸纳那些对于新创意的初步评断和偏见。在这里，幽默的笑声允许我们质疑那些严肃的惯常事物，包容那些不合时宜的创意突围。幽默的笑声是我们对于那些合乎逻辑却没有产生预期效果的奇怪关联的接纳。两者互相产生偶联作用后，创意者进一步地取得外部信任，最终使新的感知方式被市场接受。

创意的过程其实是创意劳动的过程。创意劳动经历了文化劳动、非物质劳动和创意劳作观念的变化。在欧洲前沿经济研究所提出的分类基础上[①]，我们把创意劳动分成六个层次：第一层次为核心创意管理，包括写作、表演、拍摄、演奏、作曲、编程等；第二层次是对第一层次创意活动的筛选；第三层次为服务于第一层次的创意机构，如出版社、录音棚、网络文学创作平台等；第四层次为与第一层次创意产品有关的硬件的销售活动；第五层次是创意产品的零售活动；第六层次为第一层次的创意活动对其他产业产生的跨界创新及其价值影响。

创意管理具备如下四个特征。

第一，创意管理是一种无形管理。创意管理的要素、环节和过程都具有无形性，不同于传统工厂管理和人事管理的有形管理，创意管理是把那些天马行空、似是而非、毫不相干的素材整合起来的过程。

第二，创意管理是一种网状管理。创意管理不同于传统产品管理的线性管理，不是计划、组织、领导、监督和管控的线性过程，而是一个扁平化、敏捷性网络过程。

第三，创意管理是一种价值管理。创意管理不是追求单一的生产效率或单一主体的经济目标，而是追求一种综合价值，即个体价值与集体价值、经济价值与社会价值、短期价

---

① Chicago-Economics Frontier. Creative industry performance: A statistical analysis for the DCMS.London: Frontier Economics.T ilaengelig her: http://www.culture.gov.uk/images/research/Statistical_Analysis_of_the_Creative_Industries_Frontier_Economics_2007. pdf(2007).

值与长期价值的统一。

第四，创意管理是一种动态管理。创意管理的管理对象不是静态的物的客体，而是动态的人的主体，是从创意概念的发生到创意价值的实现的全过程管理。

创意管理是硬创新管理和软创新管理统合为巧创新的融合管理。在"软创新理论"的提出者、英国创新专家保罗·斯通曼（Paul Stoneman）看来，硬创新管理对应以科学技术为基础的功能性创新，来自于产品功能及效率的增进且会由具体的数据来体现改变，通常集中在科研领域，包括高科技、互联网相关、生物技术、航空航天和工程设计，包括熊彼特的五大创新手段。软创新指精神产品的创新或者物质产品中精神因素的创新，注重文化价值的提升，包括直接满足消费者精神文化需求的产品创新以及促进传统产品增强消费者审美体验、精神消费的产品改良两种途径。

第四节　创意管理学的研究方法

梁启超认为，"学也者，观察事物而发明其真理者也；术也者，取所发明之真理而致诸用者也"①。人类文明的演进是知识革命和思想革命的结果。有学者将人类知识发展分为知识起源、原始知识、原理知识、知识分化和平台知识五个阶段，而知识具有大脑中的记忆态知识、语言文字的记述态知识与工具中的集成态知识三种形态。②学术研究是一种创新性智力活动和知识劳动，是知识生产的重要手段，现代意义的学术研究呈现学科精细化拓展和交叉性融合的双重发展趋势。学术研究是一种批评性反思的结果，这种批判性反思既是对理论的批判性反思，又是对实践的批判性反思；既有现实的批判性反思，又有历史的批判性反思；既有他者的批判性反思，又有自我的批判性反思。学术研究是一个逻辑自洽、闭合循环的迭代过程。学术研究始于问题识别、研究假设和文献梳理，经过选题确定与研究设计、资料搜集与整理、文献综述等过程，最后通过理论建构、数据分析、材料研判得出研究发现，完成论文写作。③德国哲学家谢林（F.W.J.Schelling，1775—1854）认为，学术研究的关键不只在于为提出的问题寻找答案，更在于探索的过程和后续的影响。学术研究是普遍知识与普遍行动相统一的过程，学术机构的使命即通过"原初知识"的最高理念去理解和把握各门科学的整体，不仅在于科学知识的教导和传授，更在于科学使命和道德使命的担当。④

一、创意管理学的研究性质

创意管理学是一门跨越人文学科与社会科学的应用型学科，具有"学科间性"的专业

---

① 梁启超. 清代学术概论[M]. 北京：中国人民大学出版社，2004：271.
② 何立民. 知识学原理[M]. 北京：北京航空航天大学出版社，2012：22-39.
③ 王定祥. 研究方法与论文设计[M]. 北京：高等教育出版社，2013：1-440.
④ 谢林. 学术研究方法论[M]. 先刚，译. 北京：北京大学出版社，2019：79-125.

特点，其学术资源来自于美学、艺术学、心理学、管理学和经济学等不同学科，其研究方法也来自于各个不同的学科和领域，如艺术学、社会学、管理学等，包括定性研究方法与定量研究方法。创意管理研究作为一种交叉性研究领域，具有典型的跨学科研究特征。跨学科研究"是回答问题、解决问题或处理问题的进程，这些问题太宽泛、太复杂，靠单门学科不足以解决；它以学科为依托，以整合其见解、构建更全面的认识为目的"。跨学科研究不是多学科研究，不是超学科研究，而是包括工具性交叉学科和批判性交叉学科的跨学科研究形式。[①]创意管理研究是对创意生产过程进行以"理论与实践结合"为目的的研究，包括创意管理的问题定义、研究设计、研究过程与研究结果等环节，包括描述型、解释型和探索型等不同的研究类型。创意管理学既是艺术管理、文化产业管理和文化管理等不同领域的范围拓展，又是传统管理、现代管理和当代管理等不同历程的理论演进，是文化创意与管理理论的跨界融合和交叉衍生。

创意管理研究是将有关创意管理理论和实践的最初想法，以学术审视为出发点、以知识建构为终点的知识劳动，涉及研究主题的选择、研究理论的援引、研究方法的采用、研究数据与材料的收集、研究结果的处理等过程。研究选题要基于个人的兴趣、知识积累、技术能力和研究目的等因素，尽量缩小范围，聚焦问题。创意管理研究要注重认识论（创意管理知识的属性、起源以及局限）、本体论（创意管理事实的客观本质和创意管理判断的主观本质）和价值论（创意管理研究的美学、道德和伦理判断）的研究哲学和研究立场。[②]

二、创意管理学的主要方法

与其他学科的学术研究创新程度的分类相似，创意管理研究分为独创型研究、探索型研究、推进型研究、阐释型研究、商榷型研究和综合创新型研究等不同类别。[③]创意管理的定性研究方法包括文献研究、案例研究、深度访谈、田野调查和扎根理论等，以文字表述数据，通过归纳思维，从自然发生和具体情境出发把握整体现象，关注研究者的主观性表达，强调描述、探索和寻找意义。创意管理的定量研究方法包括问卷调查、内容分析、科学实验等，以数字描述数据，通过假设-演绎思维，追求研究过程的客观性，注重研究成果的未来预测性和规律说明性。[④]创意管理的这些研究方法可以分为演绎法和归纳法。演绎法是从一般到特殊的推理方法，其提出命题与得出结论之间的逻辑联系是必然的、可重复验证的。归纳法是由个别到一般的推理方法，是以一系列的经验事实或知识材料为依据，寻找其中的内在规律并将其放置到更大的知识系统中。当然，在研究过程中，演绎法和归纳法是分不开的，一般会采用多元化研究方法。

此外，创意管理学还特别重视考现学和审美人类学的研究方法。其中，考现学是 20

① 雷普克. 如何进行跨学科研究[M]. 傅存良, 译. 北京：北京大学出版社，2016：17-24.
② 柯林斯. 创意研究：创意产业理论与实践[M]. 欧静, 李辉, 译. 长沙：湖南大学出版社，2012：29-30.
③ 张清民. 学术研究方法与规范[M]. 北京：中华书局，2013：83-89.
④ 童之侠. 学术研究与论文写作[M]. 北京：人民日报出版社，2016：90-111.

世纪 20 年代由日本建筑设计师今和次郎（1888—1973）和民族学家吉田谦吉（1897—1982）等提出的学术概念和实践方法，即借鉴考古学和民族志的态度、逻辑和技术，为人们对当代文化和现代生活进行科学分析提供了一种新的视角和方法，而图绘是考现学最重要的表现手段。考现学（modernology）是考古学（archaeology）和民族志（ethnography）两个学科理念与方法的融合。考古学的本质在于考古挖掘和考古调查，以各类遗迹和遗物为实证，研究人类古代历史和社会生活。民族志的本质在于以田野考察和参与式观察记录人们的社会生活，对"活态的文化的经验的关注"是民族志的核心。考现学以考古学般的敬畏之心观察、图录和测绘人们的日常生活和生产实践，图文并茂、客观真实地记录和收藏与人的现实生活有关的各类实证；考现学以民族志般的同理之情浸入人们的日常生活，系统、完整地描述作为特定人群生活方式的文化现象。考现学以人们的当代生活为考察对象，旨在描述、记录和收藏与人们现代生活方式有关的器物、风物、仪式等，具有鲜明的当代性和当下性特征，以期探索出一条通往未来的现代之路。①

创意管理是一种特殊的艺术生产，呈现一种关乎审美的非物质创意劳动。审美人类学的研究方法由荷兰学者威尔弗里德·范·丹姆（Wilfried van Damme）提出，是一种跨文化和跨学科的研究方法。②审美人类学注重审美表达的文化尺度，以人类学的方法探究审美的社会文化功能和比较跨文化的审美感知。按照范·丹姆提出的审美人类学的研究领域，审美人类学研究方法采用经验主义、语境主义和跨文化比较视野等实证基础、跨文化比较观和语境整体观③，侧重于审美偏好、审美评价、审美语境、审美语汇的研究，其研究范围包括对"审美的人"的审美体验的综合研究，调查世界上不同社群的审美问题以及用不同的人类学方法对不同地域的审美感知进行比较研究。④创意的过程是对审美的建构过程，审美人类学以审美文化为研究对象，主要表现为多元化的艺术形态、地方性审美经验和审美偏好的田野调查和深度细描并逐渐聚焦为审美认同、审美变形和自由治理等基本问题的探究。⑤这些问题是创意管理发生机制的基础性问题。

 **本章小结**

创意管理已经成为一种超越文化艺术生产和文化产业管理的实践活动，创意管理的理论和实践具有复杂性和多样性。创意管理学来自于两个学科领域的融合：人文学科的"创意"与社会科学的"管理"。创意管理是文化产业战略思维与运营管理实践的具体落实。创意管理是艺术管理、文化产业管理和文化管理等不同形式的价值演进。创意管理是时代

① 王逸凡. 建筑图绘中的民俗学想象力——考现学与建筑民族志探索[J]. 建筑学报，2020（8）：106-113.
② 丹姆. 审美人类学：视野与方法[M]. 李修建，向丽，译. 北京：中国文联出版社，2015：1-184.
③ 莫其逊. 审美人类学的西方理论视野[M]. 北京：人民日报出版社，2014：162-164.
④ 丹姆，李修建. 审美人类学：一门跨文化和跨学科的研究[J]. 内蒙古大学艺术学院学报，2015，12（3）：10-15.
⑤ 向丽. 审美人类学：理论与视野[M]. 北京：人民出版社，2020：173-246.

的产物，创意管理发生在人类社会进入创意经济的高级阶段，这一阶段社会经济的增长动力从物质要素转向符号要素，从物质经济转向符号经济。创意管理是文化产业自身逻辑演进的结果，是对新文创经济和文化创意融合发展趋势的管理回应。创意管理是在人的消费升级和"文化人"人性假设驱动下的管理创新。数字时代的共生型组织呼唤集体智慧和创意管理。

人们对创意观念的认知经历了神的创意、天才的创意、凡人的创意和产业的创意四个发展阶段。当前，我们对于"创意"的认知基本处于"凡人的创意"和"产业的创意"的双重叠加阶段。在这个双重叠加阶段，创意统一于新颖性和价值性、知识性和审美性、目的性和手段性、个体性与集体性等多对二元统合的观念之中。管理的理论和实践演进分为经验管理、古典管理、现代管理和当代管理四个时期。创意管理是指以文化资源为基础、以文化创意为对象的管理实践活动，是针对文化资源的开发与创意资本的激活而产生的新管理理论。

创意管理学的理论体系分为宏观、中观和微观三个层面。其中，创意管理理论宏观层面的研究主要表现在创意经济和创意生态的研究，创意管理理论中观层面的研究主要体现在创意产业和创意空间的研究，创意管理理论微观层面的研究主要表现为创意人格、创意产品和创意组织的研究。创意管理的基本要素包括创意思维、创意资本、创意品牌、创意故事、创意场景、创意生态和创意组织等。创意管理的流程包括创意概念的识别、创意资源的筛选、创意价值的评估、创意资本的激活、创意项目的研创、创意资产的实现、创意产权的保护、创意品牌的打造、创意组织的管理、创意文化的营造和创意生态的构建等创意过程。创意管理最为关键的环节为创意构思的生成、创意原型的制作和创意价值的实现三大环节，涉及个体直觉层面的美感体验、集体智慧层面的社会协作和历史心性层面的精神幽默等创意要素。

创意管理学是一门跨越人文学科与社会科学的应用型学科，具有"学科间性"的专业特点，其学术资源来自于美学、艺术学、心理学、管理学和经济学等不同学科，其研究方法也来自于各个不同的学科和领域，如艺术学、社会学、管理学等，包括定性研究方法与定量研究方法。此外，创意管理学还特别重视考现学和审美人类学的研究方法。

思考题

1. 对照西方创意理论的发展规律，分析东方（中国）创意理论的历史演进特征。
2. 分析创意管理与艺术管理、文化产业管理和文化管理的区别与联系。
3. 是什么原因促使当代创意管理理论与实践的产生？
4. 还有哪些知识范式可以构成创意管理的理论来源？
5. 说明审美人类学与艺术人类学、考现学与考古学和民族志研究方法的异同。

案例分析

　　洛可可（LKK）设计创始人贾伟于 2004 年创办洛可可，他及其团队设计的产品多次荣获德国红点、iF，美国工业设计优秀奖（IDEA），日本 G-Mark 和中国红星奖等国际知名设计大奖；2016 年创立洛克共享设计平台，以众创模式汇集超过 40 000 名专业设计师；2020 年创立水母智能设计平台，推动数字化、智能化和普惠化设计。自创业以来，洛可可坚持以用户体验为核心，致力于为企业提供行业整体创新解决方案，其设计团队深入产业互联网，在江西景德镇、宁夏贺兰山等地推动探索陶瓷业、红酒业的创意转型，设计出 55 度杯、海底捞自热火锅等多项爆款产品，推出自主品牌"SANSA 上上"，为客户提供了近万款的产品设计，让更多人享受到专业设计带来的美好生活和品质生活。洛可可提出独特的"细胞管理"模式，就是每 7 位洛可可成员组成一个小团队，设计师为其中最重要的成员；7 人团队通过独立的财务、人力调配和项目管控实现独立管理和自主管理。7 人组模块构成洛可可公司创意和规模最小的能动管理细胞。洛可可集团层面建立职能部门配合"创意细胞"的良性运作。例如，品牌运营保证"创意细胞"顺利承接订单，商务部帮助"创意细胞"完成商务报价和协议签署，人力资源部配合"创意细胞"进行人员招募，财务部给予"创意细胞"强大的资金支持。贾伟提出"产品三观"的创意理念，认为人有"人生观、世界观、价值观"，产品有"微观的用户观、中观的价值观、宏观的世界观"。其中，产品的用户观即以用户视角做产品创新，回归简单、回归品质、回归绿色；产品的价值观即作品价值、品质价值、商业价值、使用价值、永续价值；产品的世界观即产品传达的产品创始人对于世界的深度思考和未来世界的趋势认知决定了创意产品和创意组织是否能做大做强，能否走得更远。贾伟认为创意是水，无处不在，自由无拘，蕴含温和的力量，创意以不同的形态渗透到不同领域，产生不同的价值：渗透到第一产业成为创意农业，渗透到第二产业成为工业设计和智能制造，渗透到第三产业成为文化产业和创意服务业。他认为"人人都是设计师"，打造"无边界的设计平台"，用设计创意、数字技术、智能平台打造创意生态，赋能产品创新、产业升级和城市更新，在未来十年要为实现中国的新文艺复兴而努力。①

【思考】

结合以上背景材料，分析创意的主要内涵、发生机制和创意管理的基本特征。

 本章参考文献

1. BARNETT H G. Innovation, the Basis of Cultural Change[M]. New York: Mcgraw-Hill, 1953.

---

① 案例来源：徐勤. 创意是水温和的力量：LKK 洛可可创始人贾伟谈设计管理[J]. 创意设计源，2012（4）：24-33；贾伟. 产品三观：打造用户思维的 5 个法则[M]. 北京：中信出版社，2021：1-264.

2. BEVERIDGE W I B. The Art of Scientific Investigation[M]. London: Heinemann, 1950.

3. KOESTLER A. The Act of Creation: A Study of The Conscious and Unconscious Processes in Humor, Scientific Discovery and Art[M]. New York: Macmillan, 1964.

4. MAY R. The Courage to Create[M]. New York: W. Norton, 1975. Bantam edition, 1976.

5. David C M. The Achievement Motive[M]. New York: Appleton-Century-Crofts, 1953.

6. JEFFREY M. Creativity, The Journal of Aesthetics and Art Criticism[M], 1976, 34 (4).

7. BEITTEL K R. On the Relationships between Art and General Creativity: A Biased History and Projection of a Partial Conquest[M]. The School Review, The Arts in American Education, 1964.

8. JOHN H. Artistic Creativity[J]. The Journal of Aesthetics and Art Criticism, 1985(43): 3.

9. ELKIND D. Motivation and Creativity: The Context Effect[J]. American Educational Research Journal, 1970, 7(3): 351-357.

10. LACHAPELLE J R. Creativity Research: Its Sociological and Educational Limitations[J]. Studies in Art Education, 1983, 24(2): 131-139.

11. VANGUNDY A B. Orchestrating Collaboration at Work: Using Music, Improv, Storytelling, and Other Arts to Improve Teamwork[M]. BookSurge Publishing, 2007.

12. STEYAERT C. Going all the way: The creativity of entrepreneuring in The Full Monty// Handbook of management and reativity[M]. London: Edward Elgar Publishing Ltd., 2007.

13. 奇凯岑特米哈伊. 创造性：发现和发明的心理学[M]. 夏镇平，译. 上海：上海译文出版社，2001.

14. 赖声川. 赖声川的创意学（大陆版）[M]. 北京：中信出版社，2006.

15. 平克. 全新思维：决胜未来的6大能力[M]. 高芳，译. 杭州：浙江人民出版社，2013.

16. 吴声. 新物种爆炸：认知升级时代的新商业思维[M]. 北京：中信出版社，2017.

17. 辛默. 谁说中国没创意：奥美揭示中国创意真相[M]. 郭莉，译. 北京：中国青年出版社，2009.

18. 庄锦华. 特色小镇文创宝典：桐花蓝海5.0[M]. 北京：电子工业出版社，2018.

19. 单世联. 文化大转型：批判与解释——西方文化产业理论研究[M]. 北京：中国社会科学出版社，2017.

20. 方振邦，韩宁. 管理百年[M]. 北京：中国人民大学出版社，2016.

21. 何立民. 知识学原理[M]. 北京：北京航空航天大学出版社，2012.

22. 王定祥. 研究方法与论文设计[M]. 北京：高等教育出版社，2013.

23. 雷普克. 如何进行跨学科研究[M]. 傅存良，译. 北京：北京大学出版社，2016.

24. 丹姆. 审美人类学：视野与方法[M]. 李修建，向丽，译. 北京：中国文联出版社，2015.

25. 向丽. 审美人类学：理论与视野[M]. 北京：人民出版社，2020.

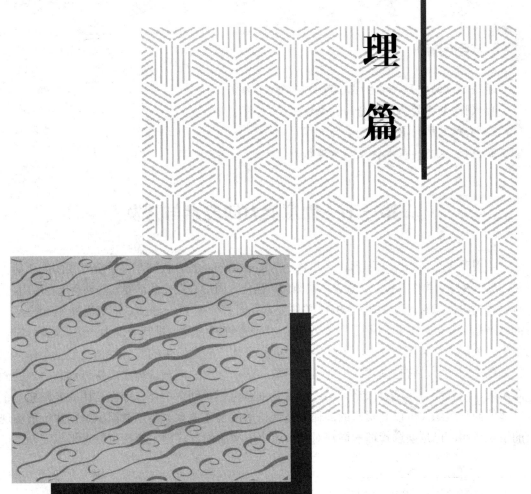

原理篇

第二章

创意管理的能力与生态

大学之道，在明明德，在亲民，在止于至善。知止而后有定，定而后能静，静而后能安，安而后能虑，虑而后能得。

——《礼记·大学》

 学习目标

通过本章的学习，学生应了解和掌握如下内容。

1. 创意能力的基本概念与开发途径。
2. 创意人格的要素、测量与养成。
3. 创意生态的基本特点与构建机制。

第一节 创意能力的要素与开发

美国苹果公司首席工程师肯·科钦达（Ken Kocienda）总结苹果黄金时代的创意能力时，提出灵感、协作、技艺、勤奋、决断力、品位、同理心七项关键要素的创意选择能力。[①]有学者提出创意管理发生机制的 4P 关联要素：创意个体（person）、创意流程（process）、创意产品（product）和创意压力（press）。[②]创意管理的发生机制呈现为一个同心圆结构，分为五个层次（见图 2-1）。第一层次是创意个体，创意发生的实施主体是创意个体（也包括创意团队），它是创意管理的微观对象。这个层次的创意管理主要探讨创意个体的创意思维、创意能力和创意人格。第二层次是创意组织，创意个体（或创意团队）归属一个具体的创意组织（可以是紧密的雇佣关系或松散的合作关系），创意组织是创意价值实现的组织载体，也是创意管理的微观对象。这个层次的创意管理主要探讨创意组织的创意产

① 科钦达. 创意选择[M]. 高源，译. 北京：中信出版集团，2019：251.
② 王长琼，黄花叶，申文. 基于创造性理论的供应链管理人才培养与教学改革研究[J]. 科技创业月刊，2015（9）：74-75.

品、创意运营和创意品牌等。第三层次是创意产业，不同创意个体或创意组织之间、创意价值上下游供应链之间结成一个体系，形成一个更大的创意产业形态，成为创意管理的中观对象。这个层次的创意管理重点关注推动创意产业形成的供应链、价值链、产业链的网络结构和组织关系，包括创意市场竞争格局、创意空间集聚形态和创意政策治理模式等。第四层次为创意社会，是创意管理的宏观对象，是基于创意扩散和创意共享所形成的创意行动者网络，这个层次的创意管理关注创意公平、创意溢出和创意教育等议题。第五层次为创意生态，也是创意管理的宏观对象，是创意个体的创意生活与创意组织的创意生产所处的更大的生态体系。不同的创意物种形成整体性、系统性和适应性的竞合、依附和共生关系。这个层次的创意管理关注创意氛围、创意机制，关注有利于激发创意的生态环境。

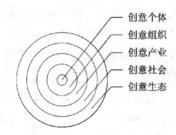

图 2-1　创意管理发生机制的同心圆结构

一、创意能力的概念与内涵

潭贞认为，创意个体的创意能力具备如下特点：① 存在状态的普遍性，人人、处处、时时都能产生不同程度的创意；② 发生机制的灵活性，创意个体因不同的兴趣，可以自由发生，具有难以预测性和风险性；③ 潜在价值的可开发性，创意能力具有一定的社会价值和经济价值。[①]针对创意个体的创意管理主要体现在对创意个体创意能力的激发。所谓创意能力，是一种从事创意劳动的创意力和创造力，是个人在环境的支持下运用已知的信息、知识和技能，在一种创意心流的状态中发现新问题并就问题寻求答案，最终产生某种新颖而独特、有社会价值的产品的能力。创意能力是一种创意个体所具有的创意智商的综合表现。我们可以看出，个体层面的创意能力与创意劳动、创意心流和创意智商三个核心概念有关。

李喆认为，创意劳动指的是面对新问题，在知识积累的基础上，运用创造性思维，形成事物之间全新的结合方式的活动，是感性化思维与理性化执行过程相结合的创造性活动。在李喆看来，创意能力包括创造力、观察力、合作协调力、预测能力、审美能力和执行能力六个维度。[②]创意劳动是一种知识劳动和脑力劳动，更侧重于情感劳动；创意劳动是一种非物质劳动和创造性劳动，是一种精神生产的劳动形态。

① 潭贞. 创新创意基础教程[M]. 北京：机械工业出版社，2017：25.
② 李喆. 创意劳动论[M]. 北京：社会科学文献出版社，2012：1-356.

　　创意能力是创意智商综合作用的结果。美国帕森斯设计学院教授布鲁斯·努斯鲍姆系统地阐释了"创意智商"（creative intelligence）的概念。他认为，创意个体的创意智商蕴含五种能力：知识挖掘（knowledge mining）、框架（framing）、玩乐（playing）、动手制作（making）和轴转（pivoting）。创意个体通过这五种能力，可以有效地创造、联系和启发个体的创意能量。所谓"知识挖掘"，就是基于历史素材和日常知识的累积与挖掘。知识挖掘最重要的途径就是"赋形"，让无形的概念能够有形化。"赋形"的高级阶段为价值观赋形。例如，我国台湾地区手工香皂品牌阿原香皂的口号为"清洁是一种修行"就是一种价值观赋形。它将有机香草的耕种和手工香皂的制作过程比喻为人生修行的过程，以香草呈现慈悲草（越简单、越慈悲）、用心做（用心，改变价值）、勇敢树（不变，最勇敢）、舍得花（舍得，最难得）和希望仁（种子是仁，希望无穷）等人的修行品质。所谓"框架"，特指人的表演、语言表达和行为表征可以纳入特定的情境定义关系，包括叙事框架、交流框架和假设框架等不同情境。架构能力就是建立一种特定情境的能力，即把突发的想法用一条线索串联起来，从而产生交流和链接，让其合理化。所谓"玩乐"，就是营造一种在游戏中创意的自在轻松的状态。荷兰文化史学家约翰·赫伊津哈（Johan Huizinga）认为，"文明是在游戏中并作为游戏而产生和发展起来的"[①]，人只有在游戏的状态中才最自由、最本真、最具有创造力。他认为，舞台、银幕、法庭等，无论在形式上还是功能上，都是人的游乐场。要寻找到赫伊津哈所说的"魔环"（就是在寻常世界中，为了表演一出独幕戏而暂时存在的一个世界），而为了打造这个"魔环"，需要在结构与松散之间建立平衡。所谓"动手制作"，也是一种数字、现代的"创客"手段，是一种互联网时代基于技术解放和工具民主化观念的制造者能力。动手制作强调手工、本地、慢生活、质感，也注重三维创造和 3D 打印技术的采用。所谓"轴转"，即推动创意的迭代转身，要将瞬时的灵感转变为有效的创意生产，最后导向大规模的生产。轴转是创造力的规模化表现，将个体的创意嵌入更深层次的社会意义的网络。创意轴转为创意产品赋予艺术般的光晕效应，是追求审美完美主义的结果，可建立起人与艺术的直接感知联系。[②]

　　创意智商的影响因素包括知识与技能、智力因素与非智力因素。在数字时代，创意智商也受到数字智商的影响。2016 年，韩国学者、数字智商研究所创始人朴圭贤博士在世界经济论坛（World Economic Forum，WEF）发表的论文中提出了数字智商的概念与框架。传统意义上，智商包括观察力、记忆力、创造力、思维力、想象力和问题解决能力；情商包括自我意识、自我激励、控制情绪、认知他人情绪和处理相关关系等能力。王佑镁等人认为，数字智商包括技术能力、认知能力、元认知能力和社会情感能力四个维度并按照数字竞争者、数字创造者和数字公民三大层次，从数字身份、数字使用、数字安全、数字保障、数字情商、数字交流、数字素养、数字权利八大领域构建了一个数字智商能力图谱。[③]

① 赫伊津哈. 游戏的人：文化的游戏要素研究[M]. 傅存良，译. 北京：北京大学出版社，2014：92-95.
② 努斯鲍姆. 创意智商：如何利用创造、联系和启发的能量[M]. 马睿，译. 北京：中信出版社，2015：125-129.
③ 王佑镁，赵文竹，宛平，等. 数字智商及其能力图谱：国际进展与未来教育框架[J]. 中国电化教育，2020（1）：46-55.

心流（flow）是由米哈里·奇凯岑特米哈伊提出的心理状态，是指当人们沉浸于当下着手的某件事情或某个目标时，全神贯注、全情投入并享受其中而体验到的一种精神状态。他这样描述心流的状态："你感觉自己完完全全在为这件事情本身而努力，就连自身也因此显得很遥远。时光飞逝，你觉得自己的每一个动作、想法都如行云流水一般发生、发展。你觉得自己全神贯注，所有的能力被发挥到极致。"[①]创意心流是一种积极心理学意义上创造力的心理审视。创造力是人们生活意义的核心来源，人所拥有的创造力不是突然的灵感，而是数年艰苦卓绝的日常累积和精彩迸发。奇凯岑特米哈伊通过对那些富有创造力的人的生活方式和工作方式的访谈与观察，分别从领域（由专业知识构成符号规则和程序，具有结构的清晰性、文化的中心性、知识的可获得性等特点）、学界（由某领域的专家组成，其工作方式包括在领域内做出评判，决定哪些创意应该被纳入该领域）和个体（个人使用某个领域的符号规则，产生一个新观念或新形式，而这种新观念或新形式能被适当的学界选入相应的领域）三个层面构建了一个创造力系统模型。基于奇凯岑特米哈伊的创造力系统模型，创造力可以被定义为改变现有领域或将创造一个新领域的任何观念、行动或事物，而富有创造力的人特指那些以思想或行为改变一个旧领域或创建一个新领域的人。创意人士通过如下步骤让自己沉浸在创意心流的忘我状态：① 每一步都有明确的目标；② 行动会马上得到反馈；③ 存在着挑战与技能的平衡；④ 行动与意识相融合；⑤ 不会受到干扰；⑥ 不担心失败；⑦ 自我意识消失；⑧ 遗忘时间；⑨ 活动本身具有了目的。[②]

二、创意能力的开发途径

个体层面的创意能力与生活环境、居住和工作地点以及身心的当下节奏等状态息息相关。创意能力的开发途径按照开发主体而言，可以分为个体开发、组织开发、社会开发和国家开发等途径；按照创意生命周期来说，可以分为创意意识养成、创意思维培养、创意方法训练、创意知识积累等形式。

创意能力的个体开发途径即保持自我学习的习惯，在日常生活中培养对外界事物的好奇心和对异常现象的敏感性。创意能力的个体开发是一个持续有效地获得创意知识和技能的过程。创意进化如同自然进化一样，同样依靠现存可用的资源进行无限拼接、组合，从而产生新的创意。美国媒体理论家史蒂文·约翰逊（Steven Johnson）提出相邻可能的创意模式，他认为，相邻可能有一种奇异的美，一旦对它的边界进行新的探索，之前的边界就会重新扩展。新的组合变化为另一些变化提供了进入可能空间的钥匙，就好像一座被施了魔法的宫殿，你每打开一扇门，都会发现一些新的、别有洞天的美景。如果你不停地推开眼前的新门，最终你就可以走遍一座宫殿。[③]创意就像一个一个碎片式想法拼贴而成的，伟大的创意都是由不连续的创意碎片组合而成的。那些看似独立、重复的创意构思，其实

---

① 奇凯岑特米哈伊. 创造力：心流与创新心理学[M]. 黄珏苹，译. 杭州：浙江人民出版社，2015：92-93.

② 同①。

③ 约翰逊. 伟大创意的诞生：创新自然史[M]. 盛杨燕，译. 杭州：浙江人民出版社，2014：21-40.

都存在基于相邻可能的创意连接，我们所要做的就是保持视野的开阔。因此，我们每个人都要具备创意自信的创新意识，不断训练自己的创意思维和创意方法，参加各类创新创意实践活动，让自我创意的边界无限扩展。

创意能力的组织开发途径强调团队成员之间的交互协同和目标导向。组织是由个体组成的，是一个目标明确、责任共担、成果共享的共同体。组织层面的创意能力开发过程包括组织创意的获取、组织创意的分享和组织创意的应用三个环节。组织创意的开发关键是创意环境的营造和创意机制的设置。创意组织面临外环境和内环境的双重压力。组织外环境的压力主要表现为创意政策治理、创意经济周期、创意技术变革、创意市场规模和创意消费趋势等创意宏观环境方面的压力；组织内环境的压力主要表现为创意产品研发、创意人员激励、创意品牌优势和创意潜力发展等创意组织运营方面的压力。组织要随着宏观环境的变化而调整创意行动，不断地获取创意，在组织内传递创意并不断创造新的创意，最终提高组织的创意绩效。美国管理学家彼得·圣吉（Peter Senge）提出推动组织学习、提高组织创意的五项修炼，分别为实现自我超越、改善心智模式、建立共同愿景、开展团队学习和进行系统思考。[①]组织通过"深度沟通"和"开放讨论"，建立宽松的创意氛围，鼓励员工平等地表达意见和用心聆听，营造"规律有序与杂乱无章"的动态评价机制，宽容基于善意的创意失败。激发创意的激励原理包括信息回馈激励、自我效能激励、成就动机激励、奖励机制激励，组织就是要建立一套有利于激发创意的激励机制体系。[②]

创意能力的社会开发途径在于社会网络和创意环境的营造。创意能量来源于不同学科、不同领域、不同文化之间的相互激荡和交互影响。创意人士的生活方式、社交空间和随机的讨论、对话对于促进创新信息的流动至关重要。欧洲文艺复兴时期，意大利佛罗伦萨美第奇家族持续资助雕塑家、科学家、诗人、哲学家、金融家、画家、建筑家、文学家了解彼此、相互学习、共同创作，促成了多学科、多领域交叉思维的诞生，后来人们把这种在思想、科学、艺术和文化交叉点上的创意迸发现象称为美第奇效应（Medici effect）。[③]创造美第奇效应的关键是达成不同领域、文化、概念、范畴、思维之间相契合的交叉点（intersection）。创意社会是一个基于创意信任资本达成的社会网络。在美籍日裔学者弗朗西斯·福山（Francis Fukuyama）看来，信任是一种社会资本，是经济繁荣的基础。信任资本受宗教、传统、习俗、文化等因素的影响，因此不同的国别与区域可以被分为高信任文化社会和低信任文化社会。[④]高信任创意社会是一个创意信息外溢的社会网络，可以将不同的创意工作室、实验室、交流展连接起来，实现创意资源、信息、知识和成果的共享。

创意能力的国家开发途径在于国家层面的创意教育制度和创意扶持政策的制定与实施。激发国人的创造力和创新精神是一个国家决胜未来的基石。习近平总书记指出："创新是一个民族进步的灵魂，是一个国家兴旺发达的不竭动力，也是中华民族最深沉的民族

① 圣吉. 第五项修炼：学习型组织的艺术与实践[M]. 张成林，译. 北京：中信出版社，2018：7-466.

② 谭贞. 创新创意基础教程[M]. 北京：机械工业出版社，2017：33.

③ 约翰松. 美第奇效应：创新灵感与交叉思维[M]. 刘尔铎，杨小庄，译. 北京：商务印书馆，2006：97-99.

④ 福山. 信任：社会美德与创造经济繁荣[M]. 郭华，译. 海口：海南出版社，2001：1-460.

禀赋。在激烈的国际竞争中，唯创新者进，唯创新者强，唯创新者胜。"[①]2014年，国务院出台《关于推进文化创意和设计服务与相关产业融合发展的若干意见》，通过增强创新动力、强化人才培养、壮大市场主体、加大财税支持、加强金融服务等政策措施，积极发挥全民创意的力量，实现从"中国制造"向"中国创造"的根本转变。无论是澳大利亚的"创意国家"战略、英国的"创意产业"战略，还是韩国的"文化立国"战略、日本的"酷日本"战略，都是从国家战略的顶层设计出发提出的推动创意产业繁荣和创意经济发展的创新政策。

第二节　创意人格的构成与养成

创意人格是养成创意能力的重要动力。人格（personality）是一个心理学术语，根据《辞海》的定义，它是指个体在对人、对事、对己等方面的社会适应中行为上的内部倾向性和心理特征，表现为能力、气质、性格、需要、动机、兴趣、理想、价值观和体质等方面的整合，是具有动力一致性和连续性的自我，是个体在社会化过程中形成的独特的身心组织。人格具有整体性、稳定性、独特性和社会性等基本特征。

一、创意人格的概念

所谓创意人格，就是具有创意活动倾向的各种心理品质的总和，是创意活动成功的关键，反映的是创新主体良好的思想面貌和精神状态。创意能力的形成以创意人格的培养为基础，创意能力的培养以创意人格的养成为重要目标。[②]

创意人格是创意个体内部身心系统的创意动力组织，决定了创意个体对创意环境的刺激所做出的独有的创意调节方式。创意人格的构成要素包括创意动机、创意兴趣、创意理想和创意价值观等。按照瑞士心理学家卡尔·荣格（Carl Jung，1875—1961）的精神分析理论，创意人格可以分为意识、个体无意识和集体无意识三个层次。创意动机和创意兴趣是有意识的创意人格；个体无意识层面的创意人格是个体创意经历的积淀，由创意情结构成；集体无意识层面的创意人格是整个民族、全体社会经历的历史沉淀，由创意原型构成。

创意人格具有一致性与连续性的特点，对于创意能力的形成发挥着重要的作用。首先，创意人格对于创意能力的形成具有传导机制的作用，创意动机和创意兴趣的创意人格是创意能力最好的催化剂，有利于激发个体创意习惯的养成和创意激情的勃发。其次，创意人格对于创意能力的形成具有价值选择的作用，不同的创意情感、创意直觉、创意思维对于创意能力的表现方式不同。最后，创意人格对于创意能力的形成具有目标导向的作用，创意内驱力、创意价值观、创意社会观念等创意人格对于创意能力的结果呈现不同。[③]

---

① 习近平. 在欧美同学会成立一百周年庆祝大会上的讲话[N]. 人民日报，2013-10-22.
② 谭贞. 创新创意基础教程[M]. 北京：机械工业出版社，2013：36-39.
③ 同②37.

二、创意人格的测量

创意能力蕴含丰富的潜能，是每个人都具有的基本特质。美国心理学家乔伊·吉尔福特（Joy Guilford，1897—1987）和罗伯特·史登堡（Robert J. Sternberg，1949—）就创意人格提出了测评指标。他们认为，创意人格具有如下特征：① 强烈的兴趣与好奇心；② 不断进取、自信心；③ 具有批判精神的独立性；④ 胸怀社会的责任心；⑤ 百折不挠的意志力；⑥ 开放的心态以及团结协作精神。[①]

美国学者埃利斯·托兰斯（Ellis Torrance）于 1966 年开发出了创意人格测试量表（torrance tests of creative thinking，TTCT），主要用于考查有利于实现创意能力的发散性思维能力、好奇心、想象力、幽默感、打破常规等方面的创意人格特质。创意人格测试量表包括言语创造思维测试、图画创造思维测试和声音、词语创造思维测试三套量表。托兰斯还编列了创造性人格自陈量表"你属于哪一类人"，人们可通过回答二十道自我测试创造人格特征的题目了解自己的创意人格。

创意人格的核心要素包括想象力、联想力、变通力、观察力、交叉与组合力、耐受力等（见图 2-2）。想象力，指人通过大脑描绘图像、声音、气味、疼痛、味道等各种感知和情绪体验的能力，它是创意的源泉；联想力，指人通过大脑建立不同事物之间联系的能力，创意的秘诀在于联想力；变通力，指人改变思维方式、打破常规、拓宽思考空间、举一反三的能力，创意的多样性源于变通力；观察力，指人通过眼、耳、鼻、舌、身对事物的观察以实现大脑对事物形成准确、全面、新的认知的能力，敏锐的观察力是创意的起点；交叉与组合力，指人通过大脑在混沌与有序、排列与组合、发明与创造之间探索的多元思维，寻求不同行业、学科、观念、文化之间的交叉点的能力，交叉与组合力推动创意创造一个个多元、全新的想象世界；耐受力，指面对不确定性创意环境时控制情绪、保持正常状态的能力，是生物机体在一种或多种不利的环境条件下生长或成长的相对能力，耐受力是创意的意志坚持。[②]

图 2-2　创意人格的核心要素

---

① 史登堡. 不同凡响的创造力[M]. 洪兰，译. 北京：中国城市出版社，2000：2-356.
② 金涌. 科技创造力的培养[J]. 中国大学教学，2014（7）：4-7.

三、创意人格的养成

孔子曰："吾十有五而志于学，三十而立，四十而不惑，五十而知天命，六十而耳顺，七十而从心所欲，不逾矩。"人在不同的生命阶段呈现不同的人格特征。人格是可以养成的，孟子所谓"养浩然之气"，就是可以在艰难、困苦的环境中锤炼正大、刚直的人格气质。文天祥在《正气歌》中写道："天地有正气，杂然赋流形。下则为河岳，上则为日星。于人曰浩然，沛乎塞苍冥。皇路当清夷，含和吐明庭。时穷节乃见，一一垂丹青。"浩然正气的人格可以养成，创意人格亦可以养成。

奇凯岑特米哈伊认为，创意人格是十对明显对立的人格特质的统一：① 体力充沛，也会沉默不语；② 很聪明，但有时也很天真；③ 玩乐与守纪律；④ 想象、幻想与牢固的现实感；⑤ 内向与外向；⑥ 非常谦逊，同时很骄傲；⑦ 阳刚与阴柔；⑧ 反叛与独立；⑨ 对工作热情又客观；⑩ 煎熬与喜悦。创意人格在人的不同生命周期会有不同的养成手段。在童年和青年时期，人们不可能基于对某人早期天赋的评判来断定他/她在将来是否具有创造力。孩子受好奇心牵引，受家庭和父母的影响颇深，创意的兴趣可代代遗传，孩子慢慢成长，摆脱父母的束缚，与自我的命运抗争。人在成年、接受大学教育与职业发展后进入创意的最佳时期，这个时期，创意人格的养成需要能给予支持的亲人、伴侣，创造做事的新方法，活跃在不同的创意舞台，开创事业之外的创意新天地，开始培养创意接班人。在人的老年时期，创意体力、创意认知、创意习惯都已抵达创意个体的最高点和平衡期，创意个体努力保持与学界、领域和专家的关系，让创意的知识"繁衍"下去。[①]奇凯岑特米哈伊认为，让生活变得充实而轻盈可以有效增强创意能量：每天早上怀着明确的目标醒来，把更多可以自由支配的注意力留给创意，培养个人的好奇心和兴趣；每天设法为某些事情而感到惊奇，发掘日常生活中的创意心流，保持创意习惯，管理自己的创意日程，多做自己喜欢的事情，少做自己反感的事情，积极开发自己所欠缺的能力。

人人有创意，处处有创意，时时有创意，创意人格是一种一致性、持续性和连贯性的身心特质。创意具有日常性，因此创意人格的培养需要把认知、情绪、知识获取、行为习惯与日常活动结合起来。创意人格源于生命体验，源于认知改善、兴趣体验与行为训练的日常统合。创意是伴随人一生的创造力行为，是自我教育、终身教育的结合。创意的实现是团队中不同人士的创意协同，是个体教育、团队教育的集合。创意人格是个体人格综合特质的组成部分，与其他的人格特质息息相关，要注重个体素养的全面发展。

创意人格的养成途径灵活多样，具有个体自主性、生活日常性、集体实践性等特点。创意管理要经历创意生活化、创意职业化和创意产品化的发展历程。创意生活化是创意人格养成的关键环节，因此创意人格的培养要重视日常生活层面的涵养。此外，创意需要专业的思维、方法、工具，要注重学习教育的培养；创意离不开团队的支持和协作，要注重团队活动的集体培养；创意不只是新奇的点子，更是务实的操作，需要社会实践的培养。

---

① 奇凯岑特米哈伊. 创造力：心流与创新心理学[M]. 黄珏苹，译. 杭州：浙江人民出版社，2015：92-93.

第三节 创意生态的要素、含义与构建机制

创意不是昙花一现的新潮，而是久久为功的坚持。创意个体、创意组织与创意社会构成生生不息的创意生态。即便创意个体有精妙绝伦的天才想象，却离不开创意实现的环境。那什么样的创意环境更有利于创意的出现呢？达尔文悖论（Darwin's Paradox）告诉我们，在营养极少的珊瑚礁里却生存着大量的生物，其生态位（niche）的数量多得惊人，这是一种绝不服输的生命创造力使然。自然生态如此，创意生态亦然。优质的创意生态，就是能够不断产生创意连接、激发创意联想、实现创意交叉的社会环境。好的创意生态能够推动创意价值"一元多用"（one source multi-use）或"多元多用"（multi-source multi-use）的实现。一个或者多个创意资源可以实现多个创意价值的应用。

一、创意生态的要素和含义

蒂娜·齐莉格认为，人们所处的创意环境包括内因环境和外因环境。创意的内因环境包括知识、想象力、态度三要素。知识储备是发挥想象力的基础，想象力是将已有知识转化为新想法的催化剂，态度是点燃创意引擎的火花。创意的外因环境包括资源、生境、文化三要素。资源指创意者所处团体内的一切可利用的东西；生境指创意者的生活环境，如家庭、学校或工作场所；文化是创意者所处的团体体现出来的集体信仰、观念和行动愿景。创意的内因环境三要素和外因环境三要素构成了一个创意引擎，六大影响因素彼此交融、互相影响，共同推动创意的生成（见图 2-3）。那么如何优化创意的内因、外因环境呢？齐莉格认为，可以通过重审问题、发散思维、质疑假设等手段提高想象力，通过提高洞察力增加知识储备，通过物理空间、规则限制、创新鼓励、团队动力等手段善用周遭环境，通过创意个体的意愿、决心、容忍训练激发主观态度。①

图 2-3 蒂娜·齐莉格的创意引擎

澳大利亚创意产业学者迈克尔·基恩（Michael Keane）认为，创意驱动了人类文明意

---

① SEELIG. InGenius: a crash course on creativity[M]. New York: Harper One, 2012: 1-262.

义系统的改变。创意进化到人工智能时代，故事在人与人的传播之间发生变化，而在技术与人的传播之间不会发生变化。宗教、神话以及价值观是文化记忆的组成部分，数字时代的记忆被存储在云端，大数据不仅记录过去也预测未来，人类似乎不再通过记忆去进行创造。他认为，创意与人文、智慧、自然、艺术共同构成文明生态。

美国计算机科学家克里斯托弗·朗顿（Christopher Langton）认为，创意的系统环境一般倾向于靠近"混沌边缘"（edge of chaos），处于一个太多的规则与无规则之间的有利于创意发展的系统空间。同时，他以气态、液态、固态三种物理状态描述创意的社会系统环境。

史蒂文·约翰逊在此基础上提出，气态的创意社会环境里到处是混乱与无规则，新的创意连接组合虽然较易生成，但因为所在环境的易变性和不稳定性，这些新生成的组织结构又会再次受到冲击并分裂开来；固态的创意社会环境虽然能让新生成的组织结构具备足够的稳定性，却不能被轻易改变；液态的创意社会环境更容易去开发相邻可能的创意连接，创意分子之间不断地自由组合，而所处的环境又相对稳定，不会破坏那些新生成的组织结构。[①]因此，液态创意社会环境是最为理想的创意生态，创意网络之间形成高密度、高频次的创意流传和创意扩散，既能持续开发相邻可能的创意连接，又能把新生成的有用的创意连接长期保存起来。

创意人士具有广泛的社交网络，包括组织内部的强连接社交网络和组织外部的弱连接社交网络，涉及不同专业领域的人士，形成多维、横向的创意连接网络。高密度的液态创意生态最易出现创意扩散的信息外溢效应（information spillover）。信息外溢的创意扩散依据时间与空间的不同形式，使得创意向整个社会网络流传和溢出并通过这种流传和溢出得以保存，被不同地区的人们加以利用。创意园区、创意社区、创意街区、创意商区、创意城市等不同形态的社会网络都要营造这种液态创意生态的空间环境，让好的创意容易产生、连接、扩散、保存和利用。

二、创意生态的构建机制

约翰·霍金斯提出构建创意生态的三个原则，即人人创意原则、创意自由原则、自由市场原则。所谓人人创意原则，是指人人生而具有想象力并有激情去践行自己的想象力；所谓创意自由原则，是指人们在自己享受想象力带来的新创意成就感的同时，希望向他人展示、分享、交换这种新创意，需要在人与人之间建立起创意的关系管理；所谓自由市场原则，即创意以市场为交换机制，可以创造经济财富。为了实现创意生态的三个原则，霍金斯认为可以通过维护多样性（diversity）、加强变革的力量（change）、保持学习习惯（learning）和加强适应性（adaptation），更好地构建创意生态。随着智能时代的到来，创意生态要不断地满足新的消费需求和适应竞争环境，通过创意教育、创意学习和创意数字化革命，不

---

① 约翰逊. 伟大创意的诞生：创新自然史[M]. 盛杨燕，译. 杭州：浙江人民出版社，2014：49-51.

断扩展创意生态的生命力和可持续进化。①

总之，创意生态是一个创意生成的共生系统，包括创意生态圈、创意生态层、创意生态链和创意生态网。创意生态圈强调不同的创意主体之间跨专业、跨领域、跨文化的异场域性；创意生态层强调交叉点的跨界创新；创意生态网强调不同创意个体之间弱连接的社交生活；创意生态链注重创意价值的协同共生（见图2-4）。

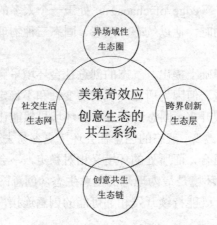

图2-4 创意生态的共生系统

 **本章小结**

创意管理的发生机制呈现一个同心圆结构，包括创意个体、创意组织、创意产业、创意社会和创意生态五个层次。创意个体是创意管理的微观对象，创意生态是创意管理的宏观对象。创意个体的创意能力具备存在状态的普遍性、发生机制的灵活性和潜在价值的可开发性。创意个体的创意能力是一种从事创意劳动的创意力和创造力。创意能力与创意劳动、创意心流和创意智商三个核心概念有关。个体层面的创意能力与生活环境、居住和工作地点以及身心的当下节奏等状态息息相关。

创意能力的开发途径包括个体开发、组织开发、社会开发和国家开发等不同类型。其中，创意能力的个体开发途径即保持自我学习的习惯，在日常生活中培养对外界事物的好奇心和对异常现象的敏感性。创意能力的组织开发途径强调团队成员之间的交互协同和目标导向。创意能力的社会开发途径在于社会网络和创意环境的营造。创意能力的国家开发途径在于国家层面的创意教育制度和创意扶持政策的制定与实施。

创意人格是创意活动成功的关键，是具有创意活动倾向的各种心理品质的总和。创意人格的构成要素包括创意动机、创意兴趣、创意理想和创意价值观等。创意人格具有一致性与连续性的特点，对于创意能力的形成发挥着重要的作用。美国学者埃利斯·托兰斯于

---

① 霍金斯. 创意生态[M]. 林海，译. 北京：北京联合出版公司，2011：25-162.

1966 年开发出了创意人格测试量表，主要用于考查有利于实现创意能力的发散性思维能力、好奇心、想象力、幽默感、打破常规等方面的创意人格特质。创意人格的核心要素包括想象力、联想力、变通力、观察力、交叉与组合力、耐受力等。奇凯岑特米哈伊认为，创意人格是十对明显对立的人格特质的统一。创意具有日常性，创意人格源于生命体验。创意人格的养成途径灵活多样，具有个体自主性、生活日常性、集体实践性等特点。创意管理要经历创意生活化、创意职业化和创意产品化的发展历程。

创意个体、创意组织与创意社会构成生生不息的创意生态。蒂娜·齐莉格认为，人们所处的创意环境包括内因环境和外因环境。克里斯托弗·朗顿认为，创意的系统环境一般倾向于靠近"混沌边缘"，处于一个太多的规则与无规则之间的有利于创意发展的系统空间。同时，他以气态、液态、固态三种物理状态描述创意的社会系统环境，液态创意社会环境是最为理想的创意生态。创意人士具有广泛的社交网络，包括组织内部的强连接社交网络和组织外部的弱连接社交网络。创意生态是一个创意生成的共生系统，包括创意生态圈、创意生态层、创意生态链和创意生态网。

思考题

1．以某个个体为例，谈谈创意个体的创意特质受到哪些因素的影响。

2．个体、组织、社会和国家等不同的创意能力开发途径有哪些不同的开发效果和局限？

3．试用埃利斯·托兰斯的创意人格测试量表对自己的创意人格进行测试并就测试结果分析提升自身创意能力的途径。

4．调研某创意组织开展创意能力开发与培养的情况，说明该组织采取了什么措施来提升组织成员的创意能力。

5．结合液态创意社会和美第奇效应分析某创意社区的创意发生机制。

案例分析

赖声川（1954—），著名华人剧作家和戏剧导演，美国加州柏克莱大学戏剧学博士，舞台剧剧团"表演工作坊"艺术总监。他 29 岁开始舞台剧的创作，至今创作出的舞台剧、电影和电视剧作品近 30 部，包括舞台剧《如梦之梦》《暗恋桃花源》《水中之书》、相声剧《这一夜，谁来说相声？》、"斜角喜剧"《隐藏的宝藏》，电影《暗恋桃花源》《飞侠阿达》，电视剧《我们一家都是人》等多种类型。2007 年，他入选"中国话剧百年名人堂（当代）"；2013 年，他与黄磊等人共同发起乌镇戏剧节。赖声川开创了剧场新美学，他的每个作品都为观众创造了舞台多变的场域新体验，将东西方文化的精髓融会贯通，投射出现代社会普通人的生活变化。赖声川认为，创意在每一霎；创意是一场人生修行；创意是一个作品，是一场发现之旅。创意应该发现问题或者发现问题并提供答案。创意是由"创"和"作"组成的，"创"是"智慧"，"作"是"方法"。"智慧"决定了创意人为自己所出之创意题目的深度及挑战的大小；"方法"决定创意解题的效率，也决定创意人解题的创意。赖声川为创意的发现之路搭建了一个创意金字塔的理论模型。他认为，"创"的部分来源于生活，由档案（经验）、习性、动机三者组成智慧，再经由想象力形成灵感，经过构想、组织，最终形成"创"的内容；"作"的部分来源于艺术，用美感、万物运行理论、结构组成方法，经由组合力形成了"作"的形式。"创"和"作"都要通过"如是观""因果观""世界观"的共同源泉获取来源，进行整合，再作用于动机和智慧。赖声川认为，创意产业源于创意，而创意依赖文化，"创意是可以练习的，灵感可以被有意培养"，"真正的创意在于自我的转化"，创意的呈现推动了"创"和"作"的有机结合，最终形成完美的作品。[1]

【思考】

结合以上背景材料，基于赖声川创意金字塔理论模型检视自身创意能力的练就和创意人格的培育。

 本章参考文献

1. 奇凯岑特米哈伊. 创造力：心流与创新心理学[M]. 黄珏苹，译. 杭州：浙江人民出版社，2015.

2. 谭贞. 创新创意基础教程[M]. 北京：机械工业出版社，2013.

3. BRUCE. Creative intelligence: harnessing the power to create, connect, and inspire[M]. New York:Harper business, 2017.

4. 李喆. 创意劳动论[M]. 北京：社会科学文献出版社，2012.

5. SEELIG. InGenius : a crash course on creativity[M]. New York: Harper One, 2012.

6. 约翰逊. 伟大创意的诞生：创新自然史[M]. 盛杨燕，译. 杭州：浙江人民出版社，2014.

7. 史登堡. 不同凡响的创造力[M]. 洪兰，译. 北京：中国城市出版社，2000.

8. 赖声川. 赖声川的创意学[M]. 桂林：广西师范大学出版社，2015：1-318.

9. 霍金斯. 创意生态[M]. 林海，译. 北京：北京联合出版公司，2011.

---

① 赖声川. 赖声川的创意学[M]. 桂林：广西师范大学出版社，2015：1-318.

第三章

创意思维的方式与技法

习惯凭感觉来做判断的人是不会理解推理的过程的，因为他们并不习惯探究种种原则，而只是了解第一感官印象。相反地，另外一些人却习惯从种种原则中推出结果，但完全无法理解感觉上的事情，追求各种原则，也无法一眼将事物的存在把握住。[①]

——[法]布莱士·帕斯卡

 学习目标

通过本章的学习，学生应了解和掌握如下内容。

1. 创意思维的根本特征。
2. 创意思维的基本原理。
3. 创意思维的主要技法。

创意是人类所独有的一种创造性能力，是人类文明演进和经济社会发展的根本动力。北京师范大学中国教育创新研究院与美国 21 世纪学习联盟合作开发了新世纪人才核心素养 5C 模型，即文化理解与传承素养（cultural competence）、审辨思维（critical thinking）、创意素养（creativity）、沟通素养（communication）、合作素养（collaboration）。创意不仅是文化产业和创意经济发展的重要动能，更是 21 世纪现代人才素质能力的通用特征。一般而言，创意素养包括创意人格、创意思维和创意实践等要素。其中，创意人格侧重于创意个体内在的情意因素；创意思维侧重于创意个体或创意团队内在的思维过程和方法；创意实践侧重于创意个体或创意组织外显的行为投入。[②]美国创造力心理学家罗伯特·史登堡（Robert J. Sternberg，1949—）提出创造力三维模型：第一维是与创造力相关的智力层；第二维是与创造力相关的思维方式层；第三维是与创造力相关的人格特质层。由此可

---

① 帕斯卡. 人是一根会思考的芦苇[M]. 郭向南，译. 北京：北京联合出版公司，2017：2.

② 甘秋玲，白新文，刘坚，等. 创新素养：21 世纪核心素养 5C 模型之三[J]. 华东师范大学学报（教育科学版），2020，38（2）：57-70.

见，创意思维是创意个体的重要素养，也是创意生发的重要工具。

第一节　创意思维的根本特征

创意思维是人的大脑思维的一种类型。根据《辞海》的定义，"思维"也称"思量"，是一种人类特有的精神活动，是将外在所得的表象、概念经由分析、综合、判断、推理等步骤的认识活动的过程。美国认知语言学家乔治·莱考夫（George Lakoff，1937—）指出，人的思维模式具有意识模式和无意识模式，而98%的思维都是无意识模式的思维。思维由框架决定，框架是塑造人们看待世界方式的心理结构。[①]创意思维的形成过程就是重建框架的过程。大脑思维（brain thinking）源自1981年诺贝尔生理学或医学奖获得者、美国心理生物学家罗杰·斯佩里（Roger Sperry，1913—1994）提出的左右脑分工理论。大脑思维有左脑思维和右脑思维两种思维类型，每个人都有这两种思维类型，但其中一种会占据相对主导的地位，起到支配大脑思维的作用。左脑思维是理性思维，偏重数理、逻辑、抽象思维；右脑思维是形象思维，偏重艺术、想象、直觉思维。在这里，左脑思维和右脑思维的区分并不是说在人的大脑里明确存在左脑思维和右脑思维的空间划分，而是指代大脑思维存在的两种思维类型。创意思维是大脑思维的结果，是左脑思维与右脑思维的融合。

我国教育家陶行知说，人人是创造之人，处处是创造之地，天天是创造之时。人们的创意过程包括创意生成、创意分享和创意实践等环节，创意思维在这些环节中发挥着重要的作用。创意思维是逻辑思维、形象思维、逆向思维、发散思维、系统思维、模糊思维、直觉思维、正向思维等多种思维方式的综合运用。在中外创意实践的历史上，许多成功的创意事业都离不开兄弟型创业团队，如美国科学家、飞机发明者莱特兄弟（Wright Brothers）、世界文化娱乐航母缔造者迪士尼兄弟（Disney Brothers）、我国电影娱乐集团创造者华谊兄弟等。在这里，"兄弟型"不一定特指有血缘关系的创业者关系，而是代表了在实际创意创业中创业者团队融合理性思维与感性思维、垂直思维与水平思维等创意思维的可能性和有效性。总体而言，创意思维分为垂直思维、水平思维、群体思维和快思慢想四个方面，每个方面的创意思维都包含不同的思维样式。

一、垂直思维

垂直思维是一种理性思维、逻辑思维、聚合思维、系统思维。垂直思维是人们基于现有的知识和经验，通过判断、推理、类比、综合等思维过程，提出解决问题的设想。垂直思维是一种逻辑型思考与推理的思维类型。逻辑能力是人的大脑思维的一种高级能力，以明确的思维方向为指导，需要一套概念、命题、术语、言语、法则等智识系统作为支撑，

---

① 莱考夫. 别想那只大象[M]. 闾佳，译. 杭州：浙江人民出版社，2013：1-216.

从而精确地推论出问题的解决方案。垂直思维具有类比、借鉴、推导的特点。史蒂夫·乔布斯（Steve Jobs，1955—2011）以简洁之美为指导苹果公司系列产品创意设计的逻辑思维。2001 年，美国苹果公司推出了 iPod 音乐播放器，通过简约、品质、质朴、完美的创意设计重新定义了音乐播放器的形态。但是，我们发现，第一代 iPod 独有的物理旋转的滚轮式按键设计理念却是来自于德国设计师迪特·拉姆斯（Dieter Rams，1932—）在 1958 年为德国博朗公司设计的 Braun T3 便携式收音机；苹果公司推出的 iPhone 经典的蓝色、绿色、红色、白色和黑色五色系列的设计灵感来自于美国柯达公司于 1928 年推出的照相机经典五色。无论是音乐播放器的尺寸设计还是智能手机的尺寸设计，苹果公司运用了平面构图的黄金分割线数学原理，将其调整为 16∶9 的黄金比例，以满足人们的审美需求。[①]

垂直思维是一种纵向思维（vertical thinking），是一种按照既定结构、有顺序的、有目标的、可预测的创意思维。纵向思维是一种常规思维，要有丰富的知识和经验作为基础，过程明了，层层分析，目标明确，逻辑清晰。例如，现在很多创意产品的目标市场都会按照区域、全国、全球三个层次来设定，按照不同目标市场的经济收入、消费习惯、文化水平、技术基础等情况进行分析，然后对应创意产品的功能价值、文化价值的不同属性进行不同的创意策划与设计，这就是一种逻辑结构非常清楚、结果导向非常明确的创意思维。

垂直思维是一种聚合思维（convergent thinking），是经过分析、比较、综合、评判而推导出最有价值设想的一种有方向、有范围、有条理的收敛性、集中性创意思维。聚合思维是从已知、多元、更大范围内的信息中汇集整理，寻找逻辑最佳、结果最优的创意解决方案。聚合思维注重程式性、求同性、归纳性的思维过程。例如，某文创公司通过市场调研收集了诸多针对某项创意产品的价值诉求，研发人员将这些价值诉求中特征相同的整合到一起，同类聚焦，形成该创意产品的核心价值，这就是一种聚合思维的创意过程。因此，在聚合思维中，创意人员对前期不同范围、不同来源、不同背景的海量信息的收集是前提，逻辑评估和理性筛选是关键，科学比较和聚类求同是结果。

在一般人看来，创意思维首先应该是水平思考，而非垂直思考。但是，垂直思维由于其逻辑清晰、过程缜密而使得创意思维的过程具有明确的方向性、连续性和目标性。垂直思维要求人的智力、知识的日常积累，要求人的思维风格和人格特质的动力驱动，要求外部环境的基础支撑。为了更好地发挥创意思维的垂直思维，创意人士要善于建立自己的创意知识库、创意信息网和创意数据平台，关注国内外重要的知识产权登记平台、创意展示平台、大赛和节庆，积累创意素材。

二、水平思维

水平思维是一种感性思维、灵感思维、直觉思维、联想思维、扩散性思维。创意思维的起点是打破框架、激发灵感的水平思维。水平思维是一种非正统、非逻辑、非常规的大脑思维，是以不同视角和不同途径看待事物。吉尔福德认为，创意思维具有扩散性思维特

---

① 西格尔. 简洁之美：苹果运营的秘密[M]. 笪鸿安，高原，蔡金峰，译. 北京：中国人民大学出版社，2017：17-273.

质，后来学者在他提出的智力三维结构（操作、内容、产物）的基础上整理出创意思维的五大特征：流畅性、变通性、独创性、精密力、敏觉力。所谓创意思维的流畅性，重在一个"多"字，是指能源源不断产生新点子的创意思维，反应快、点子多、记忆力强、想象力丰富是这种创意思维的主要表征。所谓创意思维的变通性，重在一个"变"字，是指能够举一反三、触类旁通、发现更多可能性的创意思维。所谓独创性，重在一个"奇"字，是指新颖奇特、意料之外的创意思维。所谓精密力，重在一个"全"字，是指精益求精、深思熟虑、细节完备、体系周全的创意思维。所谓敏觉力，重在一个"觉"字，是指敏捷机警、敏感察觉、把握关键的创意思维。[①]

水平思维是一种横向思维（lateral thinking），是打破逻辑、打破常规、打破框架的探索式思维模式。横向思维是一种典型的创造性思维，是从横向视域出发创造更多事物之间的思维触点和创意交叉，以产生更多的创意构思。横向思维虽然囿于思考的深度不够，但因其广度的范围扩展，可以收获无限多的奇思妙想。横向思维的目的是创造交叉式思维效应，甚至可以将两个完全不相干的事物联系到一起，去寻找它们之间的"意料之外、情理之中"的创意连接。横向思维来自于创意人士在生活、工作中的偶然触碰，也可以来自于创意人士的刻意为之。美国麻省理工学院媒体实验室（The MIT Media Lab）就是采用横向思考的创意机制推动艺术家与科学家、工程师的融合创新，让整个实验室充满无限想象力的。

水平思维是一种发散思维（divergent thinking），是一种呈放射状的辐射式思维方式。发散思维以某一个事先选定的锚点为出发点和中心点，沿着不同角度、方向、路径、空间、时间创新思维。发散思维具有一定的随意性、临时性和非线性，这些也是创造性思维的主要特点。发散思维追求的是创意问题的"一题多解"、创意资源的"一元多用"。发散思维的结果是在那些看起来混杂无序、种类繁多的创意构思中选出最优者。

创意具有双重特征，既涉及传统意义的内容创新，即发明新的东西或对既有事物的重新组合；又考虑合乎目的的适用性，即创意的适用价值所在。因此，创意在内容、过程和结构三个层面都是复杂性、矛盾性的统一，需要一个整合的思考方式。创意不是为了被动地解决已知的分散的问题，而是试图去挖掘未知的新生的问题。

创意的过程性旨在说明创意作为一个复杂系统，其中存在明显矛盾的发展——这是一个在无序和有序的边缘试探的高风险行业。创意能量的"核聚变效应"来自垂直思维，创意能量的"核裂变效应"来自水平思维。垂直思维与水平思维不是截然分开的。事实上，创意思维的思考过程是垂直思维和水平思维共同作用的结果，它们互相配合、紧密联系、相互作用，共同催生令人尖叫的杰出创意。

三、群体思维

亚里士多德说，人是一种社会性动物。人只有在社会集体中才得以生存和繁衍，人是

---

① 沈翠莲. 创意原理与设计[M]. 台北：五南图书出版社，2005：4-9.

不能脱离自己的生活群体而独立存在的。人们的个体意识源自个体无意识，个体无意识又深深地内嵌于集体无意识。每个人的情感、认知、行为都在不知不觉地受到社会和群体的影响。[①]人的记忆包括个体记忆和集体记忆。法国社会学家莫里斯·哈布瓦赫（Maurice Halbwachs，1877—1945）认为，记忆赋予社会的"过去"以一种历史的魅力，人的记忆思维中存在一个记忆的社会框架，个体思想置身于这个框架并汇入个体记忆。集体记忆是某个社会群体里人们所共享、传承以及一起建构的事或物。[②]美国哲学家、教育家杜威（John Dewey，1859—1952）认为，"社会不仅通过沟通、传递持续存在，而且简直可以说是生活在沟通和传递中，在共同、共同体、沟通这几个语词之间，不仅存在字面上的联系，人们因享有共同的东西而生活于共同体，而沟通是他们享有共同的东西的途径"[③]。随着互联网技术的广泛应用和社会分工的高度发达，现代创意生产也逐渐摆脱对纯粹个体思维的依赖和自我身心的局限。群体智慧（collective intelligence，又称"群体智能""群体智商""群智"等）的概念源于美国生物学家威廉·惠勒（William Wheeler，1865—1937）对蚂蚁、蜜蜂等社会化程度比较高的群体动物生活习性的观察。1911 年，惠勒观察到，蚂蚁、蜜蜂这些独立的个体从表面上看可以合作得非常紧密，以至于蚁群、蜂群变得和一个单一的有机体没有任何区别。蚂蚁、蜜蜂的集合体表现得像一个动物的细胞并且具有集体思维，是一个"超有机体"。法国社会学家爱弥尔·涂尔干（Emile Durkheim，1858—1917）认为，社会是人的逻辑思维的唯一来源，社会组成了更高的智能并在时空上超越了个体。[④]美国学者霍华德·布洛姆（Howard Bloom，1943—）在《全球脑：从大爆炸到 21 世纪群体心理的演化》一书中糅合了细胞凋亡、并行分布式处理、群体选择以及超有机体等概念，构建了一套集体智慧的理论体系。他还运用计算机生成的"复杂适应系统"和"遗传算法"进一步解释了集体智慧的工作机制，以分析那些竞争性细菌菌落和竞争性人类社会。

群体智慧是一个特定的集体中所有成员共享的智慧。群体智慧不是取决于具有某个特点的个体的智慧、决策或创意，而是取决于群体内人与人之间互动连接的共同智慧、共同决策和共同创意。创意生产具有过程性、集体性和灵活性的特点。群体智慧是一种共生智慧，产生于群体成员之间的行为交互、社会交往、思想交流等社会化方式。群体智慧由社会行动者网络机制驱动。法国社会学家米歇尔·卡龙（Michel Callon，1945—）和拉图尔（Bruno Latour）认为，存在一个人与非人的存在和力量之间的异质性网络，行动者、转译者通过异质性网络而相互演进、共同建构，从而实现集体式、动态型社会创新。[⑤]在人工智能时代的理想状态下，集体智慧表现为以人为主、以机器为辅，人机协同，智能机器提高和延展人的能力，人与机器应该共同协作解决复杂性集体问题。

创意思维作为一种群体决策时的倾向性思维方式，表现为一套基于群体智慧的创意生

① 艾略特·阿伦森，乔舒亚·阿伦森. 社会性动物[M]. 邢占军，黄立清，译. 上海：华东师范大学出版社，2020：47-125.
② 哈布瓦赫. 论集体记忆[M]. 毕然，郭金华，译. 上海：上海人民出版社，2002：69.
③ 杜威. 杜威全集（第 9 卷）[M]. 俞吾金，孔慧，译. 上海：华东师范大学出版社，2012：6-7.
④ 涂尔干. 宗教生活的基本形式[M]. 渠东，汲喆，译. 北京：商务印书馆，2020：38-540.
⑤ 郭俊立. 巴黎学派的行动者网络理论及其哲学意蕴评析[J]. 自然辩证法研究，2007，23（2）：104-108.

成机制。在互联网时代，人与人通过人工智能、5G、物联网、大数据等技术手段，彼此之间的连接越来越紧密。相比多数人的决策，单一个体所做出的决策往往显得越来越不精准。集体智慧作为一种共享的或者群体的智能，是集结集体成员的意见进而转化为决策的一个过程。

在英国社会创新学者杰夫·摩根（Geoff Mulgan）看来，集体智慧需要社会集体的功能要素、基础设施、组织原则和集体学习循环等系统机制的保障。其中，功能要素指富有活力的模型、观察、注意力与专注、分析和推理、创造力、协调、记忆、共情、判断和睿智等要素。基础设施包括通用规则、标准和结构智慧用品，投入实践和资源的思想社会。组织原则指自治程度的聚焦能力、反思性和学习能力、整合行动力等原则。集体学习循环包括三个层次：第一循环就是日常思考，即用框架分析、解构、计算和处理确定的问题，目的在于打破直觉；第二循环是对目标和手段加以反思，以新的方式看待事物，发现模式并生成框架，积累多个框架和范畴，从多个角度看问题；第三个循环是反思和改变思维方式的能力，也就是反思和改变基础本体论、认识论和逻辑类型的能力。创新制度（平等主义，结构扁平，回报来自关爱、团结和相互关怀）有利于加强集体智慧的自主性。处于集体智慧中的"我们"不是"我"的简单叠加，而是需要代码（集体内部的共享符号）、角色（任务和功能给定的人和物）和规则（管理事和人的交互行为），重点在于建立思考的共同模型，以自我怀疑的精神对抗集体智慧的敌人。要注重日常生活中的集体智慧，这种集体智慧往往来自大学校园、研讨会议、公众生活、企业协作等集体情境。集体智慧不是个体智慧的综合，拥有各种能力的平衡、有效的基础设施、正确的管理循环，愿意将资源投入结构化思考工作，利用超越自身限制的大思维并保持清醒的自主意识，这样的团队、组织可以卓有成效地思考、解决问题。[①]

智能时代的创意管理根植于集体智慧。创意管理的过程就是创造集体智慧的过程。创意不再由个人独立完成，团队协作成为创意共生的必需。当消费取代生产的地位，消费成为符号的消费，创意也成为符号性创意，建立人与人之间的联系成为创意的关键。创意管理是集体组织的团队管理，人与人之间的协作变得尤为重要。创意管理的重点不是生产创意，而是制造连接。无处不在的创意连接形成集体智慧，集体智慧生产社会创意。

四、快思慢想

创意思维要平衡理性思维与感性思维、聚合思维与发散思维、纵向思维与横向思维的二元对立，要打破两套思维系统的固有冲突。为了解决这样的二元对立和系统冲突，美国心理学和经济学家丹尼尔·卡尼曼（Daniel Kahnem，1934—）提出了"快思慢想"（thinking fast and slow，也被直译为"思考，快与慢"）的改进思维。在卡尼曼看来，人的思维认知分为"经验自我"和"记忆自我"两种状态。人的大脑思维有两套运作系统。系统一为"快

---

① 周若刚. 大思维：集体智慧如何改变我们的世界[M]. 郭莉，尹玮琦，徐强，译. 北京：中信出版社，2018：1-354.

小人"系统，是一套无意识且快速自主运行的思维系统，不怎么费脑力，没有感觉，完全处于自主控制状态，依赖情感、记忆和经验迅速进行判断，见闻广博使我们能够快速对眼前的情况做出反应。但是，"快小人"思维系统很容易"上当"，固守"眼见即事实"的原则，任由损失厌恶和乐观偏见的错觉引导我们做出错误的选择。系统二为"慢小人"系统，是一套按部就班、有意识运作的系统，将注意力转移到需要费脑力的大脑活动上，通过调动注意力来分析和解决问题并做出决定。"慢小人"系统因为很慢，所以不容易出错，但它很懒惰，经常走捷径，直接采纳第一套系统的直觉判断结果，通常与行为、选择和专注等主观体验相关联。卡尼曼将系统一描述成自主而初识的印象和感觉，这是系统二中明确信念的主要来源。两套系统因各自不同的能力和局限而产生冲突并造成人们许多思维的误区，如典型启发、合取谬误、有效性错觉、光环效应等。快思慢想就是让两套思维系统同时运转起来。[①]

快思慢想的创意思维追求的是体验效用，遵照创意思维的"峰终定律"。卡尼曼认为，人们对一件事情的评价有赖于该事件在峰值时刻（高潮时刻）与结束时刻带给自己的感受。这种评价成为人们做出下一步决策的基础。快思慢想成为超越直觉思维和逻辑思维这两套创意思维的超级思维、整合思维、总体思维。

第二节　创意思维的基本原理

创意的内容是一种既新奇又实用的新构想，创意的过程是富有想象力的多元创意思考，创意的结果是生成充溢符号价值的意义世界。杨锡彬认为，创意的根本来自概念经验、联想力和共感性三个阶段，也就是建立生活丰富的经历、透过思考逻辑训练和维持生活的黏着度。[②]美国心理学家罗杰·麦金农（Roger MacKinnon）指出创意思维的五个阶段：① 准备期（preparation period），获得技巧、技术和经验以处理问题；② 困知期（concentrated effort period），努力解决问题和寻求方案，可能会出现顺利解决的局面，但更可能出现的是挫折、紧张和不舒服的情况；③ 推出期（withdraw period），抽身退出问题核心或暂时放弃问题，从现有的困难情境中退出；④ 领悟期（insight period），伴随着兴奋、成长和兴高采烈的灵感迸发，获得创意新解；⑤ 验证期（verification period），评鉴所得创意构思、观念、方案并加以精益制作，使之更加周全。[③]

一、创造性破坏原理

创造性破坏（creative destruction）是约瑟夫·熊彼特于 1912 年用以解释资本主义经

---

① 卡尼曼. 思考，快与慢[M]. 胡晓姣，李爱民，何梦莹，译. 北京：中信出版社，2012：1-424.

② 杨锡彬. 创意原理[M]. 台北：台湾扬智文化，2018：3-7.

③ 沈翠莲. 创意原理与设计[M]. 台北：五南图书出版公司，2005：4-9.

济成功的本质特征而提出的概念。他认为，一个健康的资本主义制度是为创新铺路搭桥的，创造环境实现新的生产要素的组合。创造性破坏的是市场旧有的均衡格局，使之达到一种健康的动态失衡。资本主义制度创造并进而破坏自身的经济结构，这种经济结构的创造和破坏不是通过价格竞争而是依靠创新竞争来实现的。每一次的大规模创新都是旧式技术和生产体系的淘汰，都是新的技术条件和生产体系的建立。[1]熊彼特的创造性破坏理论是企业家精神、经济周期理论和创新理论的基石。创造性破坏的目的是旧事物的破坏和新事物的"接生"，其宗旨是一种建构主义立场。

创意思维遵循的就是这种批判性建构主义式创造性破坏原理。所谓批判性建构主义立场，不是对批判主义和建构主义的简单调和，而是理性的批判主义与实践的建构主义的协调融合和整体依存，强调研究者的生活经验和个人感知，保有一种批判性思维、实证逻辑的理性气质以及知识建构与实践回应的现实责任。批判性建构主义立场指导创意思维，推动有目的的、主动性知识建构、审美建构和智力建构。[2]

1997 年，克莱顿·克里斯坦森在熊彼特创造性破坏理论的基础上发展出一套完整的"破坏式创新"（disruptive innovation，又译为"颠覆式创新"）理论。克里斯坦森把创新分为维持性创新（sustaining innovation，又译为"持续性创新"）和破坏式创新。维持性创新是指针对现有市场上主流受众的需求，不断进行产品功能改进和品质完善，以满足主流受众不断增长的挑剔需求。维持性创新是一种渐进式创新，根植于企业循环学习的内在动力，具有日积月累的积累性效应。破坏式创新是改变原有技术路径的"换道"创新，不是向主流市场上的主流受众提供功能更强大的产品，而是创造出与现有产品相比尚不足够好但又具有不为主流受众看重的性能的新产品。破坏式创新提供的产品一般价格便宜、结构简单、功能新颖、便于使用，对于处于非主流市场上不太挑剔的边缘受众或潜在受众具有很大的吸引力。

克里斯坦森把破坏式创新分为新兴市场破坏（new-market disruptions）和低端破坏（low-end disruptions）两种类型。新兴市场破坏是为了满足那些缺钱或缺乏技能而无法购买自己所需产品的顾客。新兴市场破坏是一种"非消费性"竞争方式，其提供的产品价格更便宜、使用更简单，可以让一个新的消费群体更方便地拥有并使用这些产品。低端破坏植根于原有的价值网络，并不创造新的市场，而是以低成本的商业模式，通过吸引主流企业不看重的低端性受众消费而发展壮大。低端性受众也购买主流产品，可能由于价格较贵，购买量较小。低端破坏者的任务就是将成本领先的产品推广给那些能够给企业带来更多利润的受众。[3]破坏式创新的创意思维是一种蓝海战略思维。蓝海战略思维是对充满激烈竞争的红海市场的超越，运用价值创新与成本创新的动态机制，通过创造、提升、去除、减少等创新手段，实现超越产业竞争、开拓新兴市场，实现企业的差异化与低成本组合优势。[4]

① 熊彼特. 资本主义、社会主义与民主[M]. 吴良健，译. 北京：商务印书馆，1999：1-579.

② 向勇. 阐释、批判与建构主义：中国文化产业研究范式的立场解释[J]. 探索与争鸣，2020（6）：127-134.

③ 克里斯坦森. 创新者的窘境：领先企业如何被新兴企业颠覆[J]. 胡建桥，译. 北京：中信出版社，2020：1-360.

④ 金，莫博涅. 蓝海战略2：蓝海转型[M]. 吉宓，译. 杭州：浙江大学出版社，2018：1-444.

创造性破坏不仅是一种创意思考的思维特质，更是全球化语境下文化多样性与经济繁荣的创新动力。全球贸易的自由流动可以激发创造力。美国经济学家泰勒·考恩（Tyler Cowen，1962—）认为，全球化贸易就是一种创造性破坏的社会实践，全球流动的技术与财富推动了跨文化贸易关系，使创意者拥有了将创意转化为可销售产品的新方法，为小众创意产品创造了规模化的购买力，促进了创意网络的进化，更加丰富了本国社会创意能量的来源。[①]

二、设计思维原理

创意与文化、技术、产业和市场息息相关，创意思维是一种以人为本的思考方式，这种思考方式体现了设计思维原理。设计思维（design thinking）是以人为中心，基于人本需求、技术条件和商业模式的综合考虑而提出的一套有关创意思维和创新设计的理论与方法。设计思维由美国创新设计公司 IDEO 和斯坦福设计学院创始人大卫·凯利（David Kelley）提出并付诸企业的设计实践和学院的教学实践。在这里，"设计思维"不只是设计师的思考方式，而是一个更广泛的概念，是一套发现问题、解决问题的方法体系，与"创意思维"具有相近的内涵与外延。

设计思维是为了在秩序与混乱、直觉和逻辑、概念和执行、破坏和建构、控制和授权、商业和艺术之间寻找神奇的平衡。设计思维依托技术平台与创意管理，共同实现社会创新。IDEO 公司现任 CEO 蒂姆·布朗（Tim Brown）认为，设计思维是一门指导设计师的感性思考和理性方法的学科，可以将人的需求与技术的需求相匹配并以商业上的可行性寻求市场机会，实现客户价值。设计思维的锚点是人性价值的可满足性、技术条件的可行性和商业价值的可见性三大要素的结合点。设计思维关注的不是数字增长，而是故事叙事；不是市场预测，而是愿景想象；不是最优竞争，而是体验设计；不是标准化，而是人性化；不是战略与组织，而是商业模式。

创意是艺术、智力的发明能力，是根据一定目的、任务，在脑中创造出新技术、新产品、新形象并使之实现价值的过程。设计思维包含五个阶段：共情、定义问题、构思概念、设计原型、测试验证。共情（empathize）是通过同理心地图和利益相关人地图观察受众的所说、所做、所想、所感，从而得出用户画像，形象、深刻地理解受众；定义问题（define）是通过体验场景、情境观察和受众的动机、痛点陈述，以所有洞察到的信息重新定义问题；构思概念（ideate）是质疑假设，以"草图、标题、描述"的方式产生创造性构思，探索解决问题的新想法；原型（prototype），以受众为中心，用快速、简单的方式呈现解决方案；测试（test），验证解决方案。[②]

三、至善向美原理

人有求知、趋善、审美的精神需求，创意思维要遵守善美原则，创意是真、善、美的

① 考恩. 创造性破坏：全球化与文化多样性[M]. 王志毅，译. 上海：上海人民出版社，2007：11-160.
② 勒威克，林克，兰格萨德，等. 设计思维手册：斯坦福创新方法论[M]. 高馨颖，译. 北京：机械工业出版社，2020：1-323.

统一。"人能知，就有好奇心，就要求知，就要辨别真伪，寻求真理。人能发意志，就要想好，就要趋善避恶，造就人生幸福。人能动情感，就爱美，就喜欢创造艺术，欣赏人生自然中的美妙境界。求知、想好、爱美，三者都是人类天性；人生来就有真、善、美的需要，真、善、美具备，人生才完美。"①当前，商业向善、技术向美、人文向真成为社会发展、企业运营的主流价值观。蔡元培先生认为，美具有普遍性和超功利性，有利于人们养成高尚的品德，有助于人与人之间超越利害关系的存在，有利于人自由、全面地发展。他提出"美育救国""以美育代宗教""五育并举"，非常强调通过审美化改造社会。②

审美教育落实在日常生活中，就是要追求"人生的艺术化"。朱光潜先生指出，"艺术是人性中一种最原始、最普遍、最自然的需要。人类在野居穴处时代便已有图画诗歌，儿童在刚离襁褓时便做带有艺术性的游戏。嗜美是一种精神上的饥渴，它和口腹的饥渴至少有同样的要求满足权。美的嗜好满足，犹如真和善的要求得以满足一样，人性中的一部分便有自由伸展的可能性。泪丧天性，无论是真、善或美的方面，都是一种损耗，一种残废"③。创意思维是人的审美情趣和道德修养的反映，创意思维也要以提高人的精神境界为目标。冯友兰认为，面对同一个世界，每个人对自己所生活的世界的知觉、理解不同，每个人的人生境界就不同。他把人生境界分为自然境界、功利境界、道德境界和天地境界。道德境界和天地境界都是精神的创造，道德境界有道德价值，天地境界有超道德价值，都是人应该自觉追求的精神境界。④冯友兰先生认为，人的终极境界是善的境界。

《论语·八佾》中有"子谓韶，'尽美矣，又尽善也'"。美、善创意思维统一于对美的价值追求。张世英先生在冯友兰先生的基础上进一步按照人的自我发展历程、实现人生价值和精神自由的高低程度把人的生活境界分为欲求境界、求知境界、道德境界和审美境界四个层次。其中，道德境界是建立在自我与他人都独立自主的基础上的，尊重、平等、相爱才是高层次的道德境界；审美境界是人的最高精神境界。⑤张世英先生认为，人的终极境界是美的境界。创意思维就是这种以善意、仁德和审美感知为精神源泉和根本目的的思维活动，只有向善至美的创意思维才能导向完美的创意构思和创意产品。

四、可持续发展原理

创意可持续发展是一种永续发展、持久发展的概念，是以地球为中心、代际公平的生态文明理念，包括环境可持续、经济可持续、社会可持续和文化可持续。人类社会进程中的任何事物都已被改变、正在改变或终将改变。创意管理关注的不仅仅是研发新品、发明技术、提高服务、延伸品牌，更是以一种全新的方式激发个人想象力，提升组织的竞争优势。当人们陷入危机，往往采用被动而不是主动、防守而不是进攻的方式，依赖于如何解

① 朱光潜. 朱光潜美学文集[M]. 上海：上海文艺出版社，1982：503.
② 蔡元培. 蔡元培全集（第三卷）[M]. 北京：中华书局，1984：33-158.
③ 朱光潜. 朱光潜美学文集（第1卷）[M]. 上海：上海文艺出版社，1982：128.
④ 冯友兰. 三松堂自序. 三松堂全集（第一卷）[M]. 郑州：河南人民出版社，2001：223.
⑤ 张世英. 张世英文集（第9卷）[M]. 北京：北京大学出版社，2016：330.

决问题本身，却不是超越问题所设定的思考框架，经常做出糟糕的决策。生态效率成为社会发展和企业运营的价值观念。2015 年 11 月，联合国教科文组织国际创意与可持续发展中心于联合国教科文组织第 38 届大会通过在北京设立并提出了全球创意与可持续发展指标体系，开展创意与可持续发展的应用研究。2016 年 1 月，联合国《2030 年可持续发展议程》正式启动，设定了包含气候行动，减少不平等，和平、正义与强大机构等的 17 项可持续发展目标并将其作为人类发展的共同愿景。联合国将 2021 年设立为"国际创意经济促进可持续发展年"，可见其高度重视创意对可持续发展的关键作用。①

2021 年 4 月，中共中央办公厅、国务院办公厅印发了《关于建立健全生态产品价值实现机制的意见》，从制度上探索"生态优先、绿色发展"的新路子，将生态产品的价值实现作为践行绿水青山就是金山银山理念的关键路径。一般而言，生态系统产品和服务包括生态物质产品、生态调解服务产品和生态文化服务产品。其中，生态文化服务产品包括景观价值（旅游价值、美学价值、精神价值等）和文化价值（文化认同、知识、教育、艺术灵感等）。②由此可见，一方面，可持续发展生态理念是创意思维遵循的基本原理；另一方面，生态产品是创意产品的重要组成内容。

日本设计活动家长冈贤明提出"长效设计"（long-life design）的审美理念，践行"不生产新东西"的社会创新原则，回归地方造物，创立了设计品甄选店——D&DEPARTMENT，与 COMME des GARCONS 品牌共同创建概念店"GOOD DESIGN SHOP"，重新发掘旧物品的存在价值和再生价值。③长效设计的创意思维以设计为手段，重新审视二手生活用品的开发价值，挑选自然环保、旧物再造、采用地方材质、经久耐用的设计品，发掘地方价值，培养人们尊重物的每一种不同的生命状态，培养人们关注乡土文化，唤醒人们对于美好生活品质的追求。长效设计是一种创意思维理念，也是一种创意生活方式。

第三节　创意思维的主要技法

创意思维并非神秘莫测，其背后有一套有迹可循、可训练、可习得的技法。这些技法有助于打破既有的思维成见、知识窠臼、经验怀疑，有助于跳出界限、另辟蹊径、超越自我，从而顺利、流畅地采集创意、汇聚创意、整理创意、活用创意。

① 联合国教科文组织国际创意与可持续发展中心. 创意与可持续发展研究报告 No.1：创意经济与城市更新（2019—2020）[M].
　北京：社会科学文献出版社，2021：1-211.
② 欧阳志云，林亦晴，宋昌素. 生态系统生产总值（GEP）核算研究——以浙江省丽水市为例[J]. 环境与可持续发展，2020，
　45（6）：80-85.
③ 长冈贤明. 长冈贤明的思考[M]. 许建明，译. 长沙：湖南美术出版社，2018：1-376.

一、垂直创意思维法

（一）达·芬奇组合构思法

组合构思法就是将两个以上的不同元素组合成一个新的事物的思维技法，达·芬奇是这种构思法的集大成者。达·芬奇被誉为艺术的大师、发明的天才与科学的先知，是一位能将艺术与科学完美融合的巨匠。这除了与他拥有天才般的大脑有关，更重要的是他在日常生活中善于积累创意素材。他曾系统地进行解剖学研究并绘制大量的人体解剖素描，也曾精细地进行桥梁、建筑、武器等工程设计。这些不同学科的设计、科学、逻辑和思维都被他整合、吸收并运用在艺术创作中。他的一生不是在创作就是在做笔记，那些存世的艺术作品体现了他知识积累的广度与深度，那些他留存下来的素描手稿更让后辈景仰。素描手稿是达·芬奇之所以成为达·芬奇的真实见证，也提示着我们伟大的艺术源于生活，要注重在日常生活中的记录和构思。

（二）5W2H创意构思法

5W2H创意构思法是一种设问法，又叫七合法，源于美国陆军最早提出和使用的5W1H法，包括why（为什么）、what（做什么）、where（何处）、when（何时）、who（何人）、how（如何做）、how much（做多少）七个方面的创意思考维度。在5W2H创意构思法的具体操作过程中，每个维度都通过提问的内容、情况的分析和改进的措施等进行信息的整理和汇聚，寻找到符合创意目的的解决方案。[①]

（三）TRIZ创意法

TRIZ源自俄语，英文为"theory of the solution of inventive problems"，意为"发明问题的解决理论"，中文译为"萃智"或"萃思"，以形象地表达该方法是"萃取智慧"或"萃取思考"的方法。TRIZ是苏联发明家根里奇·阿奇舒勒（Genrich S. Altshuler，1926—1998）带领团队于1946年通过大量发明专利和创新案例总结出来的发明创造的规律和原理。TRIZ是基于现存大量的自然科学和工程技术知识，直接面向人的思维方式的创意解决方法。TRIZ包括以下几个阶段：① 对特定问题进行抽象梳理，结合现有技术分析、系统分析、因果分析、资源分析对问题进行重新定义，使之成为TRIZ标准问题；② 选择启发性解决方案并筛选出TRIZ标准解决方案；③ 运用分析/综合、仿真/实验、经验/直觉等类比演绎进行可行性分析和风险性分析，最后得出特定解决方案。TRIZ总结了包括分割原理、抽取原理、一物多用原理、自生自弃原理等在内的40个创新发明原理，整理了物物系统、物场模型、向超系统和微观系统转化、检测和测量系统等76个标准解法，是行之有效的挖掘问题和解决问题的思维方法。[②]例如，我国台北故宫博物院以馆藏文物

---

① 段正洁. 5W2H法在设计方法教学中的应用[J]. 新西部（下旬·理论版），2012（Z2）：224.
② 阿奇舒勒. 寻找创意：TRIZ入门[M]. 陈素勤，张娜，李介玉，等，译. 北京：科学出版社，2013：1-240.

翠玉白菜开发的文创衍生品达到二百余种，包括雨伞、文具、茶具，由此可以明显地看出 TRIZ 中抽离、合并、部分或过度作用等创新原理的运用。

（四）Z 形曲线创意法

美国创意思维专家凯斯·索耶（Keith Sawyer）提出 Z 形曲线创意法。他认为，创意是跬步多积、见解滴滴、增量变化的结果，这种变化遵循 Z 形曲线结构。Z 形曲线创意法包括提问（ask）、学习（learn）、留意（look）、落实（make）、游戏（play）、选择（choose）、思考（think）、融合（fuse）八个步骤。这八个步骤不是直线递进的，可以从其中一个步骤跳到另一个步骤，如从学习直接跳到融合、从留意跳到提问。[①]

（五）正创造创意法

正创造创意法是我国台湾创意设计学者陆定邦根据镜子理论，基于人文逻辑思维、科技发展和产业愿景提出的创意方法。他认为，创意设计常被定义为一种解决问题的程序或方法，这是一种需要被重新修正的旧思维。仁本意识主导生活发展，创意被诠释为一种"创造愿望"的智慧。他以"心法"出发，系统地导入"仁本""美力""工善"等要素，使"物用"成为正创造，具有善智慧，建立善文化。创意思维不是基于问题，通过减少缺点而满足需求，而是应该创新利用而满足希望。问题是一种抱怨（complaint），创意不是为了减少抱怨，而是要有一面正向的镜子，将抱怨转化为期望（wish），运用现有的资源及人力，评估必然有某一个阶段的最优解，最终提供所有可行的解决方案。正创造创意法就是将抱怨的顾客历程转化为满意的顾客历程。多年前陆定邦带领团队在台湾地区调研公交车服务模式时发现如下特点：一群人中某个人、在特定服务时间、到指定站牌地点、搭规定路线班车、不保证有座位搭乘、未提供转车信息、到固定地点下车，这是固定候车的抱怨模式；通过镜子理论把这些抱怨模式转化为理想的期望服务模式，即一群人或一个人、在任意服务时间、到任意站牌地点、搭客制化路线班车、保证有座位搭乘、提供转车信息、到指定地点下车、目的地最近地址、目的地最近车站。[②]根据这样的期望模式，再结合技术、材料、资源、资金和人力等要素就可以提出最优的解决方案。正创造创意法是化"怨"为"愿"，其根本则是不断提升产品的精神内涵和文化品质，是从物的价值向人的价值的创意转变。

二、水平创意思维法

（一）迪士尼故事板法

故事是一种跨越文化背景和学科边界的沟通工具，可以很好地将创意产品和目标受众紧密地结合起来。迪士尼是一个讲故事的文化娱乐公司，于 20 世纪 30 年代创造了故事板

---

① 索耶. Z 创新：赢得卓越创造力的曲线创意法[M]. 何小平，李华芳，吕慧琴，译. 杭州：浙江人民出版社，2014：1-233.
② 陆定邦. 正创造：镜子理论[M]. 北京：清华大学出版社，2015：1-142.

法（storyboard）。它最初用于电影制作，如今已广泛应用于创意的各个领域。故事板法是围绕故事情节、用户体验而开展的一种可视化的创意沟通方法。故事板法的操作流程是：首先按照步骤将用户故事（user stories）在故事板上画出来，然后排列在一起，匿名张贴，沉默评判，以此展现用户如何使用一款创意产品。故事板法能够在极短的时间内让创意团队完成从创意构思到原型制作的过程，最终达成创意共识。

（二）创意分合法

创意分合法是威廉姆·戈登（William Gordon）于 1961 年在《分合法：创造能力的发展》（*Synectics: the development of creative capacity*）一书中提出的创意思维技法。创意分合法分为两种思维过程：使熟悉的事物变得新奇（由合而分）、使新奇的事物变得熟悉（由分而合），通过运用类推（analogies，包括狂想类推、直接类推、拟人类推、符号类推）和比喻（metaphors，使事物之间形成"概念距离"）帮助创意者分析问题，对原不相同亦无关联的元素加以整合，以产生相异的观点或全新的构思。[①]

（三）思维导图法

思维导图（mind map）又称心智图，是一种将放射性思维形象化表达的思考工具，是人类思维的自然功能，由英国脑科学家托尼·巴赞（Tony Buzan，1942—）于 20 世纪 70 年代初期提出。思维导图具有结构化、系统性、放射性等思维特点，其内容包括最顶层的主题（central topic）、主要分支（main topic）、分支（subtopic）、层侧或级（level）等层级。[②]巴赞指出，思维导图有四个基本特征：第一，注意的焦点清晰地位于中央图形上；第二，主题的主干作为分支从中央图形向四周放射；第三，分支由一个关键的图形或写在产生联想的线条上的关键词构成；第四，各分支形成一个连接结构。思维导图的分支要求用简短的语句，甚至不用句子，尽量用短语、图形、颜色等元素来表达。阅读思维导图的时候从主题开始，按照顺时针方向旋转，关注主要分支，注意系统性、注意力、大画面原则，逐级逐步地阅读导图分支（主要分支以下部分的读图顺序是自上而下）。目前比较常用的思维导图计算机软件是 Mind Manager 和 Mind Mapper。

（四）曼陀罗法

曼陀罗（mandala）的梵文指圆形之物，在佛教里意为"坛场"，指一切圣贤或功德的聚集之处，代表不断循环、持续变化的宇宙。曼陀罗法是由日本的今泉浩晃（1935—）创设的创意思考法。曼陀罗法以九宫矩阵为基础，呈 8×8 辐射状引导人们跳出直线思维向四面八方拓展，可以快速产生八次方的全新创意。曼陀罗法的九个区域是一个完整的循环，可以以顺时针旋转方式来思考，也可以用发散性思维来进行辐射式思考。[③]曼陀罗法有助于积累日常创意，将实践经验转化为创意智慧。

① WILLIAM GORDON. Synectics: The Development of Creative Capacity[M]. New York: Harper & Brothers, 1969:1-180.

② 巴赞. 思维导图：放射性思维[M]. 李斯，译. 北京：作家出版社，1999：2-50.

③ 今泉浩晃. MEMO 学入门[M]. 陈秋月，译. 台北：远流出版事业股份有限公司，1989：1-240.

（五）特征列举法

特征列举法（attribute listing technique）是美国学者罗伯特·克劳福德（Robert Crawford）于 1954 年在《创造思维的技术》（*The Techniques of Creative Thinking: How to Use Your Ideas to Achieve Success*）一书中提出的创意思考技法，又称"属性列举法"或"特性列举法"。特征列举法强调在创意过程中观察和列举事物或问题的属性或特性，然后针对每一个属性或特性提出改善、优化、改变的创意构想。特征列举法分为三个步骤：第一，将目标创意产品分为名词、形容词或动词三种属性。其中，名词属性包括整体、部分、材料和制法四个部分，形容词属性包括形态、颜色、大小、轻重、厚薄、质感等内容，动词属性主要指创意产品的实用功能和使用动作。第二，改变目标创意产品相应的特征，进行详细的特征罗列，通过联想和想象思维找到可以进一步改良和优化的特征。第三，提出全新的创意构思，将改良和优化的特征重新整合，提出新的解决方案。[①]特征列举法包括希望点列举法、优点列举法、缺点列举法等不同类型。希望点列举法是创意者根据受众需求，通过列举希望点以形成创意构思。前文提到的正创造创意法也是一种希望点列举法。优点列举法是把好的、积极的特性直接用于目标创意产品，再结合创意者的资源、意图和需求进行筛选和落实。缺点列举法采取一种逆向思维方式，完全针对目标创意产品的缺陷、不足，把目标创意产品所有的缺点都罗列出来，再提出具有针对性的构思方案。

（六）奥斯本检核表法

美国创造学家亚历克斯·奥斯本（Alex Osborn，1888—1966）提出启发创意的智力激励检核表法。他高度重视人的想象力，认为"想象力是人类能力的试金石，人类正是依靠想象力征服世界的"。所谓检核表法（又称为"稽核表法"），是根据目标创意产品的特点列出有关问题，形成检核表，然后一一核对、讨论，从而发掘出解决问题的大量构思。奥斯本通过大量的研究总结，归纳了创意检核表的诸多问题，这些问题包括能否他用（其他用途）、能否借用（增加功能）、能否改变（改一改）、能否扩大（延长使用寿命）、能否缩小（缩小体积）、能否替代（代用）、能否调整（换型号）、能否颠倒（反过来想）、能否组合（与其他组合）等。[②]我国学者许立言、张福奎在奥斯本检核表法的基础上提出了"和田十二法"的思维技法并用简洁、实用的方式进行推广。和田十二法包括：① 加一加（加高、加厚、加多、组合等）；② 减一减（减轻、减少、省略等）；③ 扩一扩（放大、扩大、提高功效等）；④ 变一变（改变形状、颜色、气味、音响、次序等）；⑤ 改一改（改缺点、不便、不足之处）；⑥ 缩一缩（压缩、缩小、微型化）；⑦ 联一联（原因和结果有何联系、把某些东西联系起来）；⑧ 学一学（模仿形状、结构、方法，学习先进）；⑨ 代一代（用别的材料代替、用别的方法代替）；⑩ 搬一搬（移作他用）；

---

① 薛可，余明阳. 文化创意学概论[M]. 上海：复旦大学出版社，2021：144-146.
② 奥斯本. 创造性想象[M]. 盖莲香，王明利，译. 广州：广东人民出版社，1987：1-519.

⑪ 反一反（颠倒一下）；⑫ 定一定（定个界限、标准，能提高工作效率）。①

（七）SCAMPER 创意方法

Scamper 在英文中有"蹦跳、奔驰"之意，所以 SCAMPER 创意方法又叫"奔驰法"，是由美国心理学家罗伯特·艾伯尔（Robert Eberle）于 1971 年开创的一种创意思维检核列表法。SCAMPER 是七个英文单词或短语的首字母缩写，分别是 substitute（替代）、combine（合并）、adapt（调适）、modify（修改）、put to other uses（另作他用）、eliminate（消除）和 reverse/rearrange（反向，重新安排）。SCAMPER 创意方法的实施步骤为：首先列举目标创意产品的问题，就 SCAMPER 的七个切入点找出合适的释义；然后根据创意产品的需要提出问题；接着针对这些问题逐一讨论，获得解决问题的创意设想；最后评估方案，改善流程，优化创意产品。

三、群体创意思维法

（一）头脑风暴法

头脑风暴法（brain storming）又称"脑力激荡法"，是由亚历克斯·奥斯本于 1939 年创立的群体创意激发技法。头脑风暴法主要由创意小组在融洽、平和、自由、不受限制的气氛中以会议的形式进行充分讨论、畅所欲言、打破常规、积极思考。头脑风暴法作为一种群体创意思维技法，发生于由创意领导者、创意记录员和创意小组成员三种角色所组成创意小组，一般是 5～10 人，最佳人数是 6 人或 7 人。头脑风暴法要遵循以下原则：排除评论性判断、鼓励自由想象、设置创意设想的数量要求、探索创意组合与改进设想。头脑风暴法还派生出默写式、卡片式、反头脑风暴式等类型。②

（二）德·博诺六顶思考帽法

六顶思考帽法是美国创意思维学家爱德华·德·博诺（Edward de Bono，1933—2021）开发的群体创意思维方法。六顶思考帽是指使用六种不同颜色的帽子代表六种不同的思维模式：① 白色思考帽，白色是中立而客观的，戴上白色思考帽，人们的思考关注客观的事实和数据。② 绿色思考帽，绿色代表茵茵芳草，象征勃勃生机，绿色思考帽寓意创造力和想象力，象征创造性思考、头脑风暴、求异思维等。③ 黄色思考帽，黄色代表价值与肯定，戴上黄色思考帽，人们从正面考虑问题，表达乐观的、满怀希望的建设性观点。④ 黑色思考帽，戴上黑色思考帽，人们可以运用否定、怀疑、质疑的看法，合乎逻辑地进行批判，尽情发表负面意见，找出逻辑上的错误。⑤ 红色思考帽，红色是情感的色彩，戴上红色思考帽，人们可以表现自己的情绪，还可以表达直觉、感受、预感等方面的看法。⑥ 蓝色思考帽，戴上蓝色思考帽的人负责控制和调节思维过程，负责控制各种思考帽的

---

① 焦春岚. 和田十二法及其应用研究[J]. 开封教育学院学报，2020，40（1）：134-135.
② 周耀烈. 创造理论与应用[M]. 杭州：浙江大学出版社，2000：95.

使用顺序，规划和管理整个思考过程并负责做出结论[①]。该方法的关键在于不同颜色帽子的排序和流程。例如，第一步，陈述问题事实（白帽）；第二步，提出如何解决问题的建议（绿帽）；第三步，评估建议的优、缺点，列举优点（黄帽），列举缺点（黑帽）；第四步，对各项选择方案进行直觉判断（红帽）；第五步，总结陈述，得出方案（蓝帽）。当然，不同颜色帽子的排序根据不同的创意问题和创意目的，可以是不同的。

（三）菲利浦斯 66 法

美国密歇根州立大学校长 J.D.菲利浦斯（J.D.Phillips）发明了集体创意思维技法——菲利浦斯 66 法。菲利浦斯 66 法以奥斯本头脑风暴法为基础，将大型集体分成若干个 6 人小组，同时进行 6 分钟讨论，最后得出一个解决问题的最佳方案。菲利浦斯 66 法围绕目标创意产品需要解决的问题，运用集体的脑力激荡，克服群体人数太多、不利于自由发言的弊端，细分各组能让每个人都有较多的发言机会，容易收集到更多有趣的创意构想。

（四）三三两两讨论法

三三两两讨论法是先把团队成员分成若干的两人或三人小组，每个创意小组在三分钟内围绕要讨论的创意问题、创意主体自由交流意见，互相分享，时间结束后再回到团队汇报创意结果，大团队最后进行归纳总结并对各创意小组的创意方案进行评价。三三两两讨论法也是头脑风暴法的具体适用，能保证团队的每个成员都有自由、深入发言的机会。

 **本章小结**

创意思维是创意个体的重要素养，也是创意生发的重要工具。创意思维是大脑思维的结果，是左脑思维与右脑思维的融合过程。创意思维是逻辑思维、形象思维、逆向思维、发散思维、系统思维、模糊思维、直觉思维、正向思维等多种思维方式的综合运用，分为垂直思维、水平思维、群体思维和快思慢想四个方面。

创意垂直思维是一种理性思维、逻辑思维、聚合思维、系统思维，是人们基于现有的知识和经验，通过判断、推理、类比、综合等思维过程，提出解决问题的创想。创意水平思维是一种感性思维、灵感思维、直觉思维、联想思维、扩散性思维。创意思维的起点是打破框架、激发灵感的水平思维。创意群体智慧指不是取决于具有某个特点的个体的智慧、决策或创意，而是取决于群体内人与人之间互动连接的共同智慧、共同决策和共同创意。创意思维要平衡理性思维与感性思维、聚合思维与发散思维、纵向思维与横向思维的二元对立，要打破两套思维系统的固有冲突，采用"快思慢想"的改进思维。

创意思维遵循创造性破坏原理，创造性破坏不仅是一种创意思考的思维特质，更是全球化语境下文化多样性与经济繁荣的创新动力。创意思维是一种以人为本的思考方式，这

---

① 博诺. 六项思考帽：如何简单而高效地思考[M]. 马睿，译. 北京：中信出版社，2016：17-208.

种思考方式体现了设计思维原理。设计思维的锚点是人性价值的可满足性、技术条件的可行性和商业价值的可见性三大要素的结合点，包含共情、定义问题、探索点子、设计原型、测试验证五个阶段。创意思维要遵守善美原则，创意是真、善、美的统一，只有向善至美的创意思维才能导向完美的创意构思和创意产品。创意可持续发展是一种永续发展、持久发展的概念，是以地球为中心、代际公平的生态文明理念，包括环境可持续、经济可持续、社会可持续和文化可持续。

创意思维有一套有迹可循、可训练、可习得的手段，包括多种创意技法。其中，垂直创意思维法包括达·芬奇组合构思法、5W2H 创意构思法、TRIZ、Z 形曲线创意法、正创造创意法等；水平创意思维法包括迪士尼故事板法、创意分合法、思维导图法、曼陀罗法、特征列举法、奥斯本检核表法、SCAMPER 创意方法等；群体创意思维法包括头脑风暴法、德·博诺六顶思考帽法、菲利浦斯 66 法、三三两两讨论法等。

思考题

1. 讨论创意思维、创意人格与创意实践三者之间的相关性。
2. 运用社会行动者网络理论讨论如何促进群体智慧型创意思维发挥作用。
3. 用美善思维和可持续思维原理评估某创意组织的创意思维过程。
4. 按照创意引擎论或创意生态论的分析框架谈谈我国传统文化如何激发或抑制人们的创意。
5. 熟练掌握本章提到的创意技法，看看哪些创意技法最适合自己。

案例分析

贝聿铭先生（1917—2019）出生于广州，祖籍苏州，美籍华裔建筑师、美国艺术与科学院院士、中国工程院外籍院士。他是一位享誉世界的华裔建筑设计大师，美国建筑界为表彰他的成就将 1979 年宣布为"贝聿铭年"；1983 年，他获得建筑界最高奖普利兹克奖；1986 年，美国总统里根为他颁予自由奖章。贝聿铭先生善用钢材、混凝土、玻璃和石材等现代材料，被誉为"现代建筑的最后大师"。他的建筑作品以公共建筑、文化建筑为主，代表作品有巴黎卢浮宫玻璃金字塔、北京香山饭店、香港中国银行大厦、苏州博物馆新馆和日本美秀博物馆、德国历史博物馆等。贝聿铭深受中国传统文化和江南园林艺术的影响，又浸润在美国开放、包容的现代主义文化氛围之中，他的建筑作品端庄、谦和、精美而富有意味，体现了中国传统儒家思想和西方现代主义理念相融合的设计风格。1996 年，贝聿铭先生设计日本美秀美术馆时，将佛教禅宗思想和儒学思想完美融合。他的设计灵感来源于陶渊明的《桃花源记》，将儒学崇尚自然、敬畏自然的理念运用于美秀美术馆的设计。美秀美术馆地处郊外，藏于山林，入口为一座斜拉桥和一个弯曲隧道。观众徒步穿过隧道和长桥，豁然开朗，得见美术馆面貌。贝聿铭先生将建筑隐于自然，让自然与建筑和谐共生，体现了"天人合一""虚实相生"的东方智慧，但仔细观察，每个建筑的设计元素与技术又来源于西方建筑。贝聿铭先生在一生的建筑设计实践中将设计思维、空间规则、功能约束和个性表达完美协调，在中西文明中寻求到巧妙的创意平衡。①

【思考】

结合以上背景材料，分析贝聿铭先生的创意思维特点及其养成过程。

 本章参考文献

1．沈翠莲．创意原理与设计[M]．台北：五南图书出版社，2005．

2．周若刚．大思维：集体智慧如何改变我们的世界[M]．郭莉，尹玮琦，徐强，译．北京：中信出版社集团，2018．

3．卡尼曼．思考，快与慢[M]．胡晓姣，李爱民，何梦莹，译．北京：中信出版社，2012．

4．杨锡彬．创意原理[M]．台北：台湾扬智文化，2018．

5．克里斯坦森．创新者的窘境：领先企业如何被新兴企业颠覆[M]．胡建桥，译．北京：中信出版社，2020．

6．勒威克，林克，兰格萨德，等．设计思维手册：斯坦福创新方法论[M]．高馨颖，译．北京：机械工业出版社，2020．

7．长冈贤明．长冈贤明的思考[M]．许建明，译．长沙：湖南美术出版社，2018．

8．李梅芳，赵永翔．TRIZ 创新思维与方法：理论及应用[M]．北京：机械工业出版社，2016．

9．索耶．创新：赢得卓越创造力的曲线创意法[M]．何小平，李华芳，吕慧琴，译．杭州：浙江人民出版社，2014．

10．陆定邦．正创造：镜子理论[M]．北京：清华大学出版社，2015．

11. GORDON W. Synectics: The Development of Creative Capacity[M]. New York: Harper & Brothers, 1961.

12．巴赞．思维导图：反射性思维[M]．李斯，译．北京：作家出版社，1999．

13．今泉浩晃．MEMO 学入门[M]．陈秋月，译．台北：远流出版事业股份有限公司，1989．

14．奥斯本．创造性想象[M]．盖莲香，王明利，译．广州：广东人民出版社，1987．

15．博诺．六顶思考帽：如何简单而高效地思考[M]．马睿，译．北京：中信出版社，2016．

---

① 李桢干，曹力文．贝聿铭建筑作品中的美学思想探析[J]．美与时代（城市版），2021（4）：9-10．

第四章

创意管理的价值与资本

独创性（创意）是历史变化的产物，因此它隐含在历史的不公正性之中，尤其是隐含在消费品在资产阶级市场社会里所具有的霸权之中……随着艺术中的自律性的增长，独创性开始变得与市场（独创性在其中不过是在开始时具有一点重要性而已）敌对起来。如今，独创性已经退回到作品之中，在对作品的冷静制作中显示自身。[①]

——[德]西奥多·阿多诺

 学习目标

通过本章的学习，学生应了解和掌握如下内容。
1. 创意价值的历史评价与基本内涵。
2. 创意价值评估的角色、依据与逻辑。
3. 创意价值评估的方法。
4. 创意资本的内容与框架。

第一节　创意价值的内涵与要素

创意是人类文明进步的阶梯，推动着个人源源不断地生发创新巧思。2020 年 2 月，法国《电影手册》编辑部发布声明，由于《电影手册》被电影投资人和制片方联合收购，对这一以批评为主的杂志造成了明显利益冲突，该杂志 15 名编辑决定集体离职，再一次掀起了电影艺术与商业之争；2020 年 2 月，韩国导演奉俊昊的电影作品《寄生虫》获得第92 届奥斯卡最佳影片奖、最佳导演奖、最佳国际影片奖、最佳原创剧本奖，他宣称这是对

---

① 彭锋. 西方美学与艺术[M]. 北京：北京大学出版社，2005：140.

其坚持电影艺术价值与商业价值融会贯通的肯定。一个杰出的创意不仅能让一部电影作品既"叫好"又"叫座"，还会对创意产业的繁荣和社会经济的发展起到巨大的推动作用。创意价值是文化价值与经济价值的融合，而不是艺术价值与商业价值的对立。

一、创意价值的历史评价

创意价值在古希腊哲学领域中是一个边缘问题，主要表现为对艺术作品的价值讨论，到十八世纪后成为美学和艺术理论的重要论题。近代以来，创意的价值及其估值成为当代美学和经济学理论关注的重要主题。总体而言，西方历史上关于创意价值的讨论主要有以下十大代表性学术观点[①]。

第一，客观主义观。古希腊哲学家柏拉图（Plato，前 427—前 347）认为美是理念，艺术模仿生活的"外形"，艺术是模仿的模仿，是真理影子的影子，不能准确反映真理，因此艺术没有价值。[②]他的学生亚里士多德（Aristotle，前 384—前 322）认为，艺术起源于人的行为的模仿，模仿不仅能让人获得知识，还能让人感到快感；艺术能陶冶情操；艺术的价值在于净化人心，"具有表现不可见事物和更深刻真理的能力"。[③]

第二，主观主义观。英国哲学家大卫·休谟（David Hume，1711—1776）指出，美的本质是对象适合于主体心灵而引起的愉快情感，美是趣味和情感的对象，趣味在人心，感官所发生的印象是人类理性所完全不能理解的，只存于观赏者的心里，包括"感觉的美"和"想象的美"。[④]英国经验主义哲学家安东尼·阿什利·柯柏（Anthony Ashley Cooper，1671—1713）认为，"美好、俊俏和宜人，这些特质并不是事物本身所固有的，而是来自于艺术和设计的过程，成形于塑造它们的力量之中"，人的审美需要无利害，趣味体现阶级。英国哲学家弗兰西斯·哈奇森（Francis Hutcheson，1694—1746）认为，人们对于形式的体验称为感觉，美是主观经验，但被世人共享，"愉悦不同于任何关于原则、比例、原因或者有关事物用途的知识"。[⑤]

第三，审美主义观。德国美学家亚历山大·鲍姆加通（Alexander Baumgarten，1714—1762）认为美学是感性学，是感性认识和感性表现的科学，其主题指向模糊认识的"模糊的观念"。[⑥]德国古典哲学家伊曼努尔·康德（Immanuel Kant，1724—1804）指出，美的对象的观念给人以快感，艺术价值具有超功利性、非概念无利害的普遍的、主观的有效性，不能估值。[⑦]俄国作家、思想家列夫·托尔斯泰（Leo Tolstoy，1828—1910）认为，

---

① HUTTER M, SHUSTERMAN R. Chapter 6 Value and the Valuation of Art in Economic and Aesthetic Theory[J]. Handbook of the Economics of Art and Culture, 2006, 1(6): 169-208.

② 柏拉图. 柏拉图全集（第一卷）[M]. 王晓朝，译. 北京：人民出版社，2002：1-370.

③ 鲍桑葵. 美学史[M]. 李步楼，译. 北京：商务印书馆，2017：92-111.

④ 休谟. 人性论（上册）[M]. 关文运，译. 北京：商务印书馆，1983：1-792.

⑤ 杰弗里·亚历山大，高蕊，赵迪. 像似意识：意义的物质感[J]. 文艺理论研究，2016（2）：41-51.

⑥ 同③256-259.

⑦ 同③353-393.

"艺术起始于一个人为了要把自己体验过的感情传达给别人，便在自己心里重新唤起这种感情并用某种外在的标志表达出来"；艺术是人与人交际的手段，艺术的价值在于交流和沟通，而不是享乐。[①]意大利文艺批评家贝奈戴托·克罗齐（Benedetto Croce，1866—1952）指出，艺术即直觉，直觉即表现，表现即创造，因此不可估值。[②]德国哲学家西奥多·阿多诺（Theodor Adorno，1903—1969）批判了艺术的娱乐性功能和文化工业化的艺术生产，认为艺术是美的愉悦揭露的真相，艺术体现精神，不应包含社会功能。[③]德国思想家瓦尔特·本雅明（Walter Benjamin，1892—1940）认为，艺术有膜拜价值和展示价值。[④]德国思想家汉娜·阿伦特（Hannah Arendt，1906—1975）认为，文化具有公共性，艺术不同于商品，"文化是在生存需要得到保证的基础上建立的空间，是一个不受功利主义和实用主义腐蚀的场所"，没有社会功能。[⑤]法国社会学家皮埃尔·布尔迪厄（Pierre Bourdieu，1930—2002）指出，艺术价值是基于社会历史结构的、客观的艺术场域，而不是源于客观美学的客观；艺术场与"经济场-政治场"具有同构关系，但又具备自身的独立性和自主性。[⑥]

第四，艺术哲学观。德国哲学家弗里德里希·黑格尔（Friedrich Hegel，1770—1831）认为，美是绝对理念的感性呈现，美是理念的形象，艺术终结于诗歌艺术而转向宗教；艺术可以分为象征主义、古典主义和浪漫主义三种形式；艺术美高于自然美。[⑦]

第五，唯意志主义论。德国哲学家亚瑟·叔本华（Arthur Schopenhauer，1788—1860）认为，意志是世界的本质，无功利、非概念的艺术揭示人的意志，音乐是最为深刻的艺术，审美能把人从意识的束缚中短暂解放出来。[⑧]德国哲学家弗里德里希·尼采 （Friedrich Nietzsche，1844—1900）认为，审美可以化解人生的悲剧，迷狂的艺术引领人类逃避痛苦的真相，"艺术品的作用在于激起创造状态，激发醉境"。[⑨]

第六，唯物主义观。马克思认为，艺术生产作为人的精神文化活动，是一种非物质生产，属于社会生产关系，不可孤立看待。资本主义精神生产部门主导下的艺术生产也是劳动的"异化"，具有观念性意义，能够刺激物质生产。[⑩]

第七，分析哲学观。英国分析哲学家乔治·摩尔（George E. Moore，1873—1958）认为，艺术无概念，不可估值。[⑪]维也纳哲学家路德维希·维特根斯坦（Ludwig Wittgenstein，

① 托尔斯泰. 列夫·托尔斯泰文集（第十四卷）：文论[M]. 陈燊，等，译. 北京：人民文学出版社，1992：153-154.

② 克罗齐. 美学原理[M]. 朱光潜，译. 北京：人民文学出版社，1983：19-22.

③ 霍克海默，阿多诺，等. 启蒙辩证法：哲学断片[M]. 上海：上海人民出版社，2006：10-170.

④ 本雅明. 机械复制时代的艺术作品[M]. 王才勇，译. 北京：中国城市出版社，2002：1-195.

⑤ ARENDT H. Between Past and Future: Six Exercises in Political Thought[M]. New York:the Viking Press, 1961: 213.

⑥ 布尔迪厄. 艺术的法则：文学场的生成与结构[M]. 刘晖，译. 北京：中央编译出版社，2001：1-351.

⑦ 鲍桑葵. 美学史[M]. 李步楼，译. 北京：商务印书馆，2017：458-484.

⑧ 叔本华. 作为意志和表象的世界[M]. 石冲白，译. 北京：商务印书馆，1982：1-740.

⑨ 尼采. 偶像的黄昏：或怎样用锤子从事哲学[M]. 李超杰，译. 北京：商务印书馆，2011：1-135.

⑩ 马克思，恩格斯. 马克思恩格斯选集（第二卷）[M].中共中央马克思恩格斯列宁斯大林著作编译局，译. 北京：人民出版社，1972：2-672.

⑪ GEORGE MOORE. Artist and Art Critic[J]. Journal of Contemporary Psychotherapy, 1985, 2(3): 49-55.

1889—1951）认为，艺术由于多义而无法被定义，艺术是一种表达的手段，美是艺术的目的，美是使人幸福的东西，艺术是无法估值的。①

第八，实用主义观。杜威指出，艺术即经验，生活即艺术，"人类经验的历史就是一部艺术发展史"，艺术具有道德指导、文明传播等多种功能。②美国分析美学家门罗·比尔兹利（Monroe C. Beardsley，1915—1985）认为，艺术品是审美的对象，艺术的价值在于审美经验，具有"对象的引导性""感受自由""距离效应""积极发现"和"完整性"等审美特征。③

第九，古典经济学观。英国古典经济学家亚当·斯密（Adam Smith，1723—1790）认为，人是道德人和经济人的统一，是利己和利他的统一，价值是特定物品的效用，商品的价值包括使用价值和交换价值，国家财富来源于人的劳动、分工和资本，而同情心是人的重要本性，劳动的质量取决于劳动者趣味的高低，德行的启蒙和教化有助于商品交换的正义性和商业社会的规范性。④大卫·李嘉图（David Ricardo，1772—1823）认为，劳动决定商品的价值，劳动分为直接劳动和间接劳动、简单劳动和复杂劳动，商品价值的使用价值是交换价值的物质基础，但稀有的艺术品具有超越商品的价值，如稀有的雕像和绘画、稀少的书籍和古币，其价值来源于愿意拥有者的财富经济状况和趣味偏好程度。⑤

第十，边际效用主义论。英国哲学家杰里米·边沁（Jeremy Bentham，1748—1832）遵从功利主义原则，认为人依据功利原理和追求最大幸福原理开展行动，人类的全部行为以愉悦和痛苦为动机。功利主义也是效益主义，人把追求幸福、快乐、效用作为道德标准和行为规范。他还身体力行了自体圣像主义的艺术主张和功利主义的最大原则。⑥英国经济学家威廉姆·杰文斯（William S. Jevons，1835—1882）认为，凡是引起快乐或避免痛苦的东西都可以有效用，效用的有无或变化取决于人对物的欲望与需求，因此，边际效用也可以反映艺术价值。⑦法国经济学家里昂·瓦尔拉斯（Léon Walras，1834—1910）开创了一般均衡理论，认为边际效用是一种稀少性，艺术与普通商品没有区别，均衡的市场反映了商品的边际效用价值。⑧意大利经济学和社会学家维尔弗雷多·帕累托（Vilfredo Pareto，1848—1923）将一切主义、教义、思想、意识形态都视为某种实在因素的"衍生物"，而"剩余"概念则指那些在一切主义、教义、思想、意识形态背后相对稳定存在着的因素，认为消费者为了自身效用最大化会选择无差异的消费组合，趣味是对商品选择的偏好，通

① 李国山. 前期维特根斯坦的艺术价值论[J]. 北京大学学报（哲学社会科学版），2020，57（1）：24-31.

② 杜威. 艺术即经验[M]. 高建平，译. 北京：新华出版社，2021：22-385.

③ 刘悦笛. 作为"元批评"的分析美学：比尔兹利的批评美学研究[J]. 外国语文（四川外语学院学报），2009（6）：76-80.

④ 斯密. 道德情操论[M]. 蒋自强，等，译. 北京：商务印书馆，1997：5-437.

⑤ 李嘉图. 政治经济学及赋税原理[M]. 劳英富，译. 北京：金城出版社，2020：1-216.

⑥ 边沁. 道德与立法原理导论[M]. 时殷弘，译. 北京：商务印书馆，2000：59-65；梅伦·博塞维奇，王珍珍，史新慧. 杰里米·边沁和自体圣像艺术（上）[C]. 王珍珍，史新慧，译. "美学与当代生活方式"国际学术研讨会论文集，2004（5）.

⑦ 杰文斯. 政治经济学理论[M]. 郭大力，译. 北京：商务印书馆，2009：2-241.

⑧ 樊纲. 瓦尔拉斯一般均衡理论研究[J]. 中国社会科学院研究生院学报，1985（5）：25-32.

常用帕累托最优①判断资源配置的效率，人类历史处于一个循环或波浪式过程。②英国经济学家约翰·希克斯（John Hicks，1904—1989）认为商品的效用无法直接衡量而提出主观价值论，商品的效用不是数量概念，而是次序概念，商品效用的高低受消费者既定的偏好尺度约定，趣味和偏好构成了一般均衡市场。③美籍法国经济学家吉拉德·德布鲁（Gerard Debreu，1921—2004）指出，价值是市场价格和商品数量的乘积，艺术的消费成本包括金钱成本和文化成本，因此趣味会逐渐固定，以降低消费的边际成本。④美国心理学和经济学家丹尼尔·卡尼曼（Daniel Kahneman，1934—）认为，人的行为是为了追求幸福，而幸福是"人们对自己生活的正面评价，包括积极的情绪、全心投入、满意度和意义感"，可以分为"体验的幸福"和"评价的幸福"。前者指在一个个生活时刻人们对自己情感状态的满意度，如积极的情绪；后者指总括性的对生活的主观评价，如意义感和生活满意度。⑤

总体而言，通过梳理西方历代哲学家、美学家和经济学家关于创意的文化价值的讨论，我们可以看出，经历了柏拉图、亚里士多德的客观主义立场和休谟、哈奇森的主观主义立场，经历了叔本华、尼采的唯意志主义立场和马克思的唯物主义立场，以及亚当·斯密、大卫·李嘉图的古典经济学立场之后，创意的文化价值开始被杰里米·边沁、威廉姆·杰文斯、丹尼尔·卡尼曼的边际效用主义论所接受。

西方哲学家、美学家和经济学家把创意的文化价值总结为十个方面的价值内涵。

第一，道德和宗教价值。从艺术传统的观念来看，创意的文化价值具有某种程度的宗教用途，如置于神龛的圣像，诗词、音乐、颂歌中的颂乐，祈祷、祷告中的吟唱等艺术形式，为了反映人们精神上和心灵上的和谐状态，具有宣泄功能。

第二，表现价值。再现与表现是艺术的两大原则。再现产生于模仿，表现在于模仿后的深刻认知。创意的艺术价值是人的情感的表现，是人的精神世界的表现。黑格尔指出，艺术的使命在于使意识和现实相协调。

第三，沟通价值。创意的艺术价值发挥一种沟通作用，在艺术家与受众之间实现价值共享。在杜威看来，艺术是经验的范畴，经验来源于生活，艺术也来源于生活，艺术可以打破人与人之间的界限，所以具有沟通、交流的价值。

第四，社会与政治价值。波德莱尔曾说，"艺术的价值，在于反映当下时代的道德情绪，以及情绪背后的潮流并最终反映于未来"。创意的艺术价值呈现一种社会意义，增添

---

① 帕累托最优是指资源分配的一种理想状态，假定固有的一群人和可分配的资源，从一种分配状态到另一种状态的变化中，在没有使任何人境况变坏的前提下，使得至少一个人变得更好。达到帕累托最优时，会同时满足以下三个条件。第一，交易的边际条件：任意两种商品的边际替代率对于消费该两种商品的所有消费者而言都是相等的。第二，要素替代的边际条件：任意两种投入要素的边际技术替代率对于所有使用这两种要素投入的产品生产而言都是相等的。第三，产品替代边际条件：任意两种商品在消费中的边际替代率必须等于生产中的边际转换率。朱善利. 资源配置的效率与所有权[J]. 北京大学学报（哲学社会科学版），1992（6）：47-55.
② 李银河. 帕累托社会学思想评介[J]. 国外社会科学，1988（6）：57-60.
③ 希克斯. 价值与资本[M]. 薛蕃康，译. 北京：商务印书馆，2020：1-420.
④ 文力. 德布鲁及其《价值理论》述评[J]. 数量经济技术经济研究，1988（6）：69-74.
⑤ 胡泳. 卡尼曼的幸福观[J]. 英才，2015（3）：119.

一种基于社会政治认知的意义共享。

第五，认知价值。艺术是人类文明与知识的载体，艺术总是以多种方式给受众以知识的启示。从认知主义立场来看，艺术的认知价值与艺术的审美价值紧密相关。[①]

第六，体验价值。艺术的体验价值包括感官体验、情感体验和精神体验，这种体验价值是以娱乐、消遣的方式实现的，追求一种快感体验。

第七，审美价值。艺术的审美价值是一种高级的、特殊的形态，感受、领悟事物的美感形式。美是康德所谓的"无目的的合目的形式"，是一种无利害的愉悦。审美状态是一种主体与个体相结合而在头脑中产生的一个情景交融的感性世界和意象世界的状态，是一种追求情景交融、物我同一的境界，是追求生命世界的整体性。[②]

第八，技术价值。"art"最早就有"技巧"的意思，艺术作品本来就内含技术价值与艺术价值。创意的艺术作品具有再现技巧、所用的材料等层面的技术依托。丁方提出艺术技术学的概念，认为艺术技术学是一门人类创造的关于艺术的经验、知识、理论和操作能力的系统学问，是通过运用技术手段，研究和揭示各类艺术形式的发展规律及其人文性、物理性、时空性、工艺性流变特点，再加上艺术家的创造性想象而对人类物质文化遗产/艺术品的保存、修复、转移、创化提出最佳方案的新型交叉学科。[③]

第九，历史价值。艺术作为一定历史时期人类社会活动的产物，能够展现人类历史的相关方面，对历史文献具有证明、纠正或补充的作用。尤其是创意的艺术作为文物，反映了特定历史时代的政治、经济、科技、文化、艺术、审美的年代价值。

第十，膜拜价值。创意的艺术最初作为一种神秘、神圣、神奇的力量，与宗教一起受到顶礼膜拜。在瓦尔特·本雅明看来，艺术因为唯一性、原真性、距离感的光晕（aura）特点而具有膜拜价值。

二、创意价值的基本内涵

"价值"一词具有概念体系上的多重内涵，在不同的学科背景、概念体系下有不同的含义。价值表达了客体属性与主题需求之间的某种依存关系。从价值的存在方式而言，马克思主义认为商品是使用价值和交换价值的矛盾统一体，价值是凝结在商品中的无差别的一般人类劳动，是人的脑力和体力的耗费，使用价值是交换价值的基础，交换价值是使用价值的表现形式。从文化与价值的关系而言，文化价值表现了人的一种创造力和精神内涵，反映了文化主体与文化客体之间的价值关系，而文化价值观特指一个群体认为有益的、正确的或有价值的信条。从价值的生产方式而言，价值分为劳动价值和效用价值。劳动价值强调价值是人类无差别的社会劳动，效用价值强调物品满足人的欲望的能力或人对物品的主观心理评价。从人的主体性而言，人文价值是以人为本的价值理念，是以尊重人性为文

---

① 刘笑非. 当代分析美学关于艺术认知价值的讨论[J]. 合肥学院学报（社会科学版），2013，30（5）：102-106.

② 叶朗. 美学原理[M]. 北京：北京大学出版社，2009：1-460.

③ 关家敏. "艺术技术学"视阈内的艺术诠释[J]. 爱尚美术，2019（6）：100-105.

化背景的价值观。创意管理理论的视野下，人们一般从文化（艺术、美学）和经济学（市场、商业）意义上去理解价值，因此创意价值的使用价值包括功能价值与文化价值，创意价值的交换价值指经济价值或市场价值。

在创意经济学家厉无畏看来，创意价值具有以下几个特点：第一，创意价值是一种非消耗性价值。创意价值虽然有以物为载体的功能价值，但主要表现在文化价值上，这种文化价值是一种符号价值、精神价值，具有无形性和渗透力。第二，创意价值是一种持续营利性价值，创意价值主要表现为一种衍生价值和高增值性价值，通过知识产权化可以被持续开发。第三，创意价值是一种不确定性价值。创意价值的不确定性主要表现在创意价值发生主体的主观性、实现过程的高风险性、消费对象的不确定性、溢出效应的共享性。第四，创意价值是一种由消费者需求决定的价值。商品的价值实现机制表现为生产者主导型价值和消费者主导型价值，创意价值的文化价值是一种非刚性消费的精神价值，创意产品的价值实现主要依托消费者需求。第五，创意价值是一种产业链的跨界超越性价值，也是一种全产业链价值和生态链价值。[①]

创意价值具有功能价值的物质载体、文化价值的符号载体和体验价值的精神载体三个维度。大卫·索罗斯比（David Throsby）概括了创意价值的文化价值，包括美学价值、精神价值、社会价值、历史价值、象征价值、真实价值；我国台湾创意产业学者李天铎认为，文化价值包括美学价值、精神价值、符号价值、历史价值、认同价值和膜拜价值。

我国台湾创意设计学者陆定邦总结了"文化价值与创意赋能"的创意管理实施路径。他认为，随着物的价值生命的不断演化，物会呈现不同的价值状态：物质（自然价值）、物品（利用价值）、用品（功能用途）、商品（交换意义）、仁品（仁义道德）、产品（幸福美满）和馨品（美誉信仰）。当面对物品的利用价值时，需要发挥创意能力的洞察力；当面对用品的功能价值时，需要发挥创意能力的创造力；当面对商品的交换价值时，需要发挥创意能力的美感力；当面对仁品的仁义道德价值时，需要发挥创意能力的慈善力；当面对产品的幸福美满价值时，需要发挥创意能力的情意力；当面对馨品的美誉信仰价值时，需要发挥创意能力的感染力。最后，他提出创意管理的公式：创意管理=物用（洞察力）+工善（创造力）+美力（美感力）+仁本（慈善力）+心法（情意力）+弘道（感染力）。正是这种能力的发挥，不断增强创意产品的文化价值，实现一级产业（重视原产地的原材料）、二级产业（注重特色加工工艺）、三级产业（注重商品服务品牌）、四级产业（注重商品的感官体验）、五级产业（注重商品的精神体验）的迭代升级。[②]

按照马斯洛的需求层次理论，杨永忠把创意价值分为功能价值、符号价值和体验价值。其中，功能价值满足的是马斯洛需求层次理论中的生理需求和安全需求，即满足人对生存方式的探索；符号价值满足的是马斯洛需求层次理论中的归属需求和尊重需求，即满足人对生活方式的突破；体验价值满足的是马斯洛需求层次理论中的自我实现需求、认知需求

---

① 厉无畏. 创意产业导论[M]. 上海：学林出版社，2006：23-32.
② 陆定邦. 正创造：镜子理论[M]. 北京：清华大学出版社，2015：1-142.

和审美需求，即满足人对生命意义的开拓。[①]按照马斯洛需求层次理论的解释，人的需求层次是从低级到高级发展的过程。人在不同的发展阶段，都有一个占据主导地位的需求。创意价值的功能价值、符号价值和体验价值具有历时性和共时性的特点。所谓历时性特点，即创意价值的三大维度可以按照时间逻辑不断满足人的不同层次需求；所谓共时性特点，即创意价值的三大维度按空间逻辑同时满足人的多层次需求。

此外，创意价值分为本体价值（即使用价值）和客体价值（即交换价值）。其中，本体价值包括功能价值（也就是实用功能，满足生理需要）和文化价值（即文化功能，满足精神需要）；交换价值指经济价值或市场价值。

第二节　创意价值的评估原理

创意管理中非常重要的环节就是对创意价值进行评估。那么，以什么立场、通过什么方式评估创意价值就显得非常重要。创意价值的评估包括文化价值的评估和经济价值的评估，因此创意价值的评估方法包括美学评估法和经济学评估法。其中，美学评估法关注创意价值的评估立场、评估理由和逻辑形态；创意价值的经济学评估考虑创意价值的评估原则和评估主体等因素。

一、创意价值的评估角色

创意价值的评估主体是指进行创意评估并能根据评估实态和结果采取措施，改善创意工作和提高创意效果的人或机构。创意产品的价值评估主体分为描述主义者（descriptivist）、情感主义者（emotivist）和绩效表现主义者（performativist）三种不同的评估角色状态。[②]

第一，描述主义者角色分为主观描述主义者（subjectivist）、客观描述主义者（objectivist）和相对描述主义者（relativist）三种。主观描述主义者从主观感情、愿望、意志出发对创意价值进行描写、叙述。当主观描述主义者说"某件创意产品是有价值的"，其实质意义是指"这件创意作品对于'我'而言是有价值的"。客观描述主义者基于独立于精神的现实存在对创意价值进行描写、叙述。当客观描述主义者认为"某件创意作品是有价值的"，是指这件创意作品自身所具备的客观属性决定了其价值的真实状态。相对描述主义者角色是一种主、客观描述主义角色，是主观主义与客观主义的统一。相对描述主义者认为创意价值的评估结果因评估者的角度、立场、目的不同而不同，认为没有

---

① 杨永忠. 创意管理学导论[M]. 北京：经济管理出版社，2018：31-36.

② HUTTER M, SHUSTERMAN R. Chapter 6 Value and the Valuation of Art in Economic and Aesthetic Theory[J]. Handbook of the Economics of Art and Culture, 2006, 1(6): 169-208.

一种普遍有效的真理状态或价值存在。相对描述主义者在创意价值的评估过程中既考虑评估主体的主观立场，又考虑评估对象的客观属性，避免了主观主义或客观主义的相互分离，处于描述主义评价的中间位置。相对描述主义者立场是创意价值评估中较为常用的评估立场，是一种调和主义者的评价角色。

第二，情感主义者（或感情主义者）角色是与理性主义者相区别的一种创意价值的评估主体，又分为浪漫主义情感角色和现实主义情感角色。情感主义者强调人性情感在道德和审美判断中的重要作用，道德动机和审美判断的根据在于以同情为主的情感而非理性。苏格兰启蒙哲学家弗兰西斯·哈奇森认为，只有出于仁爱、人道、善良、同情的动机且谋求公共福利的行为才具有道德的意义，才是真正的善和美。[①]在创意产品的生成过程中，情感既是个人的又是公众的，既是主观的又是公共的。情感主义者认为，情感是人们看待世界的特殊方式，创意产品是创意者个人情感的表现并能引起受众充分认同的情感共鸣。情感主义者的创意价值评估是一种纯粹的情感表达，不属于客观理性的真假的范畴，而是旨在让人们分享创意作品的情感和态度。

第三，绩效表现主义者角色采用绩效主义视角，认为创意价值是千变万化且不断创新的，注重创意价值的呈现或创造过程，而不是静止地展开主观评估或客观评估。这里的表现主义不是艺术创作流派的表现主义（expressionism），而是一种创意价值评估的动态呈现。美国分析美学家莫里斯·韦兹（Morris Weitz，1916—1981）在《理论在美学中的作用》中指出，传统艺术的定义都失败了，应采取开放性逻辑描述或哲学范式去看待艺术的定义及其价值。他认为，"如果使用一个概念的充分与必要条件可以被陈述出来，那么这个概念就是封闭的。但这只会出现在逻辑或数学中，因为那里的概念都是构造出来和完全界定好了的。它不能发生在经验性描述和规范性概念上，除非我们通过规定它们的使用范围而武断地封闭它们"[②]。美国分析美学家乔治·迪基（George Dickie）持艺术体制论，认为艺术品至少有三种意义：基本或类别意义、次属或衍生意义以及评价意义。他指出，"当人们引用韦兹的浮木一例时，也许绝大多数使用的都是衍生和评价意义。所谓衍生，取决于这块浮木与某一规范艺术品之间是否存在共同性质；所谓评价，取决于说这话的人是否认为这些共同性质有艺术价值"[③]。在绩效表现主义者看来，评价性判断不是描述创意作品本身，也不描述创意作品的价值，而是展示或创造创意作品的价值。绩效表现主义者评价一件创意作品的价值更像向社会大众提供一枚受到广泛认可的奖牌，而不是仅仅陈述这件创意作品的任何特征或其创作者、观众的艺术地位。

当然，创意价值的评估性判断实际上在形式和功能上是多种多样的：描述主义者、情感主义者和绩效表现主义者都可以找到各自的评估标准和判断依据来支持自己的角色。在

---

① 哈奇森. 道德哲学体系[M]. 江畅，舒红跃，宋伟，译. 杭州：浙江大学出版社，2010：1-336.

② LAMARQUE P, OLSEN S H. Aesthetics and the Philosophy of Art: The Analytic Tradition: An Anthology[M]. Oxford: Blackwell Publishing, 2003.

③ DICKIE G. Introduction to Aesthetics[M]. Oxford: Oxford University Press, 1997: 1-208.

创意价值的评估实践中，每个人都有自己的评估角色和立场。如果是描述主义者，可能会从主观主义、客观主义或相对主义等不同角度评估创意产品的价值；如果是情感主义者，会尽量呈现自己对创意产品的纯粹感觉和体验，通过参与获得深入的感知；如果是绩效表现主义者，会把创意产品带入一个新的意义场域去创造它的新价值。

二、创意价值的评估依据

要对创意产品的价值进行评估，需要找到创意产品的价值源泉。创意价值的评估依据既有主观理由，又有客观证据，包括证据、动机或态度以及感知等不同的评估依据。[①]

一是证据依据。创意产品价值的证据是指创意产品自身所具备的客观属性或创意产品流转过程中的客观记录。例如，当人们说某部电影不好时，引述的是观众满意度测评的低评价分数。美国作家弗朗西斯·菲茨杰拉德（Francis Fitzgerald，1896—1940）的《了不起的盖茨比》（*The Great Gatsby*）创作于 1925 年，美国文化评论家莱昂内尔·特里林（Lionel Trilling，1905—1975）在谈到这部小说的现实意义时评价："这个故事像它刚面世时一样新鲜，甚至在分量和对现实的关照方面都更胜往昔。当下的美国正再次寻求重 塑，此刻也正是用新的眼光看待这个故事的完美时刻，可以从性别、种族、性取向等现代视角探讨书中的标志性人物。菲茨杰拉德深刻的浪漫主义视野并不妨碍他审视和揭露美国经历的阴暗面，这就是为什么这个故事既讲述了悲剧，也表达了希望，也是为什么此书在今天能继续引发共鸣。"[②]特里林对《了不起的盖茨比》的评价就是以美国当下社会症候的种种表征为证据的。

二是动机或态度依据。这类评估依据是指评估者对创意产品抱有的某种态度或动机，是评估者为了向公众推荐这些动机和态度而明确表达出来的。评价动机是评估者对某类创意作品具有的有目的的主观愿望或意愿，态度是评估者对某类创意作品所持有的稳定的心理倾向。动机是评估者的内在表现，态度是评估者的外在表现。

三是感知依据。艺术评价的理由是引导评论家的读者或观众看到或体验评论家在作品中所感知的价值，从而分享评论家的评价结论。

三、创意价值的评估逻辑

创意价值的评估逻辑包括归纳主义逻辑、演绎主义逻辑、语言与修辞主义逻辑三种。[③]
创意价值的归纳主义评估逻辑主张没有普遍的、绝对的评估标准，从经验事实中提炼

---

① HUTTER M, SHUSTERMAN R. Chapter 6 Value and the Valuation of Art in Economic and Aesthetic Theory[J]. Handbook of the Economics of Art and Culture, 2006, 1(6): 169-208.

② 侨报网综合讯．《了不起的盖茨比》将拍剧版　反映当下美国社会[EB/OL]．（2021-1-29）[2021-8-31]．https://weibo.com/ttarticle/p/show?id=2309404598655968739406&sudaref=passport.weibo.com.

③ 创意价值的评估依据既有主观理由，又有客观证据，包括证据、动机或态度以及感知等不同的评估依据。

创意价值的评估结论,从而得出真正的评估判决。例如,曾丽霞等人运用归纳主义评估逻辑,通过文献综述从前人的多个研究中归纳出电影创意价值包括内在价值与外在价值,构建了一套电影IP(知识产权)资源评估指标体系,即包括艺术价值(包括创新性、差异性、可开发性三个二级指标)、社会价值(包括领导力、注意力、相关性、主流价值观四个二级指标)、市场价值(包括知名度、美誉度、品牌忠诚度三个二级指标)、法律价值(包括版权范围、法律寿命、权利归属三个二级指标)四个维度。[①]虽然不同的创意产品千差万别,但仍然存在统一性、复杂性和高强度等标准,这些标准成为对创意作品开展归纳主义评估最好的归纳证据。此外,与时间或历史影响有关的论证也是归纳性的。那些经受住时间考验的美学判断,从中外古代的经典评价一直延伸到当代的拥趸,成为历史的归纳证据。例如,南朝齐谢赫所著《古画品录》用归纳法在我国绘画史上第一次系统地评价了公元3世纪至4世纪的重要画家及其绘画作品,成为后世书画评论家开展绘画评估的遵循原则。

创意价值的演绎主义评估逻辑主张事先制定清楚的评估规范和评判原理,然后对相关创意产品进行评估,从而得出具体的评估结论。将前述曾丽霞等人提出的电影IP资源评估指标体系用于新主流电影《战狼2》的IP价值评估,就是一种演绎主义的评估逻辑。同样,谢赫在《古画品录》里归纳总结的品画六法——气韵生动、骨法用笔、应物象形、随类赋彩、经营位置、传移模写,作为传承中国千年的传统绘画艺术评价标准,是历代评论家评价具体书画作品的理论依据。英国美学家哈罗德·奥斯本(Harold Osborne)认为,任何符合一种美学判断的作品都是真正的艺术品,这种"审美判断能由其最简单的形式简化为论点模式,如简化为'这件东西很美'或'这是一件很美的东西'的评论"[②]。亚里士多德的史诗规则、康德的崇高论都是后人评价某件作品时参照的理论依据。

创意价值的语言与修辞主义评估逻辑是指运用比喻、比拟、类比、对比、反问等修饰文辞的手法评估创意价值的逻辑。语言与修辞主义是为了评估表达的形象、鲜明、生动,试图使受众得出特定期望的评估结论。南朝文学理论家刘勰在《文心雕龙·论说》中写道:"一人之辩,重于九鼎之宝;三寸之舌,强于百万之师。"语言与修辞主义评估不仅可以形象地剖析创意主体的内心世界,还可以增强创意作品的故事性和抒情性,使评估的论据坚实有力,更加鲜明地表达创意作品的艺术价值和文化内涵。语言与修辞主义评估逻辑非常依赖受理性操控的情感叙事。

四、创意价值的评估原则

创意价值的评估要坚持简洁、清晰和有效等原则。美国行为设计学家奇普·希思(Chip Heath)和丹·希思(Dan Heath)兄弟俩提出SUCCESs的创意法则[③]:简洁性

① 曾丽霞,邱一卉. 电影IP资源价值评估模型的构建及应用[J]. 厦门理工学院学报,2020,28(2):12-18.

② OSBORNE H. Theory of beauty : an introduction to aesthetics[M]. New York: Philosophical Library Inc., 1953: 77.

③ 奇普·希思,丹·希思. 行为设计学:让创意更有黏性[M]. 姜奕晖,译. 北京:中信出版社,2018:1-368.

（simplicity）、意外感（unexpectedness）、具体性 concreteness）、可靠性（credibility）、情感化（emotions）和故事化（stories）等（这些英文单词的首字母正好拼写出 SUCCESs 一词）。我国澳门特区政府文化产业基金推出"社区文创扶持计划"，在对社区文创产品的价值评估中就采用了 SUCCESs 评估原则。

第一，简洁性，即提炼特色核心，精准表达主题，构建"一店一品"（one shop one product，OSOP）、"一区一品"（one community one product，OCOP）。一般而言，我们把社区型文创分为自然生态型、传统文化型、民宿工艺型、艺术创意型和特色产业型等不同主题。社区老店也经营着创意美食、日用百货、生活用品、小吃点心、生婚寿喜、非遗手工等不同的产品和服务。对这些社区型产品和服务，要充分提炼其核心议题，要体现强烈的地方感和特色化，具有唯一性和高辨识度。社区创意美食的主题可以是食材特质，也可以是做工工艺；可以是服务特色，也可以是消费环境；可以是物理特质，也可以是文化意象。社区创意美食主题的简洁性标志要用短短几个字、一句话把特色描述清楚，表述的语言要极其简单。正如澳门张记制面"同心同德、一心做面"的同心面，简洁地体现了父与子同心、店家与顾客同心的价值追求。

第二，意外感，即制造意料之外的惊喜，吸引并保持注意力。社区文创经济是一种惊喜经济，要提供给顾客强烈的"wow"感知。社区文创产品和服务要打破常规，破除消费者的惯常期待，利用出乎意料的震撼和心灵感知激发消费者的好奇心和兴趣点，为社区文创产品和服务创造强大的感染力和吸引力。社区创意美食的关键在于制造差异，多用艺术化手段强化不同，从而建立强烈的直觉感知。澳门福临城旨在打造一家有故事的茶楼，将菜单表、菜牌和桌垫等设计成"福临画报"的旧报纸形式，在喧嚣、现代的澳门营造了一个意料之外的怀旧故园。

第三，具体性，即化抽象为具象、融理性于感性，建立有助于形成画面感的形象记忆。品牌认知和顾客感知不是靠抽象的语言描述和文字叙述，而是靠身体、行为、口语、食材、食器、空间、灯光、颜色、音乐等一系列具体元素作为确定的载体。这些呈现社区创意美食的具体要素和服务流程要确定有效、简单好用，尽量使用能调动味觉、嗅觉和触觉的感官语言，提供服务，布置环境，体现踏实务实、真实可靠的老店质量。澳门余保和秉承祖训，通过凉茶大碗器皿和干净透明的档口，打造"凉茶世家、养生炖汤""点滴照顾你的生活"的良心质量和邻家、温情的产品形象。

第四，可靠性，即强化产品特质和服务细节，依赖具体信息，形成更可信的品质感知。社区创意美食要有信用背书，不管是祖传绝学的家族人物、承载食物加工工艺的老对象、开放透明的加工流程，还是网络大数据的社会口碑、权威名人的公益加持、设身处地的顾客感知等，都是提高可信度的重要手法。正如澳门杨枝金捞的"以甜会友、以诚待人"，在善用这些可靠性资源的时候，要自然亲切，既不过度强求，也不空洞生硬。

第五，情感化，即建立"人同此心，心同此理"的同理心连接，建立店家与消费者休戚相关的情感连接，引导消费者的自尊心、自豪感和责任感。每个社区、每个老店都有自己的"前世今生"。情感是人和人最持久的心理连接。情感产生的对象是具体的人，而不是抽象的事或冰冷的物。社区创意美食的情感化服务最好体现在社区老店的创业者、守业者、店员与顾客的服务互动环节中，要站在消费者的角度，要自然真挚、发乎身心，富有深深的感染力。澳门沙度娜把店家深埋于心的"初恋秘密"凝结成"只为我们相遇"的顾客价值，让顾客动容，在品尝美味点心的时候感受"有情人未成眷属"的惆怅。

第六，故事化，即以故事原型打动、影响别人，促使消费者建立认同感。人是会讲故事的动物，令人们记忆最深刻的往往就是发生在自己身上那些刻骨铭心的故事，而且随着时间的迁移，这种故事的记忆越发传奇，越发清晰，越发广为传播。这些故事可以是祖上传承的故事，也可以是发生在顾客身上的故事，但一定要通过故事的讲述引起情感连接和价值依恋。社区文创的故事讲述一定要摈弃说教的语言、自上而下的立场，形成故事节奏和场景体验的画面感，建立超越口腹之欲的审美体验。澳门马鸿记的"伴味成长"，六十年的风雨守候诠释了"一马当'鲜'、伴你身边"的美食故事。

创意价值的评估主体可以是创意行业的专业人士，如艺术代理商、艺术经销商、文创展会组织者和艺术评论家；也可以是知识产权律师，以保护艺术家、表演者、创意者对其作品商业使用的权利；还可以是专业评估师，为新闻出版发行服务企业、广播电视电影服务企业、文化艺术服务企业、文化信息传输服务企业、文化创意和设计服务企业、文化休闲娱乐服务企业和工艺美术品生产企业等各类文化创意企业提供专业的创意价值评估业务。

第三节　创意价值的评估方法

鉴于创意产品的功能价值主要是满足消费者的生理需要，是一种物质层面的使用价值，已经有比较成熟的评估方法。本节主要介绍创意产品文化价值和经济价值的评估方法。

一、创意产品文化价值的评估方法

大卫·索罗斯比（David Throsby，又译为戴维·思罗斯比）系统地总结了创意产品文化价值的五种评估方法：第一，映射法（mapping），对评估对象进行简单的背景环境的分析，包括地理、物理、社会、人类学及其他类别的关系图，以建立一个全面的关系结构。第二，深度描述法（thick description），这是一种阐释型评估方法，用以描述文化对象、环境或过程，使难以理解的现象合理化，让人们对行为的背景或意义更加了解。第三，态度分析法（attitudinal analysis），参考社会调查法、心理测量法，特别评估社会及精神方面的文化价值，可以应用于个人对反应的估计和群体的态度或共识的形态。第四，内容分析法（content analysis），目标在于意义的确认与描述，适合于对象征价值各种解释的估量。第五，专家评估法（expert appraisal），引进专门知识，用特别的技术、训练和经验，尤其在美学、历史及真实价值方面提供专业的判断。[①]

　　索罗斯比也承认，这些创意价值的评估方法的适用情境是有限的，在某些情境下是容易出错的。美国分析美学家理查德·舒斯特曼（Richard Shusterman，1948—）就曾专门就某些评论家对通俗艺术的价值批评逐一回应，以反思专家评估法的有效性。他列举了批评家对通俗艺术的指控：通俗不能提供任何真正的审美满足，尽管通俗艺术可以让无数人获得享受，但这种享受通常被批评为虚假的审美享受；通俗艺术不能提供任何审美上的挑战或能动的响应，通俗艺术的简单形式只能引起一种被动的消费；通俗艺术不仅形式简单而且内容浅显，更不能引起智力上的积极参与；通俗艺术是文化工业生产出来的商品，必然具有标准化、技术化和批量化的特征，而与艺术的原创性、个体性要求背道而驰；通俗艺术缺乏审美的自律性和反抗性。通俗艺术始终没有获得适当的形式。例如，就"通俗艺术是文化工业生产出来的商品，必然具有标准化、技术化和批量化的特征，而与艺术的原创性、个体性要求背道而驰"这一指控，舒斯特曼回应：高级艺术也像在通俗艺术中一样发现标准化，但批评家并没有因此指责高级艺术必然缺乏创造性。他认为，具有想象力的标准和规则不会妨碍艺术的创造性，这一点是通用的。[②]

二、创意产品经济价值的评估方法

　　在不同历史条件下，创意产品的价值实现机制有不同的理论视角。梅建军总结了以下几种商品价值论：① 基于原始商品生产视角的劳动价值论；② 基于小私有制商品生产视角的劳动价值论；③ 基于大私有制商品生产视角的收入价值论和要素价值论；④ 基于发达商品生产视角的生产价格论；⑤ 基于生产者视角的费用价值论；⑥ 基于消费者视角的效用价值论；⑦ 基于市场视角的费用/效用价值论。他认为，当今时代的商品价值论应基于生产者和消费者相统一的市场观念，将商品价值视为生产费用对效用的关系，商品价值论应采用效用/费用价值论视角，使商品价值既满足消费者需要的商品效用，又满足生产者获利的生产费用。[③]杨永忠较为全面地总结了创意产品经济价值的评估方法，包括市场导向的创意价值评估方法和非市场导向的创意价值评估方法。其中，市场导向的创意价值评估方法有三种：① 市场法，以替代原则为依据，以比较和类比为基本思路，采用市场上与被评估的创意产品具有相同或类似效用价值的近期交易市场价格，再通过可比较因素的调整得到被评估的创意价值的价格；② 成本法，又称为重置成本法，是在现实条件下重新购置或建造一个全新状态的创意价值的评估对象，以所需的全部成本减去评估对象的实体性成就贬值、功能性陈旧贬值和经济性陈旧贬值后的差额作为创意价值评估对象现实价值的一种评估方法；③ 收益法，也称收益能力法，是将被评估的资产在未来的现金收益用适当的折现率折算成现值，以确定其评估价值的方法。

① 索罗斯比. 经济学与文化[M]. 王志标，张峥嵘，译. 北京：中国人民大学出版社，2011：32.
② 舒斯特曼. 实用主义美学：生活之美，艺术之思[M]. 彭锋，译. 北京：商务印书馆，2002：1-457.
③ 梅建军. 基于不同视角的商品价值论[J]. 山西大学学报（哲学社会科学版），2016，39（2）：101-111.

英国财政部与新经济基金会（New Economics Foundation，NEF）常使用以下四种评估方法。第一，经济影响评估（economic impact assessment，EIA），主要评估三种类型的影响，即直接影响、非直接影响和诱发影响，在计算过程中需要注意置换与替代效应、漏损率和无谓性。第二，经济量评估（economic footprint analysis，EFA），常用于评判某个产业或某个领域对整体国家经济的贡献，主要衡量标准为就业率与毛附加价值。第三，条件价值评估法（contingent valuation，CV），被用来预估消费者所花费购买一种产品或服务之外所获得的非货币性收益，包括存在价值、使用价值和选择价值。第四，投资社会回报（social return on investment，SROI），常用于理解某一文化团体活动给其利益共享者与受众带来的社会效益，通常需要建立其影响的金融代用"货币"，然后进行转换。①

非市场导向的创意价值评估方法有八种。第一，经济影响研究法（economic impact studies，EIS）。创意价值具有三种经济影响价值，包括消费价值、长期影响价值和短期支出价值。时任美国纽约大学金融学教授梅建平与迈克尔·摩西（Michael Moses）于 1988 年合作构建了"梅摩艺术品指数"，通过跟踪同一件艺术品的重复交易记录，统计了自 1810 年法奥战争开始两个世纪的艺术品市场波动情况，用以测算印象派和现代派（1875—1950）、古代画派（1200—1875）、美国画派（1650—1950）、英国画派、拉丁画派、当代艺术（世界各国艺术家 1950 年以后的作品）、海外中国传统艺术（书画、瓷器、玉器等）、中国当代油画（1950 年以后）等艺术品的投资收益率和风险。第二，条件价值法（contingent valuation methodology，CVM），利用效用最大化原理，通过构造假象市场，直接调查或询问人们对某创意产品的支付意愿（willingness to pay，WTP）或某事物遭到损害所愿意赔偿的意愿（willingness to accept，WTA），以推算出该项创意产品的价值。第三，旅行费用法（travel cost method，TCM），是基于消费者选择理论的文化旅游资源非市场价值评估法，许多涉及公共物品和公共福利的领域都有应用，如历史文化遗产、节庆会展和公共文化机构等。第四，特征价格法（hedonic price method，HPM），消费者愿意为意见创意产品支付的价格取决于产品各种属性（特征）的效用水平。罗伯特·安德森（Robert Anderson）以艺术作品出售的年份、作品尺寸、创作年代、创作作品时艺术家的年龄、作品出售时艺术家是否在世、作家的名声以及出售的场所为自变量，对成交价格进行对数回归，发现影响价格的显著变量是作品出售的年份、尺寸和作家的名声。法国雅派艺术道（Artprice）的艺术品市场信心指数就是这种评价方法的体现。第五，选择实验法（choice experiment，CE），又称作结合分析（conjoint analysis），源于要素价值理论和随机效应理论，核心是消费者在一系列通过虚拟市场模拟出的创意产品的属性水平组合中选出效用最大化方案来评估创意价值。该方法可以评估文化活动、文化遗产、博物馆等文化资源的创意开发。第六，平均价格法，以简单直接的方式大体反映艺术品市场的价格趋势，但无法考虑艺术品的历史性、文化性、审美性、学术性以及同一个艺术家自身差异等影响艺术品的价格因素。书画作品的面积价格法（元/平尺）、雅昌艺术指数（AMMA）、

---

① 吉本，欧文. 创意英国：文化活动的经济和社会影响[M]. 黄昌勇，鞠薇，张静，译. 上海：同济大学出版社，2021：23-32.

中艺指数（AMI）都使用了这种方法。第七，重复交易法，通过跟踪同一件艺术品重复多次交易价格建构的艺术品指数，可以较好地解决艺术品的异质性问题，使得价格变化和收益率可以进行比较。没有多次交易的艺术品无法纳入统计，不同的交易地点、外部经济环境的变化也有影响，如梅摩指数。第八，代表作评估法，通过在艺术市场上找到能够体现某类型作品基本价值的代表作品进行评估，以此为基础计算价格指数，这种方法忽略了价格与时间的关系，较为随意和主观。[①]

第四节　创意资本的评估框架[②]

一、创意资本的基本概念

资本这一概念从纯经济学的角度容易被狭义地理解为一种物质形态：为了市场交换而组织生产有价值的商品，即土地、机器、劳动力、金融资产等。以上概念源于经济社会学和文化经济学领域的学者，马克思·韦伯、卡尔·波兰尼、皮埃尔·布尔迪厄和雷蒙·威廉姆斯等人都提出社会关系以及围绕社会关系组织和建立的意义结构（家庭、宗教、民族国家、文化信仰等）构成了对经济行为体如何在生产商品和市场贸易的经济竞争中获得优势的基本解释。对于布尔迪厄来说，资本的概念需要同时被定义为经济和文化/审美术语。作为经济资源的资本可以利用市场的价格信号进行核算，并且可以与其他生产资料进行交换。相反，作为社会、文化、审美资源的资本必须在社会上嵌入社会的历史文化。在这个社会中，价值产生于对某些美学核心的共同理解，其价值体现在人们共享的美学体验中。而这些美学资源是不能立即交换的，必须通过生活经验和教育才能理解、习得。对创意城市的任何理论解释都必须对资本的非经济形式有很好的阐述，以及阐述这种形式的资本如何能够被占有、积累并转化为经济形式。

布尔迪厄对 19 世纪末法国巴黎的诗歌、绘画和戏剧表演圈子进行了分析，从经济行为者在社会关系（社会）、教育和家庭背景（文化）以及与著名机构（即艺术运动）相关的象征价值中设法长期积累的资源，重新阐释了"竞争""优势""权力"这些概念。经济参与者竭尽所能去获得这些资本，包括社会关系、教育和家庭背景、与有名的艺术机构发生关联而具备象征价值（如艺术运动）。[③]他引入"场域"以使行动者之间的权力斗争的游戏有意义，这些行动者部署了各种战略来转换社会、文化和象征性资源，但目标是相同的。[④]在文化生产领域，竞争优势可以通过关系、文化和符号资源之间以及这些非经济

---

① 以上关于创意产品经济价值评估方法的简述参考杨永忠. 创意管理学导论[M]. 北京：经济管理出版社，2018：36-43.

② 本节的内容参见本人与李伯一（Li Boyi）发表的论文 Making the Space of Creativity in China: The Lens of Creative Capital, William J. Byrnes, Aleksandar, Brkić, Routledge. The Routledge Companion to Arts Management. 2019: 294-309.

③ BOURDIEU P. Forms of capital[M]. New York: Polity, 2021: 1-450.

④ BOURDIEU P. The Field of Cultural Production[M]. New York: Columbia University Press, 1993:94-309.本节内容由张瑾瑜译，本书作者校译。

资源和经济资源之间的价值转换来获得。这些关键的非经济资源的积累不可能纯粹依靠经济人的逻辑，而是通过对艺术追求的某些抽象理想的研究和集体行动的社会过程，即"为艺术而艺术"。[①]布尔迪厄的研究展示了经济理性与艺术追求是相对立的两极，两者合理存在且贯穿于文化生产的方方面面。以上对经济–文化拉力作用的洞见构成了创意资本的理论基础。

在这里，"资本"概念指的是文化企业家在调动关系、制度和文化资产方面的潜力，将艺术理念转化为社会文化转型或商业发展的事业，或者两者兼而有之。此定义的理论源头可追溯到经济社会学的相关著作。[②]"创意资本"的理论前提是文化企业家立足于紧密的社会网络之中，其中包括艺术家、教育家和艺术评论家、评估机构、收藏家和市场制造商、政府、公众观众和媒体等。这些非经济资源（即声誉、信任、审美理解、文化品位和文化认同）为文化企业家提供了证明其作为独家俱乐部成员的社会地位的手段，并且可以通过与其他社会成员的不断互动进一步加强（再生产）。换言之，创意资本可通过三种资本形式获得：关系资本、文化资本和符号资本。

为了更好地理解抽象的理论，创意资本可以从文化经济的三个层面加以分析，即人们的日常生活（微观层面，嵌入式分析）、组织机构（中观层面，生态环境分析）以及知识传统（宏观层面，历史分析）（参考表 4-1）。

表 4-1　创意资本评估框架

空间层级	关系资本	文化资本	符号资本
日常生活（微观层面，人类学角度）	社会嵌入： ① 创意网络在地理空间上如何分布？如何促进人际信任？ ② 未来的文化空间会如何变化？人与人之间是否更容易随机相遇、发生联结？ ③ 公共空间（博物馆、大学、街道、马路、街区等）和私人空间（办公楼、住宅区和家庭活动空间）的意义何在？ ④ 公共空间和私人空间以何种方式联结？	文化嵌入： ① 旨在培养受过良好教育、博学多闻的创意阶级。 ② 人们交流创意、相互学习的空间何在？哪种艺术形式和空间更容易让创意阶级获得灵感？ ③ 如何设计公共空间（公共图书馆、书店、大学、博物馆等）以促进沟通、学习？	认知嵌入： ① 是否有关于文化生活的信仰、神话、叙事的体系？如何建立符号生产和自身文化认同之间的联系并保持平衡？ ② 如何根据遗产、传统规划城市空间，建立社会经济的互动？"美好生活"如何具体规划？ ③ 空间规划如何反映地方社会经济问题？例如，迁移和集聚、社会不平等、老幼关怀缺失、闲暇时间不足、环境问题等

① BOURDIEU P. Forms of capital[M]. New York: Polity, 2021: 1-450.

② BOURDIEU, WACQUANT. Symbolic capital and social class[J]. Journal of classical Sociology, 2013, 13(2): 292-302.

空 间 层 级	关 系 资 本	文 化 资 本	符 号 资 本
组织机构（中观层面，生态学视角）	作为机制架构的组织机构： ① 文化的基础设施是什么？在创意生态中是否也存在三螺旋模型（政府—大学—产业）？ ② 如何促进重要机构之间的交互作用（政府、文化企业和商业群体）？ ③ 如何形成机构之间合作的常态？ ④ 促进或限制这些机构之间交互合作的关键动因是什么？	富含知识的组织机构： ① 作为文化生产的关键联结点，该如何定位文化机构？ ② 人们如何习得文化资本并分享见解？文化品位是如何形成、具有影响力并最终成为城市的文化遗产的？ ③ 文化机构如何在社会上发挥其美育功能？ ④ 在促进美育的过程中，政府发挥了什么作用？ ⑤ 创意阶层的崛起，艺术友好型环境的营造，商业群体从中受益的同时又是如何支持文化组织的相关活动的？	产生文化认同、作为文化遗产的组织机构： ① 哪些重要的文化组织、文化事件或历史遗迹为地方建构了独特的品牌？ ② 地方如何通过人们在社会网络中的生活、工作体验给予其特有的地方符号价值？例如，大学文凭的广受认可和推崇。 ③ 地方如何设计出创意独特、个性化的方案以解决基本的发展问题？例如，市民的权利、社会的公正、环境问题、老人孩子的关爱。 ④ 社会和经济的不公正是如何影响地方的现有空间的？针对现存问题有哪些可供选择的方案和建议？
现代性和美学（宏观层面，历史学角度）	现代化的艺术机构： ① 创意企业如何从美学角度理解和实践"现代性"和"美好生活"？ ② 何为创意网络的空间分布？创意企业如何交流、分享、共同创造艺术的新形式？ ③ 文化企业如何在当代日常生活中为文化传统和文化遗产注入新活力？	后现代的学术论坛： ① 有关现代性、当代艺术、文化遗产的核心争论是什么？ ② 社会力图建构和维持的有关伦理、公正、社会价值的主要结构是什么？ ③ 当下有关社会评论、艺术评论的研究论文的关注点是什么？	作为规范的现代性： ① 社会理论权威是否已经掌握了现代性和当代艺术发展的话语权？它们是如何成为规范的（以历史视角考察）？这些权威如何行使他们的象征权力？ ② 不同学派之间的理论争论是如何影响创意企业获得品牌和社会认可的？ ③ 文化可持续性（culture for sustainability）在何处能达成共识？谁是该领域的主导者？他们如何发挥影响力？

在日常生活层面，可以探讨创意空间如何调节文化企业家平日的交流学习、符号构建活动，以帮助或阻碍培养文化企业家精神。创意空间有能力也有潜能满足文化企业家这种日常生活中的需求。例如，当下创意社群中的创意者很容易集结（如形成兴趣社团、探寻真实身份、提出合作方案）、交换信息，相邻者相互合作。

在组织机构层面，关注推进创意经济的相关机构之间的相互协作、相互促进。经济地理学者把这种相互促进的作用称为"积累体制"（regime of accumulation）并提出了如下问题：积累体制[①]处于社会网络中，创意资本是如何在其中形成、累积、再生产的？文化创意经济有下述特点：① 小微企业、中介型企业互相联合；② 大企业在相对动态的环境下运作，如公益劳动、短期项目、临时雇用。人力资本的流动速度较快，人才在为个人理想奋斗的同时也在实现社会的共同理想（即推动社会进程），人才也不仅仅只为一家特定企业工作。故而，创意者的个人生活空间与现代城市的管理阶层[②]有着实质上的不同。城市空间中组织机构的转变意味着人们已经实现了后工业化城市，汽车友好型道路交通网络连接着城郊，人们逐渐有了慢节奏的工作和生活理想，展现了 20 世纪的现代主义视角。现在人们为了城市的"空间流动"[③]建设公共文化设施，朝着后现代的未来城市的理想进发。

二、创意资本的要素结构

下面以现代主义的当代视角详细阐述创意资本的概念，着重分析现代性和审美理想的历史争议，探讨这些争议如何作用于当代创意组织、文化机构和创意社群。

（一）关系资本

关系资本指的是行为者通过在社会关系集群中的良好关系获得的能力，以至于他们可以利用高中心性、连通性或"结构孔"的位置作为手段来达到理想的目的。这也被美国社会学家尼尔·弗雷格斯坦（Neil Fligstein）和道格·麦亚当（Doug McAdam）称为"战略代理"（strategic agency）[④]。如果行动者在社会网络中处于关键地位，则更能掌握权力，更有影响力，这一点可运用结构分析的相关理论印证（如网络图论或复杂网络理论）。不过理论中的社会关系结构比较简单，只是给出了关系的一般定义。现实中的社会关系结构十分复杂，因为同样的社会关系在不同的背景下所具备的意义不同且难以量化。

可以通过两类社会机制来实现关系资本的益处，即人与人之间的信任和跨部门的协同作用，而前者是所有社会社区形成的基本条件。人际信任形式的关系资本是在日常生活的基础上积累和保存的，因为社区成员共享相同的社会交往、工作和生活斗争的空间。高关

---

① MARKUSEN A. Urban development and the politics of a creative class: evidence from a study of artists[J]. Environment & Planning A, 2006, 38(10): 1921-1940.

② 许多企业都转为目标驱动型，而非利益驱动型或股份驱动型。这样的企业更能成功地留住人才，组建精英团队并致力于实现它们"让世界变得更加美好"的目标（硅谷的谷歌、脸书将这一目标与商业成功相联结），这一趋势可解释为商界对于现实的适应性战略。未来的创意经济，企业忠诚度变得尤为重要，除非企业员工认为他们创造的价值能大于账簿和证券市场的变化和波动。

③ CASTELLS M. Space of Flows, Space of Places: Materials for a Theory of Urbanism in the Information Age[M]. In The Cybercities Reader, 2004: 82-93.

④ FLIGSTEIN N, MCADAM D. A Theory of Fields[M]. Oxford: Oxford University Press, 2015: 1-256.

系资本的影响可以采取嵌入式"团结"的形式,即社区的个体成员彼此之间承担着普遍的人际信任并有动力集体保护社区免受机会主义、渎职或其他种类的反社会行为的影响。这种社区结构的特点是紧密的、集群的人际关系,这导致了其成员之间分享文化的兴起。有观点认为,当代城市的文化创意经济的城市条件应高度重视艺术家、商业界和其他利益相关者之间的社区建设工作,如通过设计公共空间有意识地促进开放和透明文化。文化和创意经济的发展得益于有利于社会关系资本普遍积累的城市条件,因此,那些设法在社会网络的不同宗族之间进行斡旋的行为者能够促进创新,利用各部门、各学科和其他机构孤岛的想法、人才和信任(这种现象被称为跨部门的协同作用,或美第奇效应)。将文化置于未来发展中心的现代城市,努力成为复杂的社会网络和塑造艺术和道德理想的共识/认同的空间,而不是武器交易市场、工业增长极、贵族化和社会不平等的空间。^①

在中文语境下,"关系"是复杂的、微妙的,要基于我国社会实情来解释,绝不能用普遍定义和已有的理论做简单的分析、概括。^②研究关系文化的目的不是证实社会关系的杠杆作用可以帮助个人和组织建立经济竞争优势,这可能在所有人类社会中都可以找到。相反,对关系文化的研究揭示了我国社会中一系列独特的仪式、规范和个人策略。在保障社会劳动、情感和时间的投资的同时,产生关系资本,维护关系。基于人际关系考量的文化情境中形成了关系资本。同时,研究这一套社会规范、标准、基于人际关系考量的文化情境也不是为了增强文化认同,而是为了理解以下行为:以非经济借口掩护本质的经济目的。从现有的对我国商业网络的研究来看,关系文化对关系资本的积累有积极作用,因为人际信任一般是通过这些仪式和规范来假设、促进和积累的。然而,我们不知道在经验上或理论上,关系文化能否成为我国文化生产领域中美第奇效应发展的障碍或促进者。

目前,我们还没有看到揭示文化企业是如何在我国社会中利用这一套社会规范调动关系资本的研究。美国社会学家罗·迪马焦奥(Paul DiMaggio)研究了艺术消费者、社会阶层和美国文化企业形成的网络^③,美国电影学者斯蒂夫·梅齐亚斯(Stephen Mezias)等人研究了 1895—1929 年的美国电影产业,解释了社会网络在好莱坞企业家社群中起到的关键作用,高风险的电影之所以能取得成功,依赖于艺术创意的质量和价值链的运作,这两者都深嵌于社会网络之中。^④

(二)文化资本

文化资本指的是个人或组织在复杂和理论层面上解释和交流审美经验的能力。文化资

---

① HARVEY D. Social Justice, Postmodernism and the City[J]. International Journal of Urban & Regional Research, 1992, 16(4): 588-601.

② LUO Y. The changing Chinese culture and business behavior: The perspective of intertwinement between guanxi and corruption[J]. International Business Review, 2008, 17(2): 188-193.

③ DIMAGGIO P, USEEM M. Social Class and Arts Consumption[J]. Theory and Society, 1978, 5(2): 141-161.

④ MEZIAS S J, KUPERMAN J C. The community dynamics of entrepreneurship: The birth of the american film industry, 1895-1929[J]. Journal of Business Venturing, 2001(3): 209-233.

本的定义强调了生活在城市空间中的人、组织和社区的隐性能力，这与经济学家的理解不同，它不涉及任何有形或无形资产来直接产生任何类型的价值。[①]拥有文化资本意味着文化企业家可以：① 发现新的审美观点、新机遇或给予那些缺乏美学认知能力的人以美学视角；② 阐述和发展的艺术理论（文章、演讲、采访、讲座等），让他人共享这一新奇、先验的美学体验。在《艺术世界》一文中，美国艺术理论家亚瑟·丹托（Arthur Danto，1924—2013）提出，艺术品的产生依赖于社会理论家、艺术批评家的观念以及他们从物质客体中提取美学意义的方式。[②]大卫·索罗斯比认为，丹托以美国当代艺术家安迪·沃霍尔（Andy Warhol，1928—1987）的《布里洛盒子》为例，强调"文化资本"、观念社群（关系资本）和艺术价值之间的关系："最终使布里洛盒和由布里洛盒组成的艺术作品之间产生区别的是某种理论艺术……没有理论，人们就不可能把它看作艺术，而为了把它看作艺术世界的一部分，人们必须掌握大量的艺术理论以及相当数量的纽约绘画史……"。[③]

文化资本的形式可以是天赋，也可以是跨越时间和空间学习和转移的人类知识，最好是在一个由艺术家、教育家、评论家、公众观众组成的紧密的社区中共同产生和分享得出的。像隐性知识或手工艺一样，文化资本的发展需要时间、耐心，最重要的是，需要有日常实践的空间，需要与具有相同世界观和归属感的人互动。获得文化资本是一个隐性的、互动的、社会学习的过程。当一些创意出现时（写作流派、电影风格、音乐表演等），理论和文化理论家的重要性是显而易见的。市场逻辑决定了描述、解释、欣赏、评价的必要性，这种必要性和需求进一步推动了文化价值的再利用和再创造（即站在巨人肩膀上的效应），而这又为商业发展带来更多的机会（即文化产品的外围效应、网络效应、长尾效应等）。文化资本是创意企业的重要资源，同时也是个体层面、社群层面、地区（城市）层面的重要资源。在学习、研究、建立关系和分享知识等一系列动态过程中，文化资本逐渐累积。处于这一互动网络、教育网络、知识生产网络中的艺术家和艺术企业需要适当的空间条件来容纳社会生活，以完成上述资源的积累。关于文化资本动态累积的空间条件的研究在制造和技术创新领域并不新奇。[④]近年来，"创意城市"的研究聚焦于文化企业的空间性，大多关注在美国的城市，[⑤]对我国城市创意空间的研究较少。

（三）符号资本

符号资本指的是个人和组织创造或重新发现符号和文化意义之间的新关联的能力。这

① 比如，著名文化经济学家大卫·索罗斯比（David Throsby）把文化资本定义为"一种有形或无形的资产，代表或生产了某种文化价值，这种价值是非经济价值"。这种定义略显狭隘，以经济视角看待文化资本过于客观，忽略了历史的演进过程造成文化资本的累积、社会结构促使文化资本发展，这才是其真正价值所在。

② ARTHUR C. DANTO, The Artworld, The Journal of Philosophy, Vol. 61, No. 19, American Philosophical Association EasternDivision Sixty-First Annual Meeting, 1964: 571-584.

③ THROSBY D. The Economics of Cultural Policy[M]. Cambridge: Cambridge University Press, 2010: 48.

④ AMIN A, ROBINS K. The Re-Emergence of Regional Economies? The Mythical Geography of Flexible Accumulation[J]. Environment & Planning D: Society and Space, 1990, 8(1): 7-34.

⑤ STOLARICK K, FLORIDA R. Creativity, connections and innovation: A study of linkages in the Montréal Region[J]. Environment and Planning, 2006, 38(10): 1799-1817.

种关联理所当然地、广泛地存在于社区成员中，甚至可以具有仪式性和宗教性。人类学家早就认为，创造和解释符号的认知能力是人类的天性，人类社会是由具有符号意义的历史层次（historical layer）构成的，如信仰、仪式、语言、艺术等。在文化生产领域，象征符号的重要性基本等同于社会地位，如声誉、时尚品牌、思想派别、毕业院系，故而，该领域的行动者对此相当重视。正如前文所述，与其他经济部门相比，艺术价值的不确定性相对较高，这是因为艺术价值的评估过程高度依赖于具有共同理论和历史解释的意识共同体（epistemic communities）。为了应对这种不确定性，经济行为人通常会以艺术社区的"社会结构"来代表艺术对象的潜在价值：艺术家或艺术作品在社区中获得的认可地位越高，这个人或作品被赋予的价值就越高。符号资本的功能是以一种有意不平等的方式展示和传达社会地位的，以证明文化产品可转换为经济价值的潜力。

符号资本作为标示和代表文化资本和艺术思想的手段和媒介，可以帮助保持文化生产领域的经济效率并让更多的人参与其中。因为人们在做出参与、投入时间、金钱或合作劳动的决定之前，并不总是需要完全理解或欣赏文化的意义或文化产品的质量。符号资本，通常以学历为例，是表明质量、可信度和风险的功能性工具，这些信息往往为商业决策提供重要的依据。在个人和组织层面，象征性资本的积累可以为品牌价值带来好处并得到社会的认可，这都是潜在的经济利润。就个人和组织层面而言，符号资本的积累可带来品牌价值，获得社会的正面认可，而这些都可转化为经济利益。在区域层面上，符号资本可以以文化遗产和文化认同的形式出现。符号资本可以被看作文化资本和经济资本之间的转换媒介，它提供了布尔迪厄所说的"无意识的利润"（profits of unconsciousness）。正如旅游行业中旅游产品的吸引力最有可能与那些历史人物的建筑和场所、住宅和宫殿、艺术收藏品的场所以及风景区所物化的符号价值相关，所有这些都是由政治历史变迁和艺术品位变化的宏大叙事所构成的。

由于符号资本能够自我复制，在信息被人类理解的过程中容易引发自我指责、自我膨胀的恶性循环，以至于象征性信息变得与它所代表的实质性意义相脱离。[①]符号资本不是文化企业家凭空创造的产物，而是根植于文化网络所传播和维护的文化资本的积累。批评家常使用"符号暴力"的概念来辨别现代社会中的不公正现象，这包括性别和女权主义问题、宗教自由问题，以及马克思主义的阶级斗争。在这种情况下，由某一群体或社会精英阶层主导和控制的认知被用来证明其社会权力的主导性和合法性。同样地，弱势群体也可以战略性地部署符号来塑造社会的认知，以实现社会公正，如同马克思主义文献所主张的那样。[②]在文化和创意领域，当文化企业家或艺术家利用审美体验的手段（写作、戏剧、

---

① 实际上，符号和意义的分离代表了后现代主义者的观点，虽然他们没有就艺术理论达成共识，却一致批判"现代性构想"（the project of modernity）及其和"元叙事"联结的谬误（Bauman，1988；Habermas，1983；Harvey，1990）。未来关于后现代的影响、创意资本的形式和功能的研究会与文化和未来城市的关系密切相关，超出本书的研究范畴。

② HARVEY D. Social Justice, Postmodernism and the City[J]. International Journal of Urban and Regional Research, 1992, 16(4): 588-601.

电影、绘画、摄影师）和新颖的商业模式（如数字媒体、社会企业）宣传对现实的另一种认知方式时，可以理解为通过创造新的社会运动来解决当代的不公正问题。例如，街头涂鸦艺术家常使用班克斯（Banksy）的作品。总之，符号资本与社会权力的等级制度，以及行动者如何有意识地抵制符号统治并创造替代性认知理解方式密切相关。符号资本的生产意味着文化企业家和艺术家参与社会的权力斗争，并有能力提供替代性解释方式。

 **本章小结**

创意价值是文化价值与经济价值的融合，而不是艺术价值与商业价值的对立。创意价值及其评估是当代美学和经济学关注的重要议题。西方历史上关于创意价值的学术讨论包括客观主义观、主观主义观、审美主义观、艺术哲学观、唯意志主义论、唯物主义观、分析哲学观、实用主义观、古典经济学观、边际效用主义论等不同视角的不同观点。创意产品的文化价值开始被经济学家重视。西方哲学美学家和经济学家把创意的文化价值总结为十大内涵，包括道德和宗教价值、表现价值、沟通价值、社会与政治价值、认知价值、体验价值、审美价值、技术价值、历史价值和膜拜价值。

创意价值表达了客体属性与主体需求之间的某种依存关系。创意价值的使用价值包括功能价值与文化价值，创意价值的交换价值指经济价值或市场价值。创意价值具有功能价值的物质载体、文化价值的符号载体和体验价值的精神载体三个维度。创意价值的功能价值、符号价值和体验价值具有历时性和共时性的特点。创意价值分为本体价值（即使用价值）和客体价值（即交换价值）。

创意价值的评估包括文化价值的评估和经济价值的评估，因此创意价值的评估方法包括美学评估法和经济学评估法。创意价值的评估主体是指进行创意评估并能根据评估实态和结果，采取措施改善创意工作和提高创意效果的人或机构。创意产品的价值评估主体的评估角色分为描述主义者、情感主义者和绩效表现主义者三种不同的角色状态。创意价值的评估依据既有主观理由，又有客观证据，包括证据、动机或态度以及感知等不同的评估依据。创意价值的评估逻辑包括归纳主义逻辑、演绎主义逻辑、语言与修辞主义逻辑三种评估逻辑。创意价值的评估要坚持简洁、清晰和有效等SUCCESs原则。

创意产品的文化价值评估方法主要包括大卫·索罗斯比提出的映射法、深度描述法、态度分析法、内容分析法、专家评估法等。杨永忠较为全面地总结了创意产品的经济价值评估方法，包括市场导向的创意价值评估方法和非市场导向的创意价值评估方法。

创意资本是非经济形态的资本理论，这种形态的资本可以累积、获取并转化为经济形态的资本。创意资本可通过关系资本、文化资本和符号资本三种资本形式获得，可以从人们的日常生活（微观层面，嵌入式分析）、组织机构（中观层面，生态环境分析）以及知识传统（宏观层面，历史分析）三个层面加以分析。

思考题

1. 创意产品的价值内涵包括哪些要素？
2. 我国美学家和经济学家对创意（艺术）的价值是如何讨论的？
3. 创意价值的物质载体、符号载体和精神载体之间的关联性如何？
4. 创意价值还有哪些评估方法？结合具体的创意产品评估实践比较这些评估方法的优劣。
5. 通过成熟的创意社区说明表 4-1 所说明的创意资本结构模型的有效性。

案例分析

哈嘿（HIHEY.COM）艺术网于 2011 年创办于北京 798 艺术区，由民生银行创新资本、中信证券、深圳创新投资集团联合投资。哈嘿艺术以"人人都是艺术家，人人都是收藏家"为发展愿景，以"用互联网改变艺术世界、构建艺术生态价值体系、让更多的艺术家富起来"为企业使命，提供全品类、全渠道、全客群的艺术品推广和交易服务，让艺术市场实现价格透明、交易公平，为所有艺术家提供机会和支持，让他们能够通过销售作品维持生存并继续艺术事业。2013 年被誉为"艺术品电商元年"，更多的艺术品电商平台纷纷设立，淘宝、苏宁易购、国美、京东纷纷设立艺术品交易频道。以嘉德在线、赵涌在线、哈嘿艺术等为代表的在线艺术拍卖网突破了传统艺术品交易的时空限制和高佣金机制，打造了"互联网+艺术+金融"的艺术品电商模式，重塑了艺术品画廊交易和拍卖交易的传统模式。哈嘿艺术网提供的艺术品推广和交易服务品类包括油画、雕塑、绘画/水彩、摄影、版画、水墨/书画、设计衍生、珠宝首饰、古董文玩、陶瓷紫砂等，截至目前的交易额超过 2 亿元人民币，平台合作艺术家超过 30 000 位，画廊达 400 家，入驻策展人媒体达数百位，日访问量 7 万，注册买家达 20 万。2019 年，艺术品电商艺典中国陷入经营困境，开始清算重组。2020 年疫情期间，多家艺术品电商推出"直播+电商"模式。2021 年，哈嘿艺术网推出了 Hihey Labs，专注于全球顶级 NFT 项目的孵化，为全球艺术家、游戏、体育、网红、电影娱乐等 IP 资产的 NFT 化提供策划、发行、社群、流通、投资等服务。Hihey Labs 作为现实世界和元宇宙之间的连接器，以"一切资产都将上链，一切价值都将互联"为愿景，让全人类的文化财富归全人类共有，提出万物皆可 NFT 的四化路径：艺术家 IP 化、IP 数字化、数字资产化、资产 NFT 化。①

【思考】

结合以上背景材料，基于创意价值理论分析艺术品电商艺术产品的评估模式、交易机

---

① 案例来源：赵龙凯、梁婧姝：《冲破藩篱的飞鸟：艺术电商 HIHEY 成长记》，北大光华 MFA 案例中心；HIHEY.COM 官网资讯及媒体公开报道。

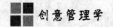

制与发展趋势。

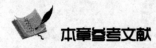 **本章参考文献**

1. HUTTER M, SHUSTERMAN R. Chapter 6 Value and the Valuation of Art in Economic and Aesthetic Theory[J]. Handbook of the Economics of Art and Culture, 2006, 1(6): 169-208.

2. DICKIE G. Introduction to Aesthetics: An Analytic Approach[J]. Journal of Aesthetics and Art Criticism, 1997, 57(1): 82.

3. 奇普·希思，丹·希思. 行为设计学：让创意更有黏性[M]. 姜奕晖，译. 北京：中信出版社，2018.

4. 索罗斯比. 经济学与文化[M]. 王志标，张峥嵘，译. 北京：中国人民大学出版社，2011.

5. 杨永忠. 创意管理学导论[M]. 北京：经济管理出版社，2018.

6. XIANG Y, LI B. Theorizing creative capital in China[M]. London: Routledge, 2019.

7. 比尔顿，卡明斯. 创意战略：商业与创新的再联结[M]. 向方勇，译. 北京：金城出版社，2015.

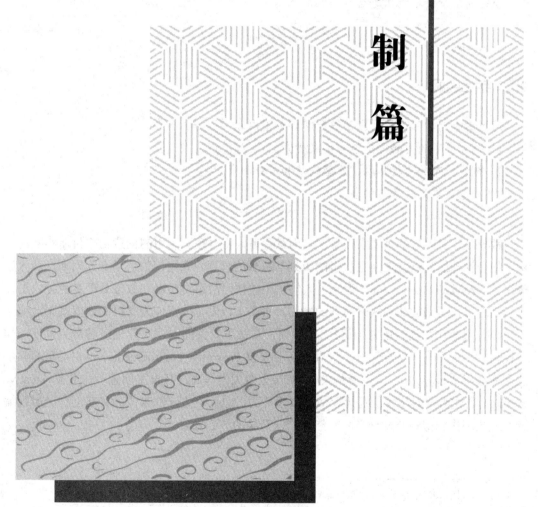

机 制 篇

第五章

创意故事的开发与应用

生命是一个说故事的人，虽老是抱着那么陈腐的"母题"转，而每一顷刻中的故事却是新鲜的，自有意义的。这一顷刻中有了新鲜有意义的故事，这一顷刻中我们心满意足了，这一顷刻的生命便不能算是空虚。[①]

—— 朱光潜

 学习目标

通过本章的学习，学生应了解和掌握如下内容。

1. 创意故事的内涵、价值与构成要素。
2. 创意故事的素材萃取、原型提炼和消费洞察。
3. 创意故事的收集与整合。

故事是创意内容的重要表现形式，创意管理是将有趣又有用的创意构想付诸实际的过程，创意管理的起点就是创意故事的策划与叙事的管理。在美国估值学专家阿斯沃斯·达摩达兰（Aswath Damodaran）看来，人们从小被按照故事讲述者和数字处理者两种人进行分类和培养，后来彼此都缺乏对方的能力。事实上，没有故事作为支撑的估值既无灵魂又不可信，故事比数据表更易于记忆。[②]当前，与故事有关的人才培养越来越得到重视，如英国伦敦中央圣马丁学院开设了叙事性环境专业（narrative environments），主要培养学生的空间故事叙事能力；美国爱荷华大学、我国上海大学等高校开设了创意写作专业（creative writing），主要培养学生的跨媒介故事叙事能力。总而言之，故事成为文艺创作、影视编剧、戏剧制作、游戏开发、产品赋能和产业升级的核心要素。

---

① 朱光潜，宗白华. 双美集[M]. 成都：天地出版社，2019：5.
② 达摩达兰. 故事与估值：商业故事的价值[M]. 廖鑫亚，艾红，译. 北京：中信出版社，2018：1-380.

第一节　创意故事的开发原则

一、创意故事的内涵与价值

人是会讲故事的动物，故事产生于对自我意识与时间意识的冲突所带来的混沌和恐惧而进行的一种自我救赎：赋予存在以秩序、和谐和意义。讲故事是一种进化的心理机制。美国自然文学家巴里·洛佩兹（Barry Lopez）认为，"在那艰难的岁月里，人们想活下来就需要故事，就像我们需要水一样"[①]。根据《辞海》的定义，故事侧重于事件过程的描述，强调情节的生动性与连贯性。故事是一系列表现人物性格、有因果联系、与展示主题相关的活动事件。美国故事经济学家罗伯特·麦基（Robert McKee，1941—）和托马斯·格雷斯（Thomas Gerace，1970—）认为，"一场商业战略就是一个等待发生的故事"[②]。故事的应用范围越来越广泛，韩国文化产业振兴院（KOCCA）将文化产业聚焦为"故事产业"并将其分为基本故事产业、内容故事产业和一般故事产业。其中，基本故事产业指完成故事之前的创意内容或创意产品的策划与制作，包括故事来源的调查和材料的挖掘，故事的策划、发展和创造，故事的分销和交易等环节；内容故事产业指通过出版、漫画、电影、电视、游戏、广告等内容产业的联系实现产业化开发，包括故事内容的研发、制作，故事内容的分销和消费等环节；一般故事产业指故事被用于其他产业和服务的规划和营销，包括其他产品的研发、生产，故事内容的分销和消费等环节。[③]因此，故事开发不只是文学艺术层面的故事创作，更是产业经济层面的故事驱动。创意管理的故事开发过程也就是故事价值的全产业链驱动过程。

创意管理的故事开发是一种原型开发，创意故事呈现了特定的文化品格、情感价值、象征系统和人格原型。创意故事开发的"故事"，"不仅是文化作品中所揭示的个人层面的苦恼以及有关主体的问题意识"，"更是在特定的时间和空间中累积的人类的集体无意识和文化资产得以集中体现的原型"。创意故事的形式多种多样，但所有故事的本质都可以归结为某一个文化母题，揭示出人类某种原型。美国创意写作学者丹提·摩尔（Dinty W. Moore）引述了美国诗人、剧作家兰斯顿·休斯（Langston Hughes，1902—1967）的名言："故事，就像一条隐形的磁河，这条磁河比人类血管中流淌的血液还要古老。"[④]故事的核心是让我们找到人生的主旨和意义，也就是故事的原型。原型源于瑞士精神分析学家卡尔·荣格的集体无意识概念，是个体传承的文化基因，是集体共享的文化母题。根据《辞海》的定义，原型（archetype）指"最初的、起源的、古老的式样、模型或类型"，

---

① 摩尔. 故事处方：故事这样改才好看[M]. 袁婧，译. 北京：中国友谊出版公司，2019：8.
② 麦基，格雷斯. 故事经济学[M]. 陶曚，译. 天津：天津人民出版社，2018：36.
③ 韩国文化产业振兴院. 2017 故事产业业绩与分析报告[R]. 2018：5.
④ 同①19.

是一个社会文化行为中内含的某种普遍性和原初性的叙事结构、性格类型或意象模式。原型就是这条"隐形的磁河",可以像生物基因一样代代遗传,所以比我们每个人自身的血管中流淌的血液还要古老。休斯对故事的比喻蕴含了故事的三个特征:"隐形的""有磁力的""一条长河"。其中,故事的"隐形"性指故事原型的传递不是直白的,而是隐秘的;故事的"磁力"性指故事所具备的辐射力和吸引力通过故事外在的画面、词语、对白、声音、产品的外观形态让人们感受到内在的意义、主题和价值观;故事的"长河"性指故事作用机制的过程性,人们从接触故事的外在信息到体验、感知故事的内核,最终形成对故事的价值认同,就像一条河流一样自由流淌,从前往后、从古至今,生生不息。故事的"上游"是一些"泉眼",慢慢汇合成"溪流""小河"和"大江",冲向我们每一个人,激荡着我们每一个人。荣格提出的原型是集体无意识的心理结构的普遍存在形式,是大脑遗传下来的先天经验模式。①创意故事以创意产品为载体,连接了创意者和受众之间共有的原型信息,能够让受众对创意产品形成刻骨铭心的记忆和认同。美国神话学者约瑟夫·坎贝尔(Joseph Campbell,1904—1987)认为,"在世界各地所发现的神话和原型,基本上都在表现人内在的'戏码',这些戏码是我们天生设定好了的,使我们能够很快'认出'它们"②。原型通过象征和隐喻来表现自身,荣格将原型分为自然象征和文化象征两种形式。故事原型是人类集体无意识不可或缺的关联物,表示似乎无时不在、无处不在的种种确定形式在精神中的存在,是一个民族和一个国家存在的文化基石。在荣格看来,原型是一种"古老和久远的""式样或模型",以神话角色的形式存在于人类的集体潜意识之中。③文化原型在我国文化中的表现之一就是共同的祖先崇拜,通过"神化祖先的能力和功绩,把他们奉为神灵进行祭祀","祖先崇拜的底蕴就是强烈的本根意识,就是对自身本源之探究、认同、尊重与返归"④。此外,各国的神话传说、寓言故事、历史传奇都表现了人类社会延续不断的生命价值和文明认同。

创意故事形象鲜明、情节冲突,具有将情绪感知、情感连接和情结认同内置于创意产品的文化价值。刘丽娜在《哈佛创意课》一书中指出,要把握创意故事塑造的具体规律,塑造美好,避免偏激与负面,聚焦个性,远离普遍,拒绝炒作,适度渲染,表达关爱,导入温度。故事是创意者、产品文本和接受者的纽带。她认为,好的创意故事要具备强大的情感力,要符合故事创意的 3C 原则——clarity(清晰性)、consistency(一致性)、character(个性化)。⑤故事的清晰性原则,即故事简洁明白,要有引人入胜的表达方式;故事的一致性原则,即故事要有明确的主题和内在的逻辑,要能激发受众的好奇心和兴趣;故事的个性化原则,即故事要形象生动,能引发受众的情感共鸣。

① 荣格. 荣格文集:让我们重返精神的家园[M]. 苏克,译. 北京:改革出版社,1997:41-84.

② 坎贝尔. 千面英雄[M]. 黄珏苹,译. 杭州:浙江人民出版社,2016:1-32.

③ 同①36.

④ 袁行霈,等. 中华文明史(第一卷)[M]. 北京:北京大学出版社,2006:5.

⑤ 刘丽娜. 哈佛创意课[M]. 北京:中国法制出版社,2016:13-17.

二、创意故事的构成要素

美国影视学者迈克尔·拉毕格（Michael Rabiger）总结了一套故事要素并将其称为"CLOSAT 即兴创作游戏"。其中，第一要素为角色/人物（characters），表示某个人物以及对人物的外表、言行举止、职业或从事的活动的具体描述，表明该人物为某个故事的角色；第二要素为地点（location），表示有趣的可视化的地点，是预示着有事情发生的任何地点；第三要素为物件（object），表示让人好奇或者能够引起共鸣的物件，是任何值得记录的东西，能让某个地点、时间、情境或者拥有者更具说服力；第四要素为情境（situation），表示充满矛盾或者揭示性的情境，或者是同时发生的多种情况的结合，或者是把角色推向一些特殊压力之下的困境；第五要素为行动（act），表示不寻常的或者揭示性行动，是任何可能含有意义或目的的行为和动作；第六要素为主题（theme），表示创意者感兴趣的任何主题或者在创意者的生活中呈现的主题，是故事的中心思想或主要思想，是故事内容的基础并用于对故事内容进行评价。[①]创意故事的源头既要重视创意者的个人经历、家庭生活、梦境想象和身边的社会新闻，也要重视不同民族和国家的神话、传奇、民间故事和文学经典。

罗伯特·麦基认为，创意故事的元素分为表层元素与深层元素两个层次。其中，表层元素包括角色、事实、行动、对话、情境；深层元素包括情感、隐喻、观念、主旨、意义。一个完整的故事包括节拍（动作/反应中一种行为的交替；这些变化的行为通过一个又一个节拍构筑了场景的转折；节拍是场景中最小的结构成分）、场景（在某一相对连续的时空中，通过冲突表现出来的一段动作，这段动作至少在可以感知的价值层面上，使人物生活中承受着价值的情景发生转折；理想的场景即一个故事事件）、序列（一系列场景，一般为两到五个，场景的冲击力呈递增趋势，直到最后达到顶峰）、幕（一系列序列的组合，以一个高潮场景为顶点，导致价值的重大转折，其冲击力要比所有前置的序列或场景更加强劲）、故事高潮（故事是一系列幕的组合，渐次构成一个最后的幕高潮，即故事高潮，从而引发出绝对而不可逆转的变化）。一个完整的故事包括 1～3 个幕剧，2～5 个序列，40～60 个场景，若干个节拍。故事的类型按题材和背景可以分为爱情、历史、犯罪、战争、社会、史诗、体育、西部和动作 9 类；按制作特点和风格可以分为恐怖、传记、纪实、伪记录、音乐、科幻、动画、喜剧和幻想 9 类；按情节特点和主题可以分为成长、教育、考验、惩罚、救赎和幻灭 6 类。当然，这些主要类型还可以再分为次要类型，如喜剧分为恶搞、讽刺、情景、浪漫、荒诞、闹剧和黑色等细分类型。[②]

创意管理的故事开发是一种叙事学开发。所有的故事都有叙事，但不是所有的叙事都是故事。叙事学是有关故事的叙述结构、叙述方式、叙述载体、叙述主体和叙述接受的规律探讨。叙事作为人类具有自我意识的行为活动，经历了身体叙事、口语叙事、文字叙事、

---

① 拉毕格. 开发故事创意[M]. 胡晓钰，牛侃明，译. 北京：北京联合出版公司，2016：13.
② 麦基. 故事：材质·结构·风格和银幕剧作的原理[M]. 周铁东，译. 天津：天津人民出版社，2014：1-521.

图像叙事、声音叙事、信息叙事、数字叙事等不同手段和载体的演变。随着文化技术的发展和文艺形态的演进，叙事学出现线性叙事学、主题叙事学、空间叙事学、数码叙事学和位置叙事学等不同领域的学术转向。[1]故事包括故事人物、背景、冲突、高潮、对话和结局等基本要素[2]，创意管理的故事叙事包括故事结构、故事主题、故事主体、故事客体、故事环境、故事机制等内容。

第二节　创意故事的要素提炼[3]

一、创意故事的价值层次

　　创意产品分为形式层、材料层、内容层、场景层等不同层次。在创意管理过程中，生产端可以通过在创意产品的形式层进行外形设计、在材料层进行材质精选、在内容层进行故事驱动以及在场景层进行光晕再造来为创意产品添加功能价值和文化价值，最后通过在关系域引导创意产品的价值共生，从而在总体上完成创意产品的价值生成。具体而言，第一层次为形式层的风格塑造。从形式上讲，很多具有纯粹实用价值的日用品都可以通过外形的创意故事而获得一种时尚感，这种形式的设计元素涉及色彩、造型、声音等方面。第二层次为内容层的意义补充。文化价值的提升往往通过文化价值或人格原型的赋能而实现，意义的补充者通常包括创意中介甚至受众群体本身。第三层次为材料层的美感添加。材料本身是没有含义的，但是随着生活经验的积累，不同的材料会给人造成独有的审美认知。第四层次为场景层的体验再造。即使是同样的产品，被展示于不同的场地，其审美价值也会发生巨大的变化。第五层次为关系域的价值共生。在网络技术日益发达的当下，有关商品的营销信息会在互联网平台上快速传播，官方硬广、各类软文、用户评价、自媒体运营方评价充斥于各个传播圈层。虽然创意故事的开发主要体现在创意产品的内容层，但创意故事的开发流程可以贯穿创意产品的形式层、内容层、材料层、场景层和关系域的所有层次（见图5-1）。

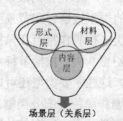

图 5-1　创意故事的价值层次

① 黄鸣奋. 位置叙事学：移动互联时代的艺术创意[M]. 北京：中国文联出版社，2017：5-9.

② 高琳，林宏博. 故事力：用故事决胜人生关键时刻[M]. 北京：中信出版集团，2020：41-53.

③ 本节部分内容发表于向勇，白晓晴. 审美经济视野下商品创意设计与品牌提升策略研究[J]. 广西民族大学学报（哲学社会科学版），2017，39（6）：8-14.

创意管理的创意开发包括素材积累、主题凝练、内容创意和产品研发，创意故事是创意开发的引擎，是创意生成的内容形态，也是创意产品价值存在的核心形态。创意故事的推广分为线性开发和网状开发。所谓创意故事的线性开发，指围绕创意素材和创意主题，根据创意个体、创意团队和创意组织的开发能力以及资源整合能力，从一个创意产品的开发运营到下一个创意产品的开发运营，这种开发模式有时间和逻辑上的递进关系。例如，某网络文学公司前期开发网络文学，后发行纸质图书，再拍摄动画和漫画，又制作电影和音乐剧，最后开发主题体验乐园。所谓创意故事的网状开发，指创意个体、创意团队和创意组织围绕创意素材和创意主题，结合强大的资源整合和产品运营能力，同时开发影视作品、图书作品、演艺作品和影视衍生品等的开发模式。但无论哪一种形式，创意故事的开发流程都包括故事素材的原型萃取、创意主体的价值提炼和创意消费的市场洞察。[①]

创意故事的素材元素孕育于文化资源和文化遗产之中，散落于民间传说、历史神话、民俗生活、名人逸事等乡野四处并与叙事更为宏大的殿堂艺术、国族历史相对照，进而寻找到故事母题的文化坐标和时代价值。素材萃取的艺术介入主体从当下人们有温度的生活方式出发，用一种持久而温和的手段实现创意活化。创意主体的价值提炼是从创意者视角出发，探寻创意者的价值追求。在更广大的人类社会和更深远的人类历史之中，这些价值追求被置换成人的意义探究和生命追求。创意消费的市场洞察是从人性的基本需求出发，回应人们对美感舒适、物超所值、困难解决、社交展示等的需求满足。创意故事的素材萃取、原型提炼和消费洞察三个维度，共同组成一套创意故事驱动系统，可以作为创意故事开发的操作工具。创意管理的行动起点就是运用故事驱动系统对文化资源和文化遗产展开评估，最终形成有利于文化资源持续开发的文化母题、故事原型和故事市场。

二、创意故事的素材萃取

创意故事能够有效地为创意产品添加文化价值。从根本上讲，创意管理的任务就是以创意产品意义层面的文化价值和物质层面的功能价值共同完成"造物"的过程。创意故事的素材来源包括文化积累、生活启发、自然灵光、艺术汲取和技术赋能等。

（一）文化积累

作为历史悠久的文明古国，文化积累是我国当代创意故事的特色与优势。传统文化和艺术不仅对于创意者而言是巨大的素材库，对于消费者而言也是一种民族化的审美基因。审美基因是当代中国人在中国传统文化的浸润下所拥有的一种普遍性审美偏好，它符合历史逻辑和心理逻辑，能够体现时代精神与普遍价值，包含能够反映当代社会集体无意识的内容。审美基因通常具有包容性、时代性与民族性，审美基因使中华民族具有相似的审美观，但又由于地域和民族的进一步细分，中华民族的审美观具有一定的多样性和丰富性，不同的审美偏好相互影响、和谐统一。创意故事需要在传统美学思想中寻找灵感和根基，

---

① 张庭庭. 人文品牌心法[M]. 台北：大块文化出版社，2013：1-256.

同时也需要满足中国人审美基因下表达出来的审美需求，以寻求产品主体价值和客体价值的统一。

（二）生活启发

在一定意义上，创意故事的开发需要创意者捕捉事物的本质，这种捕捉本质的能力来源于对生活的切实体验和深刻感悟。生活启发通常是人们从长久的生活阅历或偶然经历中获得的体悟。人类本身具有的来源于生活的情感就是可以超越视觉的、更深层次的通用语言，对生活的表现往往能唤起人们最普遍的情感认同。在跨文化的消费语境下，中国本土创意产品一方面向世界呈现了当代中国人平凡、生动的生活样式，另一方面也创造了一种审美的心理距离，使其他民族的欣赏者或消费者能够产生新奇的审美愉悦。关注和表现普通中国人的生活世界、人生愿望和审美情趣是设计捕捉生活本质的起点和归宿。

（三）自然灵光

自然灵光主要指自然万物为创意者带来的形态上的启发，也指创意者对自然事物进行的意义叠加，以点亮自然的形态创造新的意义。创意中的形指的是把现实中的形态通过特定的设计语言和法则，在理念和功能的支配下，组合成特定的空间结构，以传达一定观念和情感的图形。因此，自然万物是创意的附加意义，同时也是被意义附加的对象。

（四）艺术汲取

艺术汲取包括从古今艺术中汲取艺术形象、艺术语言和艺术风格等。对于艺术名作，当代设计可以从中汲取具有高辨识性的艺术形象和思想内容。对经典元素的汲取不仅能够解决创意来源的问题，还可以将创意作品的整体格调提高，创造一种贴近名作的艺术氛围，甚至能达到一种光晕再造的效果。艺术的手法和风格也是可以借鉴的重要内容。近年来，国内很多创意者尝试将中国传统水墨表现风格和艺术精神融入当代设计，在这种探索之中涌现出了一些具有代表性的创意者和设计作品。这种艺术汲取的手法是可行的，但是在水墨风格滥觞之后，这种风格几乎成为中国式创意狭隘的代名词。因此，创意者应该不限于使用中国画等传统艺术风格，而应转而寻求更多的融合与创新方式，用更巧妙的方式塑造当代中国设计风格。当然，这不是说水墨作为设计手法应该被当代设计摒弃，而是水墨等传统艺术手法要成为无数设计素材和设计手段之一，在表现设计主题的过程中，创意者可以多元化地选择和配合使用，完成创意故事的开发实践。

（五）技术赋能

技术与工艺是实现创意故事的临门一脚，再好的创新点子，如果技术和工艺无法实现，也是枉费心思。因此，创意故事的开发需要在技术能够实现的范围内进行。随着数字媒体技术的发展和企业设计经费的增加，越来越多的创意点子可以被实现。与此同时，虽然宏大的场景和纷繁的特效可以给人以震撼之感，但是很难给人以动人、巧妙或意外之感。情感的传达不需要过分复杂的技术手段，四两拨千斤的创意更容易在消费者的心中留下印记。因此，技术手段是好创意实现的保障，但是创意故事也不能过分依赖技术，二者在创意实践中要保持协调，在创意产品中实现高度融合。

总之，创意故事的素材来源以创意者的生活经历与知识信息为对象，包括历史文物、典籍文献、艺术工艺、节庆民俗、生活风尚等方方面面。创意故事的开发结果要满足H·O·S·E原则，即高价值（high value）、独创性（original）、意义感（significant）和煽情性（emotionally charged）的产品特性。[①]

三、创意故事的原型提炼

创意故事是创意产品的开发起点和整体价值的驱动力量，创意故事的开发表现在创意故事的原型提炼。荣格说："人生中有多少典型情境，就有多少原型，这些经验由于不断重复而被深深地镂刻在我们的心理结构之中。"他总结出出生原型、再生原型、死亡原型、智叟原型、英雄原型、大地母亲原型、太阳原型、月亮原型、动物原型等，但最主要的原型意象包括人格面具原型（persona）、阿尼玛原型（anima）、阿尼姆斯原型（animus）、智慧老人原型（wise old man）、阴影原型（shadow）和自性原型（self）六种。其中，人格面具代表人们在面对外部世界时所戴的面具，一个人在不同发展阶段、场景下有不同的人格面具；阿尼玛原型是象征男人内在的女性存在的原型意象，是男人身上少量的女性特征或女性情结，阿尼玛有夏娃、海伦、玛利亚、索菲亚四个发展阶段，作为夏娃的阿尼玛象征男人的母亲情结，作为海伦的阿尼玛象征男人的性爱对象，作为玛利亚的阿尼玛象征爱恋中的神性对象，作为索菲亚的阿尼玛象征男人的创造源泉；阿尼姆斯原型象征女人内在的男性特征或男性情结，阿尼姆斯有赫拉克勒斯、亚历山大、阿波罗、赫尔墨斯四个发展阶段，分别代表大力士形象、独立自主形象、有指导意义形象和充满灵感与创造性形象；智慧老人代表集体无意识中的智慧和知识或非凡的洞察力，是人类祖先适应环境积累的人格化原型表现形式；阴影原型表示人内心深处隐藏的、受压抑的、令人难堪的、无意识的心理状态；自性原型是统一、组织和秩序的整体原型，它把其他原型吸引到自己的周围并使它们处于一种和谐的状态，人的生命经历便是自性觉悟的过程。[②]荣格的原型类型可以作为宏观意义上的创意故事原型意象的分类依据。

在荣格原型概念的基础上，美国学者玛格丽特·马克（Margaret Mark）和卡罗·皮尔森（Carol Pearson）在研究了世界各大品牌之后，归纳出独立动机类、归属动机类、稳定动机类和征服动机类四大人格动机类型，具体归纳出十二种品牌故事原型：天真者（以简约、纯真、健康和简单为原型意象，如迪士尼品牌故事原型）、探险家（故事里探索发现的原型意象，如美国西部电影中的人物品牌故事原型）、智者（提供可信的资讯、知识或智慧，如麦肯锡品牌故事原型）、英雄（挑战、激励、战胜困难的勇气原型意象）、亡命之徒（反抗成规、把握危机、率性骄傲的原型意象，如哈雷摩托品牌故事原型）、魔法师

---

① 刘丽娜. 哈佛创意课[M]. 北京：中国法制出版社，2016：150-151.
② 荣格. 荣格文集：让我们重返精神的家园[M]. 苏克，译. 北京：改革出版社，1997：39-82.

（改变现状、创造奇迹的原型意象，如苹果品牌故事原型）、凡夫俗子（注重普通而日常，讲究实事求是，重视功能而非外形，如拼多多品牌故事原型）、情人（提供浪漫的感觉、联系和感官享受，如维秘品牌故事原型）、弄臣（帮助受众满足欢乐和幽默的原型意象，如卓别林品牌故事原型）、照顾者（安心、舒适、给受众以温柔安宁的原型意象，如强生品牌故事原型）、创造者（激发受众的创造力，如乐高品牌故事原型）、统治者（帮助受众建立权威感和领导力的原型意象，如劳力士品牌故事原型）。[①]故事原型被具体落实到创意产品开发的实践环节，成为文化品牌的故事原型，被运用于各个领域。不同的故事原型有不同的意义和层次，也会采取不同的行动策略。

故事原型具体运用于品牌建构、IP（知识产权）塑造等创意管理的实践中，业界人士对此进行了进一步的改进。张庭庭将故事原型聚焦于创业人士的价值情怀并把这些价值情怀分为对梦想的热情、对族群的关怀、对自然的虔敬、文化传承期许、价值观的坚持、儿时记忆投射、人生际遇体悟、特殊专业组合、生活风格提案、创意美学主张十种情怀类型。[②]在罗伯特·麦基看来，故事思维就是以核心价值观为坐标解读每个故事，将故事原型置于成功/事变、真实/谎言、忠诚/背叛、爱/恨、正确/错误、富足/贫穷、生/死、勇敢/怯懦、力量/软弱、自由/奴役、兴奋/厌倦等对立冲突之中，只有让价值观受到挑战，事件才有意义，情感才自然流淌。在故事的最后，意义不仅诞生自理性理解，更源自情感的共鸣。[③]

创意产品的故事原型能实现创意的跨界创新与价值共生。故事原型作为人所共感的情绪、共通的情感和共享的情结，伴随着古今中外的人类演进，广泛地存在于神话传说、历史传奇、寓言传喻和民间传言之中。陈格雷结合品牌形象与文化符号之间的对应关系，将故事原型分为九种原型意象。第一种为有缺陷的人与神奇伙伴的原型意象，代表品牌有《精灵宝可梦》（小智与皮卡丘）、《哆啦A梦》（大雄与哆啦A梦）、《超能陆战队》（小宏与大白）、《花生》（查理·布朗及史努比），包括有缺陷的人、神奇的伙伴、典型成长情境等。第二种为人性本真日常生活者的原型意象，代表品牌有《樱桃小丸子》《蜡笔小新》《小猪佩奇》《加菲猫》，真人剧则包括《生活大爆炸》《老友记》等，包括人性本真状态的夸张化主角、很基本的日常生活状态、主观化情境等治愈系原型。第三种为对抗恐惧化身的原型意象，代表品牌有《哥斯拉》《进击的巨人》《侏罗纪公园》《奥特曼》《喜羊羊与灰太狼》等，包括被恐惧的象征所包围、"胜利只是暂时，对抗永无停息"等代表恐惧力量的品牌原型。第四种为和自己的阴影作战的原型意象，代表品牌包括《变形金刚》《哈利·波特》《星球大战》《猫和老鼠》《熊出没》《哪吒》等，具有如下特征：要么是大反派亦正亦邪，要么是正派堕落，或者是正邪难分，反派有转为正派的可能。第

① 马克，皮尔森. 很久很久以前：以神话原型打造深植人心的品牌[M]. 许晋福，等，译. 汕头：汕头大学出版社，2003：57-269.

② 张庭庭. 用心打造人文品牌[EB/OL].（2017-02-08）[2022-04-11]. https://www.aurora.com.tw/aurora-monthly/532/0h03934811 6353015496.

③ 麦基，格雷斯. 故事经济学[M]. 陶曚，译. 天津：天津人民出版社，2018：39-62.

五种为寻找圣物的寻宝团的原型意象，代表品牌有《西游记》、古希腊神话中的金羊毛探险队、《夺宝奇兵》、《海贼王》等，具有如下特征：寻找的东西必须有某种神圣的内涵，寻找者必须有坚定、天真的信念，寻找过程是自我的超越。第六种为无名小卒被选为救世英雄的原型意象，代表品牌有《黑客帝国》《超人》《蜘蛛侠》《哈利·波特》《星球大战》等。第七种是王者归来的原型意象，故事主角一开始就知道自己的来历，但被各种原因所压制或放弃，最终重整旗鼓，恢复信念和能力，重新站在世界之巅，代表品牌包括《大圣归来》、《狮子王》、《魔戒》中的阿拉贡王子、《角斗士》等。第八种为天真无邪大获全胜者的原型意象，代表品牌包括《阿甘正传》《帕丁顿熊》《怪物史莱克》《灰姑娘》《白雪公主》等。第九种为悲情英雄救赎的原型意象，代表品牌包括切·格瓦拉、唐·吉诃德、关公以及梁祝、牛郎织女、孟姜女、白蛇传等民间传说等，故事主角有足够强大的信念，具有超越世俗的价值追求，将死难变为救赎的转化仪式。[①]创意故事要与宏大的文化母题、价值观念相结合才能产生强大的原型价值。

创意因故事而生动，故事因原型而恒久。有业界人士把故事的母题总结为爱情、生命、美德、尊敬和个性五个人类永恒的母题，显示了人类的终极关怀和最高价值。爱情是亘古弥新的人类母题，无论是经历平淡的坚守、磨难的考验，还是经历真爱的坚持、浪漫的热烈，爱情都充满令人感动、愉悦、快乐的情感魔力，它是中外文艺作品、产品品牌表现得最多的母题类型。生命是人得以存在的基础，热爱生命、尊重生命是人的普遍情感，路易·威登（Louis Vuitton）创办的LV品牌就彰显了生命是一场旅行的生命母题。美德是人与动物的根本区别，善良、仁德、谦逊、坚韧是人类共有的品质。尊重是社会文明的象征，是人有修养的行为表现，是人的生活品位和与他人交往的礼节。2021年，国际奥林匹克委员会（IOC）将奥林匹克格言在"更快、更高、更强"的基础上增加了"更团结"，表达了人类彼此尊重、互相团结的人类母题。个性是人独一无二的自我存在，是人的精神面貌、心理特质的自我标签，是独特另类、别开生面的人类母题，哈雷摩托品牌就代表了自由、独特的个性价值。[②]

四、创意故事的消费洞察

创意具有新奇性和商业性相结合的价值形态，创意故事的开发要满足受众的消费需求。张庭庭指出，人的消费分为三个层次，即生存层面的突破、生活境界的探索以及生命视野的开拓。具体而言，生存层面的消费诉求是功能需求，如感官、质量、工法；生活境界的消费诉求是美感体验，包括设计、创意和情感等内容；生命视野的消费诉求是分享理念，包括价值、文化、信仰等。如果创意产品仅仅停留于功能需求层面，消费者的反馈就是一种物质消费；当创意产品上升到理念分享时，物质消费就会随之变成心灵消费。[③]创

① 陈格雷. 超级IP孵化原理[M]. 北京：机械工业出版社，2020：152-161.
② 李光斗. 故事营销[M]. 北京：机械工业出版社，2019：43-82.
③ 张庭庭. 手艺品牌的人文心法[J]. 中华手工，2018（Z1）：82-85.

意产品具有功能价值和文化价值，分别对应了受众的生理需求和精神需求，而创意故事满足的是受众的精神需求，是一种文化需求。一般而言，文化消费分为知识、资讯、娱乐和审美等不同层次的消费类型，包括基础型文化消费和超越型文化消费。其中，基础型文化消费包括资讯消费、休闲消费、娱乐消费等初级层次的文化消费；超越型文化消费包括知识消费、教育消费、审美消费等高层次的文化消费。在这里，创意故事满足的是超越型文化消费需求。

创意故事满足的是消费者自我投射的需求。在创意故事的体验过程中，消费者把自己代入故事情节，投身为故事角色（往往是故事中的主角），经历故事角色之旅。因此，创意产品的开发要注重受众的感同身受和同理心的感情移入，让受众体验故事中的英雄之旅，让受众在故事体验的过程中完成"自己成为英雄"的心理仪式。创意故事强化受众视角，满足受众隐秘的本我欲望，为受众营造出一种感官真实的故事体验。[①]

创意故事的消费是一种叙事性建构消费。叙事是发生在一定时间和空间之中具有因果关系的一连串行为或事件，或情节为达到特定效果而呈现的故事内容方式。故事叙事强调故事的结构化呈现，而这种结构化呈现具有历时性和共时性的因果逻辑。创意的故事叙事好比电影的剧情叙事，"剧情以人物作为因果关系的中心而展开；推动叙事的重要特征通常是欲望，同时还是一种对立力量，是制造冲突的对立面；主要由心理因素引发的剧情因果链几乎是所有叙事事件的动机；多采用'客观化'叙事技法；大多数影片呈现一个封闭性结尾"[②]。叙事具有明显的开端、发展、高潮和结局。彭吉象指出，故事的叙事性具有鲜明的线性结构，情节之间互为因果；按照戏剧冲突律来组织和推进情节并采取强化的方法；大量采用悬念、巧合、误会、偶然性等造成紧张、剧烈的戏剧动作和情境；强调以情动人的情节剧特点。故事叙事追求人物的类型化，具有唯美主义审美倾向。[③]人的消费行为就是故事讲述，消费者也是故事讲述者。围绕消费者的所想、所用、所做，创意产品通过故事和故事场景实现产品化，是通过故事实现了创业者和消费者、消费者理性需求与情感需求之间的共同体体验和价值连接，从而满足消费者的价值观和期望。[④]

创意故事的消费是一种审美认同消费。德国接受美学家汉斯·耀斯（Hans Jauss，1921—1997）认为，受众对创意作品有一种"期待视野"并总结了审美认同的五种模式：① 联想式认同（associative identification），指"通过在某一戏剧行为的封闭想象世界里充当某一角色而十分清楚地实现自身那种审美行为；② 倾慕式认同（admiring identification），不涉及文本的喜剧或悲剧效果，是由"榜样的完美来界定审美态度"；③ 同情式认同（sympathetic identification），促使读者"将自己投入一个陌生我的审美情感"；④ 净化式认同（cathartic identification），受众从社会生活的切身利益和情感纠葛中解放出来，"使得心灵和头脑通过悲剧情感或者喜剧宽慰而获得解放"；⑤ 反讽式

① 汪献平. 电影叙事视角与观众欣赏心理[J]. 湛江师范学院学报，2005，26（1）：41-47.
② 鲍德威尔，汤普森. 电影艺术：形式与风格[M]. 彭吉象，等，译. 北京：北京大学出版社，2003：97-98.
③ 彭吉象. 影视美学[M]. 北京：北京大学出版社，2019：86-97.
④ 莱戈布鲁，麦科尔. 故事场景摩天楼[M]. 师蓉，译. 北京：中国人民大学出版社，2015：13-177.

认同（ironic identification），是"一种意料之中的认同呈现在观众或读者面前，只是为了供人们拒绝或反讽"。①耀斯的这五种审美认同模式代表了受众对创意故事由近及远的接受程度。

故事是个体经验与他人和社会之间的情感化沟通方式，促成了个人的生命世界与外在的社会世界的转化。创意故事的消费关系包括个人生命世界、产品消费世界与社会世界的统合，构成了创意故事的生活世界。"生活世界"是"美真统一""人物一体"的世界，来自奥地利现象哲学家埃德蒙德•胡塞尔（Edmund Husserl，1859—1938）的现象学概念，指现实具体的周围世界。尤尔根•哈贝马斯（Jürgen Habermas，1929—）在此基础上总结出"生活世界"是由文化、社会和个性三种要素构成的。创意故事通过文化更新、社会整合和创意个体的社会化实现"生活世界"的再生产。②随着跨媒介技术的迅猛发展、产销一体化的协同深化，故事使创意者、内容文本和接受者之间的关系越来越紧密，甚至形成一种新的世界形态。创意的故事世界是现实中的可能世界与想象中的虚构世界的结合。创意产品通过故事作为世界的转化，将个人故事、产品故事与生活故事整合为故事世界。故事世界是被故事唤醒的精神世界。③创意故事世界具有沉浸式、参与性、史诗感、复杂性等特征。④

第三节　创意故事的开发流程

一、创意故事的收集

最好的创意故事来源于生活现场。美国创意写作专家丹提•W. 摩尔（Dinty W. Moore，1955—）总结了故事收集的各种方法，包括调研客户分布，开展情境调查，与目标人群交谈和观察（或倾听）他人的访谈，通过搜索日志、服务器日志和客户服务记录等大数据分析，以培训和销售演示的方式开展市场调查，收集态度数据，组成焦点小组，畅所欲言，运用关键事件技术和田野观察，等等。⑤

从表面来看，故事收集的方法与一般研究方法无异。但是，故事收集侧重于感性交流、形象描述，故事收集者采取安静倾听和细致观察的方式，特别注重访谈对象那些具有言外之意、话外之音的谈话内容。在倾听的时候，故事收集者听到的不仅仅是说话者讲出来的内容，还有他们的表达方式，如眼神、手势，甚至是避而不谈、欲言又止的内容。台湾奥美广告公司为宜家（IKEA）拍摄了一个非常感人的故事广告片。整个故事围绕幕后设计

① 耀斯. 审美经验与文学解释学[M]. 顾建光，顾静宇，张乐天，译. 上海：上海译文出版社，2006：201-223.
② 田润锋. 哈贝马斯的生活世界理论[J]. 人民论坛，2014（23）：200-202.
③ HERMAN, DAVID. Basic Elements of Narrative[M]. Chichester: Wiley-Blackwell, 2009: 105.
④ 白晓晴. 基于故事世界共创的影视版权价值开发研究[D]. 北京：北京大学艺术学院，2019：40-42.
⑤ 摩尔. 故事处方[M]. 袁婧，译. 北京：中国友谊出版公司，2019：1-214.

师与槟榔摊主的一问一答展开，将画外音的开篇和结尾落在这样的日常问题上：养活了几个小孩——4 个子女和 2 个孙子，共 6 个小孩，传达出生活的艰辛与温情。随着一问一答的展开，设计人员妙用宜家家具，使小小的槟榔摊变成舒适、方便的温暖空间，让摊主欣喜落泪。这个来自日常生活的广告故事充分展现了"宜家给梦想实现的空间"的品牌价值。

故事收集的过程要求提高创意者的动手能力，通过文字、绘画、摄影、录像等手段做好记录。故事收集特别注重对审美人类学的运用。审美人类学是一种参与式田野调研方式，故事收集者与调研对象充分互动，深入他们的日常生活，参与他们的生活世界。故事收集的结果不是量化的数据，不是通过问卷调研征集的态度偏好特征，而是更多的田野报告、用户画像关键词和价值标签。通过定性描述、关键词呈现，刻画出故事对象的行为方式、心理特征、思维方式和价值观念。

创意故事收集的问题访问要从一个导入开放式讨论的轻松的问题开始，对这个问题，被访者可以用"是"或"不是"来回答。访谈者要启发被访者以细节描绘的方式展开问题回答，能在描述中形成一种画面感。创意故事收集的结果就是从大量文字数据、图像材料中找到故事并通过经典文献、网络大数据等信息比较，增强故事的可靠性，最终将故事合并为一个特定的叙事结构，包括人物角色、地点、事件、动机等要素。

二、创意故事的整合

创意故事的整合是一个抽象思维和具象思维交互作用的过程，包括文化原型萃取、创意元素提取、创意物化赋形、创意符号衍生等环节。首先，收集与创意故事有关的角色、冲突、地点、梦想、价值观等，完成原型萃取。其次，为文化原型和故事要素找到具体的文化元素，让无形的故事具象化、有形化、具体化，找到用于创意设计的具体元素，如某件物品的图案、某句对白的关键词、某个人物的手势等。再次，创意物化赋形这个有形化的物化过程就是选择第一种创意产品的形式的过程。例如，同样是表现两岸分别数十年的凄美、温暖的爱情故事，我国台湾戏剧导演赖声川以《暗恋桃花源》舞台剧的形式表现，而法蓝瓷以"让爱被看见"为主题的陶瓷形式表现。最后，创意符号衍生就是通过产品化实现版权化，将创意符号以知识产权的形式在不同的业态、行业和产业之间实现跨界创新、多元演绎、商业变现。

创意故事的整合采用形象思维，多用迪士尼故事板法。创意故事有四个要素需要关注：① 故事的受众，即创意故事的接受对象；② 故事的成分，即创意故事包括的具体元素；③ 故事的结构，即创意故事的组合方式；④ 创意的媒介，即创意故事的传播渠道。故事是故事创作者、故事文本和故事受众之间的情绪、情感和情结互动，故事成功的关键是故事受众受到感染、被感动，乐意将这个故事讲述给他人，实现故事的再传播。故事创作者、故事和故事受众之间的联系不是仅仅通过故事形成的单线连接，而是通过创意故事的载体，形成了故事创作者与故事受众，甚至故事受众彼此之间更大的社会连接，建构了故事关系域和故事世界。在这里，个人的生命实践、产品的消费世界和社会的生活世界都通过故事建构形成一个整体世界。故事的讲述方式包括第一人称、第二人称、第三人称以及第一人称和第三人称结合等方式。其中，现实型故事常用第三人称，更显客观，是一种全知视角；自白型故事为第一人称，虽主观但有感情，是一种内视角；印象型故事常结合第一人称和第三人称，将主观感情和客观观察相结合。第二人称比较少见，常常用于实验型故事的讲述，往往比较有代入感，但也有一定的强制性，是一种外视角。

摩尔认为，创意故事的整合元素要考虑以下因素。第一，整合的视角，它取决于故事创作者的目标，如受众目标、市场目标、销售目标，这些目标会影响故事价值的选取。第二，整合的人物，这些人物可以是真实角色，也可以是虚构角色，甚至可将动物、植物、物件拟人化，但一定要有鲜明的形象特征。第三，整合的情境，包括真实情境、情绪情境、感官情境、历史情境和记忆情境等不同类型，让故事在现实生活、真实环境、情绪表达、感官感知、历史事件和文化记忆等不同的情境中发生。第四，创意的形象化，创意故事一定要形象化、具象化，要呈现细节性、有画面感的描述。第五，整合的语言，要有与角色合适的语言、适当的语调，要有符合角色的特定言语，要有主动、专注的个性语言，不发表评价性语言。[①]

创意故事的整合结构常用好莱坞经典叙事结构，即三幕剧结构：第一幕，营造出主角的日常生活；第二幕，主角展开某项任务，以必要性作为首要考量因素，目标是克服危机；第三幕，主角展开替代计划，受到启发而顿悟，以选择为基础，目标是完成真正的使命。罗伯特·艾伦（Robert Allen）、道格拉斯·戈梅里（Douglas Gomery）认为，经典好莱坞叙事结构"这个术语指电影元素的一种特定组成范式，整体功能是以一种特定的方式讲述一个特定类型的故事，叙述的故事包括一条连续的因果链，动因是某个角色的欲望或需求，通常的解决方式是满足那些欲望或需求。故事中不能引用分散人们对叙事段落的注意力的东西，故事只能在影片开头提出的问题被解答后结束，影片中所有电影元素都服务并从属于叙事"[②]。好莱坞经典叙事严守三一律（时间、地点和情节），具有鲜明的情节冲突。好莱坞三幕剧对约瑟夫·坎贝尔英雄之路神话叙事范式的影像适用。此外，在三幕剧叙事结构的基础上，还可以采取开放式结构、系列化结构、多层次结构等不同的结构形式。

创意故事的应用领域包括口语故事、文字故事、图像故事和全媒体故事等不同媒介形态。第一，创意故事的起点是口语故事，需要对角色的语言、声音进行润色，需要听觉的画面感。第二，文字故事强调文字的多元表达，如故事题言、宣传语、故事墙、故事推广体等不同形式的故事，要用 5 个字、10 个字、200 个字和 2000 个字等不同的文字数量灵活地表现故事的精髓。第三，图像故事，注重视觉的画面感，通过绘本、插画、漫画、动画、摄影等形式展现故事。第四，全媒体故事，以影视剧、网络短视频等形式，通过文字、图片、声音的组合，以立体化、多屏化、互动性的方式展现故事。

互联网技术、人工智能技术增强创意故事的交互性。美国创意设计专家凯蒂·特金巴

---

① 摩尔. 故事处方[M]. 袁婧，译. 北京：中国友谊出版公司，2019：75-162.

② 艾伦，戈梅里. 电影史：理论与实践[M]. 李迅，译. 北京：北京联合出版公司，2016：1-424.

斯和埃里克·齐默曼（Eric Zimmerman）根据受众在互动系统的涉入程度将交互性分为认知交互性、功能交互性、直接交互性与文化交互性四个层次。[①]创意故事在人的身心互动、人机互动和人际互动等不同层次中，在人的体感交互、行为交互和心理交互中都发挥了重要的作用。创意故事作为一种交互性体验呈现，实现了创意扩散和价值涟漪效应。总之，创意故事要根据目标创意产品的价值特性和受众需要，形成独特、新颖的创意内容和文化定位，最终实现故事赋能的创意价值综合开发效应。

 **本章小结**

　　故事产生于对自我意识与时间意识的冲突所带来的混沌和恐惧而进行的一种自我救赎。故事是一系列表现人物性格、有因果联系、与展示主题相关的活动事件。故事开发不只是文学艺术层面的故事创作，更是产业经济层面的故事驱动。创意管理的故事开发过程也就是故事价值的全产业链驱动过程。创意管理的故事开发是一种原型开发，创意故事呈现了特定的文化品格、情感价值、象征系统和人格原型。创意故事形象鲜明、情节冲突，具有将情绪感知、情感连接和情结认同内置于创意产品的文化价值。创意故事的源头既要重视创意者的个人经历、家庭生活、梦境想象和身边发生的社会新闻，也要重视不同民族和国家的神话、传奇、民间故事和文学经典。创意故事的元素分为表层元素与深层元素两个层次：表层元素包括角色、事实、行动、对话、情境；深层元素包括情感、隐喻、观念、主旨、意义。所有的故事都有叙事，但不是所有的叙事都是故事。叙事学是有关故事的叙述结构、叙述方式、叙述载体、叙述主体和叙述接受的规律探讨。

　　创意故事的开发主要体现在创意产品的内容层，但创意故事的开发流程可以贯穿创意产品的形式层、内容层、材料层、场景层和关系域的所有层次。创意管理的创意开发包括素材积累、主题凝练、内容创意和产品研发，创意故事是创意开发的引擎，是创意生成的内容形态，也是创意产品价值存在的核心形态。创意故事的素材元素孕育于文化资源和文化遗产之中，散落于民间传说、历史神话、民俗生活、名人逸事等乡野四处并与叙事更为宏大的殿堂艺术、国族历史相对照，进而寻找到故事母题的文化坐标和时代价值。创意故事的素材来源包括文化积累、生活启发、自然灵光、艺术汲取和技术赋能等。创意故事的开发结果要满足 H·O·S·E 原则。创意故事是创意产品的开发起点和整体价值的驱动力量，创意故事的开发表现在创意故事的原型提炼。玛格丽特·马克和卡罗·皮尔森归纳出独立动机类、归属动机类、稳定动机类和征服动机类四大人格动机，具体归纳出十二种品牌原型。创意产品的故事原型能实现创意的跨界创新与价值共生。创意具有新奇性和商业性相结合的价值形态，创意故事的开发要满足受众的消费需求。创意故事满足的是消费者自我投射的需求。创意故事的消费是一种叙事性建构消费。创意故事的消费是一种审美认同消费。故事是个体经验与他人和社会之间的情感化沟通方式，促成了个人的生命世界与外在

① SALEN, ZIMMERMAN. Rules of play: Game design fundamentals[M]. London: The MIT Press, 2004: 59-60.

的社会世界的转化。

最好的创意故事来源于生活现场。故事收集侧重于感性交流、形象描述，故事收集者采取安静倾听和细致观察的方式，特别注重访谈对象那些具有言外之意、话外之音的谈话内容。故事收集的过程要求提高创意者的动手能力，通过文字、绘画、摄影、录像等手段做好记录。创意故事收集的问题访问要从一个导入开放式讨论的轻松问题开始，被访者可以用"是"或"不是"来回答。创意故事的整理是一个抽象思维和具象思维交互作用的过程，包括文化原型萃取、创意元素提取、创意物化赋形、创意符号衍生等环节。创意故事的整理采用形象思维，多用迪士尼故事板法。创意故事的整合结构常用好莱坞经典叙事结构。创意故事的应用领域包括口语故事、文字故事、图像故事和全媒体故事等不同媒介形态。互联网技术、人工智能技术增强创意故事的交互性。

思考题

1. 创意管理视野下的创意故事具有哪些应用价值和领域？

2. 试分析情绪、情感和情结等因素在创意故事中的表现方式。

3. 如何构建创意故事的素材来源、文化原型和目标受众之间的关系？

4. 运用创意故事的收集方法和流程撰写一个自己身边的故事。

5. 针对不同的媒介形式和适用范围，结合一个具体的创意产品，分析该产品的创意故事是如何展现的。

案例分析

"蝴蝶妈妈"是苗族神话传说中的苗人祖先，是苗族同胞的精神图腾。2008 年，贵州黔东南苗族侗族自治州的苗族人吴佳莹创办了"蝴蝶妈妈"文创品牌，后来在雷山县西江千户苗寨景区创办了"蝴蝶妈妈"植养美学酒店。她将苗族文化中的植养理念与生活美学概念融为一体，将苗族人日常生活中的树竹、花果、根茎草叶等 77 种极具苗族文化代表性的植物元素布置在酒店的家具、灯饰、壁画等处，结合苗族器型特异的银饰、色彩斑斓的刺绣、纹样淳朴的蓝染和形式多样的传统器物，通过空间讲述植物药性、风俗典故和神话传说等苗家故事。吴佳莹认为，苗族被誉为"草叶上的民族"，苗山的植物用途多样，可入菜、入药、入茶、入浴、入诗、入画，亦可吃、可穿、可用、可赏、可玩。她聘请了苗族文史专家韦文扬、苗药专家袁涛忠、文创策划人张庭庭等提供专业指导并结合自己的生活经历，最终形成 77 个与现代人产生情感连接的主题故事。吴佳莹一直怀有对苗族文化的自豪感，大学期间接受了艺术设计的专业训练，毕业后先后在广州、深圳等地工作，创业初期向村民定制首饰工艺品到广州销售，后来在家乡创办工艺品加工厂，陆续开发出苗族饰品、箱包和服饰等民族创意产品，推出"公司+农户"的经营模式。她积极培训当地工匠、绣娘等地方手艺人，多次参加国内外展会，将产品销售到欧美、日本和东南亚等国家和地区。2012 年，吴佳莹在凯里民俗风情园开园创办"蝴蝶妈妈"生活馆，生活馆的衣食用度都紧扣苗族的故事主题，整个空间充溢着浓郁的苗族文化氛围，如经典的苗家风雨桥、蛋形的展柜陈设，蜡画手法绘制的苗族古歌故事墙面，银饰、蜡染、造纸、豆腐和土陶等苗家风物的现场手作，这些都让游客们亲身体验到苗族故事的日用之美。①

【思考】

结合以上材料，讨论民族文化创意故事的开发过程及其应用领域。

 本章参考文献

1. 达摩达兰. 故事与估值：商业故事的价值[M]. 廖鑫亚，艾红，译. 北京：中信出版社，2018.

2. 麦基，格雷斯. 故事经济学[M]. 陶曚，译. 天津：天津人民出版社，2018.

3. 摩尔. 故事处方[M]. 袁婧，译. 北京：中国友谊出版公司，2019.

4. 荣格. 荣格文集：让我们重返精神的家园[M]. 苏克，译. 北京：改革出版社，1997.

5. 坎贝尔. 千面英雄[M]. 黄珏苹，译. 杭州：浙江人民出版社，2016.

6. 刘丽娜. 哈佛创意课[M]. 北京：中国法制出版社，2016.

7. 拉毕格. 开发故事创意[M]. 胡晓钰，毕侃明，译. 北京：北京联合出版公司，2016.

8. 麦基. 故事：材质·结构·风格和银幕剧作的原理[M]. 周铁东，译. 天津：天津人民出版社，2014.

9. 黄鸣奋. 位置叙事学：移动互联时代的艺术创意[M]. 北京：中国文联出版社，2017.

10. 张庭庭. 人文品牌心法[M]. 台北：大块文化出版社，2013.

11. 马克，皮尔森. 很久很久以前：以神话原型打造深植人心的品牌[M]. 许晋福，等，译. 汕头：汕头大学出版社，2003.

12. SALEN K, ZIMMERMAN E. Rules of play: game design fundamentals[M]. London: The MIT Press, 2004.

---

① 王婕. "蝴蝶妈妈"带民族文化飞出大山[J]. 中国妇女，2016（10）：18-19.

第六章

创意场景的结构与构建

澄观一心而腾踔万象，是意境创造的始基，鸟鸣珠箔，群花自落，是意境表现的圆成……艺术的境界，既使心灵和宇宙净化，又使心灵和宇宙深化，使人在超脱的胸襟里体味到宇宙的深境。[①]

—— 宗白华

 学习目标

通过本章的学习，学生应了解和掌握如下内容。
1. 场景的概念、创意场景的层次与内涵。
2. 气氛美学、元气思维与气氛制造的含义。
3. 创意场景的文化元素、舒适物与构建模式。

第一节　创意场景的内涵与结构

"场景"的本义是场面，原指戏剧、影视剧中一个特定空间里连续发生的行动和事件。场景强调日常生活性和身心感知性。创意具有很强的扩散效应，但创意生成的过程是无形的，创意管理面对创意的复杂性和多样性特征，需要通过一种媒介和手段来转化。创意巧思从一个原初概念到创意产品，从创意版权到创意品牌，最后产生巨大的创意经济效益和创意社会价值，这些都离不开场景。互联网语境重新定义了场景的内涵与机制。场景是一种基于互联互通技术、人们的时间与空间同时在场的生活方式和价值形态，移动互联网技术塑造了场景经济。因此，场景成为创意管理的重要对象，创意场景成为创意管理的主要职能之一。

---

① 朱光潜，宗白华. 双美集[M]. 北京：天地出版社，2019：271.

一、场景及其相关概念

场景（scenescape）是一个复杂的概念，与之相关的概念包括环境（environment）、空间（space）、元气（vitality）、风景（landscape）、声景（soundscape）、心景（soulscape）、意境（mindscape）、意象（image）、气氛（atmosphere）、气象（meteorology）等。"环境"是人类生存和发展的各种外部条件和要素的总和，包括自然环境和社会环境，分为微观环境、中观环境和宏观环境或者生活环境、工作环境、学习环境等，是一个经常被借用的词语，适用范围非常广泛。"空间"本义上是与时间相对的概念，广义的空间指宇宙空间所囊括的各种空间形态，是物质运动的载体。"元气"原本指人体器官与组织的活动功能，后来衍生为一个非常重要的中国哲学概念，指天地万物运动的初始状态。

"风景"指风光景色，也有人将 landscape 译为"景观""风景园林""地景"等。但有人认为"景观"不太准确，因为"景"在《说文解字》里是"光"的意思，因为有光就有阴影，有阴影就能够看到相关物体的投影。"观"字在《说文解字》中被解释为"谛视"，即凝神定视。因此，"景观"更多地强调人的主观心理状态，不太符合 landscape 主客一体的状态。也有人认为翻译成"风景"也不好，只强调风光，而忽视了审美的意义。"声景"指通过声音营造出一种景别、景致或景象。"心景"即心灵的景观。自然文学家常用"风景""声景""心景"等概念描述自然文学的三维景观。人们在阅读自然文学或领略自然山川时，风景、声景与心灵的作用使得心景涌现，展现自然和心灵的动静结合之美。[①]

"意境"指一种审美的境界，具有"虚实相生、意与境谐、境生象外，追求象外之象、韵外之致"的审美特征。[②]对于"意境"的英文，艺术理论学者彭锋主张翻译为"mindscape"，[③]但这个译法与"心景"相似，似乎无法准确地传达出主客一体的审美状态。"意象"是审美的对象，是主观之"意"与客观之"象"的结合，"象"是事物外在的属性，"意"是主体观看外物所传达出来的主观情绪和情感状态。著名美学家叶朗认为，"美在意象"，美是一种主客契合、情景交融的状态。"气氛"本指云气运行的状态，后来专指心理状态或精神氛围。"气象"（meteorology）即大气的自然现象，后来被引申为人的气度和气质。

二、创意场景的层次与内涵

总体而言，创意场景的概念可以从故事场景、生活场景、空间场景、体验场景等不同层次进行理解。

---

① 程虹. 自然文学的三维景观：风景、声景及心景[J]. 外国文学，2015（6）：28.

② 叶朗. 美学原理[M]. 北京：北京大学出版社，2009：267-275.

③ 彭锋. 现代意境说辨析[J]. 北京大学学报（哲学社会科学版），2018，55（1）：133-143.

（一）故事场景（story scene）

文学艺术、影视戏剧描述的场景是一种身临其境的真实体验，是故事的重要构成要素。按照罗伯特·麦基的理论，故事场景就是一个画面、场面或者一种情景。场面和情景指的是在戏剧或者影视中，在某一相对连续的时空当中，通过冲突表现出来的一段完整的动作。这段动作至少在一个重要程度可以感知的价值层面上，是人物生活中负荷价值的情境发生转折。理想的场景即一个故事事件。[①]故事场景具有内隐场景和外显场景。对于影视戏剧中的故事场景，动作、对白、人物的表情是场景的外显层面，而情绪冲突、情感宣泄和价值感知是场景的内隐层面。因此，创意场景首先是一个影视戏剧层面上的故事场景，包括与故事有关的人物、主题、结构、场面和对白等要素。这个意义上的故事场景强调场景的叙事性和可视性。

（二）生活场景（living conditions）

生活场景是互联网语境下的场景内涵，是指移动互联网时代人们互联互通、线上线下相连的一种新的生活方式、生活情境、生活状态。面对互联网时代的生活者，场景是互联网影响下的连接方式，包括时间、人物、地点和事件等要素。场景的本质是人人连接的价值交换，是新生活方式的价值形态，是"互联网+生活服务"的价值实现。吴声认为，互联网时代的生活场景有四大核心要素：第一是体验美学，场景的体验价值包括感官体验、情感体验和精神体验，但都表现为一种审美体验。第二是空间链接，是线下的"在场性"与线上的"在线性"的虚实空间的组合。第三是社群，场景具有"既松又紧"的社交黏性。第四是数据主义，场景通过数据精准匹配用户需求。[②]

到目前为止，"互联网+"经历了三个阶段，即"通信互联网+大众传播"的传媒宣传阶段、"移动互联网+生活服务"的电商营销阶段以及"智能互联网+生产服务"的产业互联网阶段。互联网语境下的生活场景的本质是连接，是基于人工智能技术、5G技术、大数据技术等所呈现的生活连接。这种连接是一种价值交换的新方式，实现了生产价值和消费价值的统一，实现了从物质价值、生理价值到精神价值、社交价值的升级。生活消费场景是移动互联网时代的核心，发挥大数据、移动设备、社交媒体、传感器、定位系统"场景五力"的联动效应，打通现实生活世界与虚拟生活世界的连接。[③]

（三）空间场景（scenescape）

这是空间意义上的场景观念，是一种场景营造的新空间发展理念。美国新芝加哥学派人物特里·尼科尔斯·克拉克（Terry Nichols Clark）和丹尼尔·西尔（Daniel Silver）在思

---

① 麦基. 故事：材质·结构·风格和银幕剧作的原理[M]. 周铁东，译. 天津：天津人民出版社，2014：30-42.
② 吴声. 场景革命：重构人与商业的连接[M]. 北京：机械工业出版社，2015：65-126.
③ 斯考伯，伊斯雷尔. 即将到来的场景时代：大数据、移动设备、社交媒体、传感器、定位系统如何改变商业和生活[M]. 赵乾坤，周宝曜，译. 北京：北京联合出版公司，2014：9-26.

考"空间如何塑造品质生活"的城市空间发展问题时,构建了一套"场景"理论。他们认为,场景是一种特定活动的共同兴趣,强调特定地点的某种特质,更是一种关于地方(place)的美学视角。嵌入的意义使场景成为可能,美学直觉加上由欲望转化而来的活动和舒适物(amenities),使人们能够更加清楚地分辨不同场景。场景是一个地方的整体文化风格或美学特征。[①]克拉克和西尔的"场景理论"源于城市空间,但不是特指单一的有形场所,而是超越了物理空间,有着非常宽泛的概念外延。西尔和克拉克的"场景"拓宽了美国社会学家欧登伯格(Ray Oldenburg)提出的"第三空间"的边界。欧登伯格认为,人们的家庭居所是第一空间,工作场所是第二空间,而博物馆、图书馆、美术馆等公共文化空间是第三空间,宽松便利、审美愉悦、自由开放是第三空间的特征。[②]第三空间是一个舒适的审美空间,这正是场景体验的核心。

总体来说,要解释一个地方的经济社会发展,已有的理论包括经济地理学理论、新竞争理论、增长极理论、文化空间理论、产业分工理论等。目前,以空间思维来解释地方发展,主要有两个角度:一是通过地理空间上分布的土地、自然资源、矿产、技术、人力等因素评价一个地方的经济发展潜力和动能;二是看地理环境,研究地理是否靠近交通要道、港口,运输成本是高还是低,以空间经济学或者地理经济学研究运输成本问题。成本问题和运输方式都与交通工具有关,最开始是水运、陆运,现在有铁路运输、航运等。美国功能主义社会学家塔尔科特·帕森斯(Talcott Parsons,1902—1979)曾把土地的概念分为物理设施、文化设施和动力机制三个部分[③],创意城市也可以从这三个维度进行分析。场景理论的提出是为了解决像芝加哥、纽约等大都市的创新活力和创意动力问题。法国社会学家亨利·列斐伏尔(Henri Lefebvre,1901—1991)使用"空间生产"批判概念分析了资本主义空间生产机制。他认为空间是社会生产的产物并把空间分为空间时间、空间的表征和表征的空间三个层次,包括感知的空间、构想的空间和生活的空间三种类型。[④]大卫·哈维(David Harvey,1944—)在列斐伏尔的基础上提出了空间时间格网概念,构建了可达性与距离、空间的占用与使用、空间的支配与控制、空间的生产四个面向的空间(景观)生产模式。[⑤]

(四)体验场景(experience-scape)

克拉克和西尔从消费者的视角、接受者的视角看待空间的意义提升和场景建构。空间场景需要解决如何从物理、物质、生理的消费进入情感、精神和文化的消费的问题。这是

① 西尔,克拉克. 场景:空间品质如何塑造社会生活[M]. 祁述裕,等,译. 北京:社会科学文献出版社,2019:37-80.

② OLDENBURG R . The Great Good Place: Cafes, Coffee Shops, Bookstores, Bars, Hair Salons, and Other Hangouts at the Heart of a Community[M]. Oxford:Marlowe & Company, 1999:1-380.

③ 帕森斯. 社会行为的结构[M]. 张明德,等,译. 北京:译林出版社,2012:1-163.

④ 孙全胜. 列斐伏尔"空间生产"的理论形态研究[M]. 北京:中国社会科学出版社,2017:72-84.

⑤ 袁久红. 历史-地理唯物主义视域下的城市空间生产——哈维的理论范式及个案研究[J]. 东南大学学报(哲学社会科学版),2012,14(3):5-9.

一种地方主义的美学视角。从审美的视角来看，文化设施、创意组织、艺术活动、咖啡馆、书店、茶馆具有非常大的驱动价值。美国文化社会学者伊丽莎白·科瑞德在研究安迪·沃霍尔艺术对纽约都市经济的贡献时提出"沃霍尔经济"现象并以之象征文化艺术对城市经济的贡献。①体验场景分成三个层次：感官体验层、情感体验层和精神体验层。感官体验指包括五感在内的通感体验，是一种包括眼、耳、鼻、身、声等全体感生理反应的情绪体验；情感体验指多元叙事的故事体验，是一种包括喜、怒、忧、思、悲、恐、惊等心理反应的情绪体验；精神体验指高远价值连接的认同体验，是一种包括道德感、价值观、信仰、生命意义等精神反应的情结体验。场景体验是一种审美体验、触感体验、心灵体验，是故事体验、生活体验和空间体验的整合体验。在新兴智能技术的驱动下，场景体验越来越呈现出全沉浸式的交互式体验特征。

体验场景具有全域化、全媒介性、全体感性、全沉浸式等特征。所谓体验场景的全域化，指创意内容在特定的区域内以点、线、面的形态覆盖全部区域的地理空间、产业业态，以实现区域协调性创生发展；所谓体验场景的全媒介性，指体验场景借助任何渠道、技术、媒体、介质等手段实现创意内容的全程、全息、全员、全效一体化呈现；所谓体验场景的全体感性，指创意内容借助视觉、听觉、嗅觉、触觉、味觉等身体感官实现创意内容的高概念（high concept）和高感知（high touch）的融合发展；所谓体验场景的全沉浸式，指创意内容借助交互技术、智能技术、新材料技术等技术手段实现互动式、浸入式、参与式、情景化的心流体验。在移动互联网时代，体验场景被分为现实性场景、虚拟性场景、现实增强场景等实用性功能场景或社会性功能场景。②

体验场景的驱动机制可以通过可供性场域理论和格式塔心理学来解释。可供性场域是可供性理论（affordance）与场域理论（field）的结合。可供性理论源自美国生态心理学家詹姆斯·吉布森（James Gibson，1904—1979）的生态知觉原理。吉布森认为，自然界的许多客体具有恒定的功能，人的知觉就是环境生态特征的直接产物，环境客体的这种功能特征就是可供性，意味着行为主体与环境客体之间可以直接知觉的行为关系，可供性包括行为主体、客体特征和行为本身三个要素。③1988 年，美国创意心理学家唐纳德·诺曼（Donald Norman，1935—）把可供性分为"真实的可供性"和"可感知的可供性"，重视人机交互的创意设计。场域理论由法国社会学家皮埃尔·布尔迪厄（Pierre Bourdieu，1930—2002）提出，他把"场域"视为各种位置之间存在的客观关系的网络或构型，是各种占据主导型资本决定的结构。丹麦商业人类学家布莱恩·摩尔安提出了包括经济、社会、技术-材料、再现、空间和当下六大要素的可供性回路，用于解释社会网络如何促使文化价值向经济价值转化。④王阳明有一句很有名的话，"你未看此花时，此花与汝心同

---

① 科瑞德. 创意城市：百年纽约的时尚、艺术与音乐[M]. 陆香，丁硕瑞，译. 北京：中信出版社，2010：25-44.

② 喻国明，梁爽. 移动互联时代：场景的凸显及其价值分析[J]. 当代传播，2017（1）：10.

③ 吉布森. 知觉学习和发展的原理[M]. 李维，李季平，译. 杭州：浙江教育出版社，2003.

④ MOERAN B. The Business of Creativity: Toward an Anthropology of Worth[M].London: Routledge, 2016:1-299.

归于寂；你来看此花时，则此花颜色一时明白起来"。[①]人们去认识外界事物，而外界事物会引导人们做出与事物属性在特定情境下相应的行为反应，召唤着人们去把握外界事物的属性、特质和意义。

格式塔心理机制强调的是知觉的最终结果，重视经验和行为的整体性。格式塔是德语"gestalt"的音译，本义为"完形"，指具有不同部分分离特性的有机整体。格式塔心理学认为，人的心理意识活动追求先验的完形，具有内在规律的完整的历程，"整体的性质不存在于它的部分之中，而存在于整体之中，整体大于部分之和"。德国格式塔心理学家、美学家鲁道夫·阿恩海姆（Rudolf Arnheim，1904—2007）将格式塔心理学的"知觉场"和"同形论"概念引入审美心理研究，认为知觉过程实际上是大脑皮层生理力场按照麦克斯·韦特海默（Max Wertheimer，1880—1943）完形原理（邻近性、相似性、封闭性、方向性）将视觉刺激力转化为一个有组织的整体的过程。人们从艺术形式中知觉到的张力式样绝不等同于对象的实在结构，而是对象的刺激力与大脑皮层生理力的对立统一。[②]在克拉克和西尔看来，场景理论正是对格式塔艺术审美心理的回应。我国哲学家张岱年和成中英先生认为，中华民族的传统思维重视事物的功能联系，轻视实体形质，对问题强于综合而弱于分析，重视实践因素超过空间因素，具有整体性、对待性、直觉性、模糊性、内向性、意向性等特点。[③]他们指出的中国人的思维特点恰好说明中国人具有格式塔心理的整体思维。古典文学家袁行霈先生认为，"整体思维注意从整体上把握事物的性质、事物之间的关系及其发展规律，部分是整体中的一部分，任何一个部分都反映整体"，"整体思维在中华文明中有种种具体的表现，如中医就是把人的身体看作一个有机的整体"，"中国的艺术创作、艺术鉴赏也注重对整体的把握"，"所谓'气象''神韵''格调'等，都是文艺作品给予欣赏者的整体感受"[④]。人们从整体上看待和理解组成这个世界的各个元素，而不是单纯计算这些组成部分的总和。当各种要素以一种完形整体的形式出现在世人面前时，每个部分都是合适的。而艺术风格、生命意义和审美价值都增强了个人所处世界的显著性。舒适物成为生活实践的平台，推动人们的生活方式转向特定的消费领域。因此，场景得以驱动生活并影响经济发展。

第二节　场景营造的气氛美学

一、体验场景与气氛美学

体验场景是一种基于身体在场的直接性体验，是一种被人体验到包括感知、情感和精

---

① 陈荣捷. 王阳明传习录详注集评[M]. 台北：书生书局，1984：332.

② 阿恩海姆. 艺术与视知觉：视觉艺术心理学[M]. 滕守尧，朱疆源，译. 成都：四川人民出版社，1998：25-85.

③ 张岱年，成中英. 中国思维偏向[M]. 北京：中国社会科学出版社，1991：1-15.

④ 袁行霈，等. 中华文明史（第一卷）[M]. 北京：北京大学出版社，2006：10-11.

神在内的直觉体验,被德国新美学家格诺特·波默(Gernot Bohme,1937—)称为"气氛美学"体验。气氛美学充分体现了人的感性体验具有直接性、系统性和整体性的体验场景特征。体验场景里充溢着一种看不见摸不着却真实存在的感性气氛。体验场景通过这种感性气氛调动感官和情感,塑造主题和意义,进而激发审美超越和精神升华,最终驱动人们生命价值的提升,改变人们的生活方式和生产方式,促进经济社会的内涵式发展。气氛美学是关于感、知觉的一般理论,强调客体对象导致的主体的情绪波动,图像的视觉性、身体的在场性和情绪的触发性,这些都属于知觉的范畴。人的知觉活动是身体性在某物之旁的存在方式,是一种特定空间情境的情绪体验。

体验场景的气氛美学是一种主客交融的空间性体验。波默认为,气氛具有空间特性,在空间上没有边界,是涌流进来的,是居无定所的,是无法定位的。气氛美学是回归感性美学的新美学观念。在美学之父鲍姆加通眼中,美学被视为研究感性和审美性的知识系统,与研究知性的逻辑学、研究意志的伦理学相对应,"美学(自由的艺术的理论,低级知识逻辑,用美的方式去思维的艺术和类比推理的艺术)是研究感性知识的科学"[①]。气氛美学以"气氛"为核心载体,关注空间和空间性,"在以往时间占有主导地位的地方,气氛美学所挖掘和发现的却首先是空间性——正如,把夜晚当作空间现象来研究或把音乐作为气氛来研究。因此,与普遍存在的远程通信相反,气氛美学将注意力集中于位置和身体性在场"[②]。体验场景的空间性被看作一种特殊的场所精神。体验场景所定义的"空间"是一个现象学意义上赋予人与自身、人与社会、人与世界等特定内涵的空间,具有一种独有的场所精神。场所精神是一种物化的建筑情感、空间意象和气氛美学,在挪威城市建筑学家克里斯蒂安·诺伯舒兹(Christian Norberg-Schulz,1926—2000)看来,场所是由自然环境和人造环境结合的有意义的整体,是具有特殊风格的空间,"建筑的目的在于感动我们,当作品借着服从、体会和尊重宇宙法则将我们环抱时,建筑情感便存在于其中"[③]。

体验场景的气氛美学关注人们身心处境的当下感受。气氛是一种无意识的个体感知。在波默看来,"感知从根本上说是人身体性地与某物、某人在一起的方式或身处某个环境的方式。感知的第一对象是气氛"[④]。他认为,气氛美学强调的不是"人们知觉到的物,而是人们感受到的东西",不是感官–刺激意义上的数据资料(如康德意义上的感官质料),而是人们对事物的身心感受、情感知觉。气氛美学是对鲍姆加通感性美学的重新回归。自18世纪中叶鲍姆加通提出"美学"概念以来,美学研究越来越被纳入康德、黑格尔一系的判断力美学范畴,日益脱离美学作为感性学的学科本质。日常生活审美化、身体美学、现象美学和气氛美学都是这一批判传统的反叛。气氛美学强调人的身体感知。人们不只是感知到物本身,更要体会到人与物的情感连接和意义连接,人基于物的感知而生成情绪、情感和情结。这个意义上的体验场景在场景消费中就表现为一种服务场景。

① 鲍姆加通. 德语美学文选[M]. 刘晓枫,译. 上海:华东师范大学出版社,2006:1-409.

② BOHME G, THIBAUD.The Aesthetics of Atmospheres[M]. London:Routledge, 2017:26.

③ 诺伯舒兹. 场所精神:迈向建筑现象学[M]. 施植明,译. 武汉:华中科技大学出版社,2010:1-211.

④ 贾红雨. 感性学–美学传统的当代形态——格诺特·波默"气氛美学"研究[J]. 文艺研究,2018(1):17-26.

体验场景的气氛美学是以物为媒介的居间性体验，呈现一种媒介场景。气氛的居间性表现为气氛是某物在场的领域，物在空间中呈现出像物但又不是物，是属于某一种属性的，因此气氛具有人与物的连接功能。气氛是"此在"和"在场"的一种连接方式，通过情绪感染来充满整个空间。"气氛"是一个大气学概念，特指物理科学中地球的高空大气层，后来被引申为人们生活中的情绪色彩。气氛不是传统存在论的物质实体，不受亚里士多德所谓质料–形式说（事物的存在和变化受质料因、形式因、动力因和目的因的影响）的客观限制，而是强调自然物的特征、属性通过主体的把控而显现、出现。气氛通过物来显现自身，通过人物的把控而感知气氛。德国哲学家海德格尔将人与物的居间性展开描述为"唯有作为终有一死者的人，才在栖居之际通达作为世界的世界。唯从世界中结合自身者，终成一物"[①]。气氛通过物的功能价值、审美价值和符号价值将自身显现出来。与气氛美学有关的物的种类广泛多样，包括建筑材料、空间布局、园林景观、家具陈设、艺术装饰、灯光音响、摆件用品等。人在气氛美学的氛围笼罩下，使自身进入一种心物一体的"澄明之境"。

人的第一知觉对象就是气氛，气氛回应了现实社会当中人们的美学需要。人们的审美兴趣对应着审美供给与审美操控、生活美学、商品美学和政治美学等。创意管理的本质就在于实践主义美学的生活践行。美学不只是一个认识论的哲学命题，而是可以被实践的主体行动，成为当代社会的组织原则。美学可以成为一个被管理的对象。因此，在某种意义上而言，创意管理也就是美学管理。所谓美学管理，是指"在美学原理的指导下，对企业的用户研究、产品设计、品牌建设三个领域中艺术创意的运作机制和绩效进行诊断和评估并提出相应对策的过程"，"美学管理的研究对象是消费者对产品和品牌的感性诉求，研究目的是把艺术创意拓展到整个经济层面"[②]。美学管理也表现在对创意产品有目的的氛围营造的行为和过程之上。

二、体验场景与元气思维

气本论是我国传统哲学的基本观念。元气是构成万事的基本物质，是人与自然生命的原始起源。体验场景背后也显现了深厚的我国传统元气思维。北宋哲学家张载曾言："太虚不能无气，气不能不聚而为万物，万物不能不散而为太虚。"[③]元是开始，气是根源。《左传》中有"天有六气，降生五味，发为五色，征为五声，淫生六疾。六气曰阴、阳、风、雨、晦、明也。分为四时，序为五节，过则为灾。阴淫寒疾，阳淫热疾，风淫末疾，雨淫腹疾，晦淫惑疾，明淫心疾"[④]。我国古人强调天有六种气，气象与地性交合生成五味，生发五色，应验五声。六气叫作阴、阳、风、雨、晦、明，又分为春、夏、秋、冬四季。如果阴气过度就生寒疾，阳气过度就生热疾，风气过度就造成四肢之疾，雨湿气过度

① 海德格尔. 海德格尔选集[M]. 孙周兴, 选编. 上海：上海三联书店, 1996：1183.
② 凌继尧. 企业的美学管理：兼与柳冠中《美化？造型？还是设计？》一文商榷[J]. 艺术百家, 2012, 28（3）：43-46.
③ 张载. 正蒙[M]. 开封：河南大学出版社, 2016：78-90.
④ 左丘明. 左传[M]. 长沙：岳麓书社, 2001：504-516.

造成腹疾，等等。因此，我国传统医学特别强调人要充实元气、调理气机。《黄帝内经·素问》记载了气与人的身体关系："夫自古通天者，生之本，本于阴阳。天地之间，六合之内，其气九州、九窍、五脏十二节，皆通乎天气。其生五，其气三，数犯此者，则邪气伤人，此寿命之本也。"[①]我国传统医学认为人的身体是由气构成的，气主宰人的生命，"聚则形成，气散则形亡"，这形成了我国传统的养气观念。"元气乃阴阳冲和之气"，元气思维主导了中国人的阴阳观念，形成中国人对自身、社会、自然和宇宙的秩序观念和治理理念。调和阴阳，就是臻于人与自身、人与自然、人与社会、人与万物的和谐状态。

气既然是万物本源，那就可以从天地之气、自然之气、生理之气进入社会之气、伦理之气、精神之气。儒家特别重视养气，孟子提倡"要善养浩然之气"。孟子的弟子公孙丑问孟子什么是浩然之气，孟子说："难言也。其为气也，至大至刚，以直养而无害，则塞于天地之间。其为气也，配义与道；无是，馁也。是集义所生者，非义袭而取之也。行有不慊于心，则馁矣。我故曰，告子未尝知义，以其外之也。必有事焉而勿正，心勿忘，勿助长也。无若宋人然：宋人有闵其苗之不长而揠之者，芒芒然归。谓其人曰：'今日病矣，予助苗长矣。'其子趋而往视之，苗则槁矣。天下之不助苗长者寡矣。以为无益而舍之者，不耘苗者也；助之长者，揠苗者也。非徒无益，而又害之。"[②]浩然之气宏大、刚强，要用正义、仁德去坚持不懈地培育。

总体而言，"气"是一个非常复杂的概念，既指生理上的呼吸气息，又指心理上的情绪体验；既是物理上的物质运动，又是伦理上的清浊善恶；既有中医上的气功经络，又有哲学上的存在创化。美国汉学家本杰明·史华兹（Benjamin Schwartz，1916—1999）认为，气被"赋予了物理性质，又被赋予了非物理的性质，它无处不在而又呈现为连续的质料/能量"，"在许多典籍中，它只是作为一种与大而全的秩序有关的连接性实体的面目而出现"[③]。人要调理气息、控制呼吸。人们禅坐、冥想、瑜伽，都是为了让自己的气息通畅，呼吸均匀。学会呼吸是人实施行为、控制情绪的关键。情绪是人的心理之气的节奏，是感情的直观体验。所有物的运动，云的翻卷、天气的变化，都是自然的现象。所谓"高峰入云，清泉见底"，是将自然的物质特征与人的精神追求结合起来。社会上要提倡一种风清气正的社会风气，要探寻世间万物生生不息的变化规律。北京洛可可创新设计公司以元气思维作为设计理念，曾设计了一款名为"高山流水"的香台，"以烟代水，一石知山"，让塔香点燃的烟云之气缓缓倒流，依山石漫延，营造一种静谧、冥想、灵动的禅意氛围，表现了"高山流水、明心见性"的东方山水意象。

三、气氛美学的气氛制造

波默认为，气氛是一种被定了某种情调的具有空间性的东西。这种情调气氛充溢着符

---

① 佚名. 黄帝内经·素问[M]. 太原：山西科学技术出版社，2019：5-6.

② 孟子. 孟子[M]. 滕忡，注释. 长沙：岳麓书社，2019：50-73.

③ 史华兹. 古代中国的思想世界[M]. 程钢，译. 南京：江苏人民出版社，2013：1-618.

号象征、生命意义、审美意境。气氛符合格式塔心理机制的整体性,是一种无法言说的整体性;气氛是有审美性的文化特质,是非理性的主观感知。人们只有身处其中,在一个特殊的环境之中,才能感觉到气氛的存在。气氛犹如本雅明的"光晕"(aura),沐浴在特定的空间环境之中,呈现人面对物所具备的物质性、功能性以外的更多特征。

任何一个人或一件物的加入都能使某个空间散发出一种特殊的气氛,对在场的人具有情感导向的作用。冯友兰先生谈到自己对蔡元培先生的印象时说道:"我在北京大学的时候没有听过蔡元培的讲话,也没有看见他和哪个学生有私人接触。他之所以得到学生们的爱戴,完全是人格的感召。道学家们讲究'气象',譬如说周敦颐的气象如'光风霁月'。又如程颐为程颢写的《行状》,说程颢'纯粹如精金,温润如良玉,宽而有制,和而不流……视其色,其接物也如春阳之温;听其言,其入人也如时雨之润。胸怀洞然,彻视无间,测其蕴,则浩乎若沧溟之无际;极其德,美言盖不足以形容'。这几句话,对于蔡元培完全适用。这绝不是夸张。我在第一次进到北大校长室的时候,觉得满屋子都是这种气象。"①冯友兰先生感受到蔡元培先生身上那种"光风霁月"的气象,就是一种气氛美学的审美。

气氛美学是可以被营造出来的。创意管理对气氛美学的营造,就是通过气氛美学当中的各种场景要素和结构进行安排。波默认为,从制造美学来看,气氛是有迹可循的,制造气氛就是设立条件以营造情调。物具有第一性质(如广延、形状、运动等)和第二性质(如颜色、声音、气味等),物是通过气氛被感知,物的形式和材料是音调,物的存在呈现一种"乐器模式"的共振体。事物的物性体现在人的身上,就是一种面相和气度。魏晋名士非常注重个人的胸襟和风度,被称为魏晋风流、魏晋风骨。建安七子、正始名士、竹林七贤、王谢世家、桃源陶令,都是清峻通脱,表现出"烟云水气,风流自赏""简约云澹,超然绝俗"的气度仙姿,为后世景仰,被称为中国士人的风范。

气氛美学的场景结构可以分为材料层、符号层、通感层和隐喻层。气氛美学的材料层指各种物的组合;气氛美学的符号层是物的有意义的符号元素;气氛美学的通感层指身体感知和通感体验;气氛美学的隐喻层指从实在之物通往象征之物的价值体系。明代书法家祝允明说:"身与事接而境生,境与身接而情生。"②人在与事物的接触经历中产生具体的"境",人与特定的"境"碰撞便产生特殊的"情"。体验场景的气氛美学视角是一种审美的视角,以整体的气氛美学把握人所处的空间环境,形成人的身体与物象(外物的客观形象)、身体与境象(人感知外物所得到的审美意象)和身体与情象(人观照境象而升华的情感状态)的审美升华。

结合波默提出的气氛美学制造样式,我们可以总结出气氛美学场景构造的基本要素和主要手段。气氛美学的制造要素包括以下几点。

第一,空间制造,也是建筑制造、环境制造。建筑是一种造型艺术和视觉艺术,其核心就是处理氛围在空间和环境中的表现。气氛美学首先表现为一种特定的空间感知,因此

---

① 冯友兰. 冯友兰自述[M]. 北京:中国人民大学出版社,2011:297-298.
② 祝允明. 枝山文集(卷二).

建筑空间是气氛美学最重要的载体形式。气氛美学的营造首先就是要注重对于空间创意的构造。空间创意分为建筑空间创意、室内空间创意、园林景观空间创意等范畴，包括空间材质、空间表皮、空间装饰、空间器物等静态创意，还包括空间动线、空间交流、空间对话、空间叙事等动态创意。气氛美学的空间制造要综合考虑空间材料兼容性、空间的声音、空间的温度、空间周围的物品、空间镇静和诱导之间的切分、室内外的张力、密切程度、空间的自然之光和人造光源、空间与周围环境的配合等有利于产生审美氛围的整体创意。①

第二，物的制造，即设计造物，是将无形的创意观念进行有形的物化过程，注重形式、材料、肌理的物的设计。场景化设计是数字社会受众体验的基本特征，是日常生活的创造性呈现。物的设计领域非常广泛，包括平面设计、产品设计、工艺设计、艺术设计、数字设计、服务设计；既有声音设计、视觉设计，又有味觉设计、触觉设计、嗅觉设计；既有功能设计，又有审美设计；等等。

第三，光的制造。这既要考虑自然光线的设置，又要考虑人造光源的设置。光是气氛美学的色彩，不同颜色、形状的光，不同流明、温度的光，或静或动态的光，光与影的关系，都会有不同的氛围隐喻，都会呈现出不同的气氛情绪。气氛美学的营造要注重一般光源、重点光源和装饰光源的合理布局。

第四，声音制造，也是一种具有空间性的声音节奏、声音情境的设置。声音制造的结果是"声景"，是让声音更能在多元感知中被察觉，让声音中的情感被体悟。声音类型包括物体的声音、动物的声音、人的声音、运动的声音、环境的声音、情绪的声音等，分为自然的声音和人造的声音。声音是构成气氛美学的声效属性，声景营造要考虑音乐、空间、时间、故事、主题、情感等综合要素的和谐。正如悠扬悦耳的鸽哨声成为北京最为典型的城市印记，是作家老舍、莫言笔下作为代表的京城记忆之一。美学家叶朗先生说道："我们从老北京蓝天传来的鸽哨声，可以看到那时的人们如何寻求平淡生活的快意。中国老百姓的这种文化性格和审美情趣，对于民族生存和历史发展有极其重要的作用。"②

第五，气味制造，也是味觉记忆的氛围营造。味觉是人体重要的生理感觉，是人与生俱来的原始觉知，由味觉形成的记忆会烙印在个体记忆的深处，成为一种潜意识记忆。人的情绪主要来自于气味的刺激和对味觉的记忆，弥漫于环境中的气味会调动人的味觉记忆，从而引发特定的情感投射。有人说，乡愁就是一种对味觉的思念，童年的味道在成人心中成为挥之不去的乡土味道。气味制造过程中要关注气味的类型、强度、情境、情感等因素。气味营造也要与空间营造、光的营造、物的营造、声音营造结合起来。业界较为知名的气味研究所研发出场景型、个性化、定制式的味道产品，如生活的味道（凉白开，代表色系为灰青色）、初恋的味道（樱花味，代表色系为粉色）、远方的味道（海的气味，代表色系为蓝色）和家的味道（木屑味，代表色系为卡其色）等。

① 卒姆托. 建筑氛围[M]. 张宇，译. 北京：中国建筑工业出版社，2010：1-75.
② 叶朗，朱良志. 中国文化读本[M]. 北京：外语教学与研究出版社，2010：1-408.

气氛美学的场景营造可以有效地拓宽空间功能，凝聚文化认同，激发地方资源，孵化创意内容，培育创意品牌，推动区域发展。河南省修武县提出"县域美学经济"发展战略，充分发掘美学体验的价值内涵，在党建美学、生态美学、社会美学、工业美学等领域实施气氛美学营造计划，通过主体提炼、创意设计、活动组织等手段建立全域美学标准，包括城乡色系标准、美学产品标准，加强美学经济服务和美学设计人才培养，走出了一条美学赋能县域经济高质量发展的新模式。

第三节　场景舒适物的元素与构建

创意场景赋予日常生活以新的意义和价值，创意场景是数字时代创意与价值的连接机制。在数字技术的场景纪元时代，"场景是气味，是光线、嗅觉的盛宴；场景是温度，是自由氛围的微妙；场景是韵律，是时间变化的节奏；场景是舞蹈，是空间设计的灵动；场景是智能，是一键识别的算法；场景是智慧，是数字灵感的艺术"[1]。

一、创意场景的文化元素

创意场景赋予空间、环境、生活以身体感知、情感体验和生命意义，创意场景是创意生成、文化交流与文明互鉴的对话场域。克拉克和西尔认为，场景是一个地方的文化风格和美学特征，可以借鉴化学元素周期表的概念提出一套"分子美学的文化元素周期表"分析模型。美国人类学家爱德华·霍尔（Edward Hall，1914—2009）认为，文化元素构成文化集合，成为构成其他事项的成分，文化集合再借助文化模式而获得文化意义。[2]克拉克和西尔把场景元素分为三大维度，包括真实性维度（authenticity）、戏剧性维度（theatricality）和合法性维度（legitimacy）。真实性维度指通过扎根体验，发现真实的事与物，感受真实或虚假，激发文化认同。戏剧性维度指通过相互的自我展示、看和被看，评判其合适与不合适，注重外观或外表，强调表演性展现。合法性维度是以道德为依据，发挥倾听的责任，进行对或错的道德判断，提供行动的基因和价值评估。具体而言，真实性维度又从本土的、族群的、国家的、企业的和理性的等维度分析；戏剧性维度从爱炫的、迷人的、睦邻的、越轨的和正式（礼节）的等维度分析；合法性维度从传统主义、领袖魅力、功利主义、平等主义和自我表达等维度分析。[3]这套分子美学文化元素周期表包括三个一级指标，十五个二级指标，可以评估创意作品、创意产品、创意空间等不同类型、不同风格的创意场景（见表6-1）。

---

① 吴声. 场景纪元[M]. 北京：中信出版集团，2020：XXII.
② 霍尔. 无声的语言[M]. 何道宽，译. 北京：北京大学出版社，2010：110-135.
③ 西尔，克拉克. 场景：空间品质如何塑造社会生活[M]. 祁述裕，等，译. 北京：社会科学文献出版社，2019：37-78.

表 6-1　创意场景文化元素周期表

真实性维度 dimension of authenticity		戏剧性维度 dimension of theatricality		合法性维度 dimension of legitimacy	
本土的 locality	全球的 global	爱炫的 exhibitionsim	矜持的 reserved	传统主义 tradition	新奇的 novelty
族群的 ethnicity	非族群的 non-community	迷人的 glamour	普通的 ordinary	领袖魅力 charisma	常规的 regular
国家的 state	非国家的 non national	睦邻的 neighborliness	冷漠的 indifference	功利主义 utilitarianism	非生产性的 unproductive
企业的（合作意识） corporateness	非企业的 non-corporate	越轨的 transgression	遵从的 compliant	平等主义 egalitarianism	特殊主义 exceptionalism
理性的 rationality	非理性的 irrational	正式（礼节）的 formal	非礼节的 informal	自我表达 self-expression	含蓄表达 implicit-cxpression

　　例如，故宫创意场景的真实性来源于全球化浪潮和现代化进程中人们对本土真实、族群真实和国家真实的价值渴望。故宫创意场景深深地根植于故宫博物院的文化元素，这些文化元素具有强大的品牌感召力和消费吸引力，这是故宫创意场景"本土原真性"的文化"赋魅"。"原真性"是瓦尔特·本雅明用来讨论艺术作品受机械复制技术的宰制时所出现的审美变革的概念术语。在本雅明看来，原真性附属于具有膜拜价值和"光晕"效应的艺术作品，仅出现于机械复制时代之前或不采用机械复制技术进行艺术创作的艺术作品，这是一种狭义的原真性观。人们越来越热衷于文化旅游场地的造访、文物艺术衍生品的购买、文化遗产情景再现的沉浸式体验等现实发展，需要我们在文物艺术品与其衍生品、文化原型物与其再造物之间的价值关联寻找逻辑联系和合理解释。原真性作为一种真实性，让人们在这种真实性的基础上建立起一种被信赖的依存关系。从某种程度来看，故宫创意场景的底线思维和高线思维都是基于文化遗产的守候：凡是不利于故宫文化遗产保护的事，坚决不做；凡是有利于故宫文化遗产传承的事，敢于推动。可以说，故宫创意场景的思维就是原真性的开拓思维。

二、创意场景的舒适物

　　创意场景就是这些不同分子美学文化元素之间不同组合的产物，而创意场景的文化元素是靠各种各样的舒适物（amenities）设施、活动和人群的组合来实现的。舒适物本来是一个经济学意义上的消费主义概念，指使人感到舒心、愉悦的空间、环境、事物、事件、设施、行为或服务，"那些使人感到不舒适、厌恶、难受或痛苦的环境、事物、事件、设施或行为就是反舒适物。介于二者中间的则是中性物，既不令人感到难受也不带来舒适感"[①]。在克拉克和西尔看来，舒适物与受众的消费感知有关，是指使用或享受产品或服务时所带

---

① 王宁. 城市舒适物与消费型资本：从消费社会学视角看城市产业升级[J]. 兰州大学学报（社会科学版），2014，42（1）：1-7.

来的、难以量化的愉悦感受，具有生产性的社会价值和市场价值。通过对舒适物进行分类，然后评估不同类型舒适物组合所产生的意义，可以定义一种特别的地方场景（local scenes）。创意场景所对应的舒适物，因场景所处的不同文化背景、地理空间和历史传统会有所不同。例如，美国创意场景的舒适物包括珠宝商、美术馆、艺术经销商、艺术顾问机构、古董经销商、医院、艺术家工作室、酒吧、烧烤餐厅、教堂、书店、健康会所、面包店、快餐店等设施、机构和组织。不同的创意场景维度对应不同的文化舒适物。故宫博物院的古建修复、文物修复、咖啡馆书屋的设立、便民休息设施的安置等文化遗产的保护实践和针对游客的贴心服务正是基于故宫场景的要素组合逻辑，重制了故宫的文化舒适物。

舒适物是让人感到身心愉悦、情感迸发、创意勃兴的客观事物、文化机制和创意活动。舒适物包括：① 自然舒适物，如清新的空气、湛蓝的天空、清澈的河水、明媚的阳光；② 生活舒适物，如环境怡人的咖啡馆、茶馆，闲适的公园，便利的交通和时尚的商场；③ 文化舒适物，如美术馆、博物馆、音乐厅、歌剧院、独立书店；④ 节事舒适物，如艺术节、电影周、设计节、建筑展、戏剧节；⑤ 社会舒适物，如信任的社会环境、和谐的社区环境、包容的创新氛围；等等。

舒适物的提供方式包括政府的公共提供、市场的商业提供和个人的私人提供。政府是舒适物的主要提供主体，包括自然舒适物的打造、生活舒适物的营建、文化舒适物的构造、节事舒适物的组织、社会舒适物的营造；企业是舒适物的关键提供主体，即以市场化竞争机制提供部分生活舒适物、部分文化舒适物和节事舒适物；个人是舒适物的积极参与者，可以把个人所属的私人空间和个人行为打造成舒适物。总体而言，舒适物大多属于公共产品和准公共产品，舒适物的提供要兼顾公平、正义、效益、均等的原则。

在克拉克和西尔看来，创意场景构成了一个城市社会经济发展的软实力。迷人、领袖魅力和自我表达等文化元素非常适合地方创意经济的发展氛围。舒适物的多少反映了创意空间品质的好坏。舒适物是一种消费性集体资本，也是一种生产性创意资本，舒适物的组合构成了一种吸引创意人士的创意场景，进而有利于激活地方文化创意、科技创新、产业转型和经济活力。[①]因此，一座创意城市要聚集创意人士，建设创意街区、创意园区，就是要打造魅力型场景、本土型场景、理性型场景和表达型场景等不同的创意场景模式[②]，引进创意机构、文化组织，建设公共文化空间，组织创意活动，通过培育文化品质、优化自然环境、整合区域资源等手段，打造有利于激发创意的创意场景，成为创意生活满足、创意生产发展、创意经济繁荣的新动能。

三、创意场景的构建模式

按照美国设计心理学家唐纳德·诺曼（Donald Norman）的情感设计观念，创意场景

---

① 吴军. 文化舒适物：地方质量如何影响城市发展[M]. 北京：人民出版社，2019：1-50.

② 陈波，林馨雨. 中国城市文化场景的模式与特征分析——基于31个城市文化舒适物的实证研究[J]. 中国软科学，2020（11）：71-86.

的营造也可以遵循大脑思维的本能层（visceral）、行为层（behavior）和反思层（reflective）
三个构建层次。诺曼认为，本能层遵循自然法则，注重创意场景的直观场景"好看"。人
类的演化处于与类人猿、动物、植物、地貌、天气以及其他自然现象共存的环境，进化的
结果让人们对那些来自外界环境的强烈信号非常敏感。例如，人们喜欢甜美的味道和气味，
喜欢高饱和度的色彩，喜欢匀称的脸形和体形，喜欢某个"漂亮"的东西。本能层的营造
原则是天生的结果，不受种族和文化的影响，重视注视、感受和声音等生理特征起主导作
用，与人的第一反应有关，形状和造型、生理的触觉和材料的肌理、重量都对人们本能层
次的情感反应产生影响。行为层的场景营造与人们的使用行为有关，强调创意场景的实用
感知"好用"，关注场景的功能性、易理解性、好用性和感受性等，注重场景给人们产生
的重量感、材质感和外表感的可触性，是后天形成的。反思层的场景营造与创意场景的信
息、文化及其价值、意义息息相关，注重创意场景的反思性思考"有趣"，是人们在创意
场景中形成的个人形象的反思，决定着人们对创意产品的整体印象、心理记忆和价值评估，
是有意识的高级思维。[①]

场景营造的本质在于创造体验，创意场景是一种互联互通的真实生活情景，包含戏剧
视野下的故事场景、互联网视野下的生活场景、都市更新视野下的空间场景等复合层次。
美国故事场景专家加斯顿·莱戈布鲁（Gaston Legorburu）认为，创意场景的构建是一个动
态适应、调整和演变的过程，包括挑选、评分、标记、激发和优化五个不同的阶段。其中，
挑选阶段是列出所有和潜在的媒介接触点或渠道，构造体验空间；评分阶段是将收集的数
据以到达率、成本/到达率、参与度和影响力等指标进行评分；标记是确定不同接触点或渠
道的得分、类型和角色相关的渠道作用；激发是连接创意产品和创意组织理念，激发故事、
策略、系统、平台和解决方案；优化是用技术和信息重新连接故事、行为和团队体系。[②]创
意场景重塑了个体创意与社会创新之间的价值转化，创意场景的营造除了依靠气氛美学的
制造、舒适物的组合，还要借助创意策展、数据驱动、环境叙事、情绪劳动等创意管理的
具体手段。

第一，创意策展，艺术赋能。策展力是一种新的场景力。"策展"一词最初源于美术
界，用于描述美术品展示活动的策划和组织等专业活动。策展人（curator）原本指展览策
划人，是在美术馆、博物馆、画廊等艺术机构从事与艺术品的展览展示有关的创意构思、
主题策划、艺术家遴选、资金筹措、展品组织、展览布置、艺术推广等事务性工作的专业
人士。策展人分为机构策展人和独立策展人。机构策展人是一种常设策展人，一般担任美
术馆、博物馆、画廊等机构的负责人，在艺术机构内从事策展工作，会考虑所在文化机构
的使命、藏品、机制等因素的影响；独立策展人起源于 20 世纪初的前卫艺术运动，在二
战后成为艺术界策展人的主流。独立策展人具备专门的艺术知识、自由的艺术观念、实验
性艺术风格和社会性艺术话题等独立的艺术追求。随着艺术介入社会领域的深入发展，书

---

① 诺曼. 设计心理学 3：情感化设计[M]. 何笑梅，欧秋杏，译. 北京：中信出版社，2015：44-52.
② 莱戈布鲁，麦科尔. 故事场景摩天楼[M]. 师蓉，译. 北京：中国人民大学出版社，2015：152-158.

店与画廊、咖啡馆与艺术展、地铁站与美术馆等空间跨界日益频繁，艺术策展的观念已经从美术界进入文化节庆、主题会展、创意空间、艺术商场等方方面面，凡有节事展览或空间环境，都需要策展人的专业介入，常规意义的策展边界被打破。在互联网信息泛滥的时代，策展人已经不是简单地从事策划展览的工作，而是通过策展行动赋予作品、产品或商品一个故事，通过艺术创造人与人、人与社会的情景连接，实现社会的价值共享。[①]创意策展援用艺术策展的方法，将创意场景变成艺术空间，推动了创意场景中的文化价值、商业价值与社会价值的互动，从艺术策展出发又突破了艺术局限，实现了"心与物"的审美观照，深化了场景的体验氛围，赋予了场景全新的艺术感知、创意沉浸和意义生产。

第二，数据驱动，算法正义。数字技术时代，日益加速的新型基础设施建设正在重构创意场景的形态和功能。2020年4月，我国加快了5G网络基站、人工智能、大数据中心、工业互联网等数字新基建的建设，创意场景正在突破原有的作用边界，推动创意场景构建的技术条件升级为"以智能可穿戴设备、虚拟现实社交、微数据、智能物体、高精度室内定位为特征的'场景新五力'，表现出智能性、便捷性、可预测性、人本性等特点"，激活了空间与环境、实时状态、生活惯性和社交氛围等场景要素，从而构建了沉浸式创意场景。[②]区块链技术、大数据分析和人工智能等新兴技术的发展为创意场景的构建提供了强大的赋能工具。"场景新五力"重构了数据采集、数据储存、数据挖掘、数据分析、数据应用、数据反馈等数据生产流程的价值生态。基于用户画像和个人标签所形成的数据决策，创意场景的营造要充分保护受众的个人隐私和国家的数据安全，在效率与公平、资本与正义之间遵守数据治理的道德标准和法律尺度，形成一个公平、公正的场景算法秩序。[③]

第三，空间叙事，意义展演。"空间叙事"又称为"环境叙事"，是一种时间性叙事媒介的空间表现形式，是对"时间叙事"概念的借用和超越，是对人们社会生活"第三空间"转向的回应。空间叙事具有以下几个特点：① "六根互用"，强调感知世界的整体性；② "意识剧院"，注重个体经验的共存性与相继性；③ "出位之思"，探讨时间性媒介如何表现空间。[④]创意场景不只是一个物理的空间，更是一个符号的空间。时间和空间是一切事物存在的基本形式，也是故事存在的基本形式，故事的事件叙事是时间性的，而故事的存在方式是空间性的。空间叙事是通过空间整体、空间结构和空间风格来讲故事，叙事的过程也是情感符号建构的过程。空间叙事增添了空间艺术的叙事性特征，体现了故事叙事的跨媒介性和故事展演的多空间性。创意场景是一个有故事的环境空间，环境叙事是在空间环境中讲述我们每个人赖以生存的真实经历。叙事性环境空间包括空间主题、空间背景、空间层次、空间行动等空间元素，通过空间参与者的视觉、知觉、行为和心理的参与互动，实现参与者的情感共鸣。场景体验的环境叙事包括以下流程：在空间尺度上模

① 佐佐木俊尚. 策展时代：互联网大整合革命即将来临[M]. 沈泱，沈美华，译. 北京：中信出版社，2015.

② 臧丽娜. 5G时代基于"场景新五力"的品牌传播场景构建[J]. 当代传播，2020（6）：100-103.

③ 董青岭，朱玥. 人工智能时代的算法正义与秩序构建[J]. 探索与争鸣，2021（3）：82.

④ 龙迪勇. 空间叙事学[M]. 北京：生活·读书·新知三联书店，2015：46-50.

拟故事场景；在色彩应用上丰富叙事体验；在光线营造上渲染叙事情感[①]；在动线节奏上复现真实生活；在活动参与上强化互动体验。通过空间氛围的故事主题设置、空间动线的情节安排、空间展演的舞台布局，空间叙事呈现了创意场景中的创造性、符号隐喻和象征意义。

第四，情绪劳动，温度连接。从受众的角度出发，创意场景就是一种基于真实生活和工作情景所展现出的服务场景。服务场景（servicescape）是服务场所中经过精心设计和控制的各种环境因素，包括氛围要素，空间布局与功能，以及标志、象征和工艺品三个维度，由"线上虚拟服务场景"和"线下应用服务场景"两个场景共同组合而成，能够与顾客构建积极的情感联系，这种情感连接是影响顾客再次购买意愿的重要因素。[②]服务场景主要通过情绪劳动来完成。情绪劳动（emotion labor）是由美国社会学家阿莉·拉塞尔·霍希查尔德（Arlie Russell Hochschild）提出的概念，指在人际关系互动中，根据工作要求的表情规则去表达恰当的情绪的过程。[③]创意场景是一种情绪感知的场景，创意场景的提供者及其工作人员在与受众的交互中要充分运用自己的面部表情、肢体动作和语言，营造礼貌耐心、温和亲切、富有感染力的情绪氛围。场景情绪具有社交属性和沟通价值。在创意场景中，情绪劳动的主体可以是创意产品生产者，也可以是创意产品的消费者，而创意产品成为情绪表达的载体。创意场景中的情绪劳动实现了场景提供者与场景受众之间的温度连接，以涟漪效应的群体机制增强了创意场景的情绪感染力。时尚白酒"江小白"将自身定义为一款情绪白酒，通过"表达瓶"的情绪表达方式，以酒瓶发布情绪语录并开设情绪驿站，以情绪驱动消费者的心理参与感，从而建构情绪型创意场景，获得消费者共鸣，取得了市场的成功。

 **本章小结**

场景成为创意管理的重要对象，创意场景成为创意管理的主要职能之一。创意场景的概念可以从故事场景、生活场景、空间场景、体验场景等不同层次进行理解。文学艺术、影视戏剧描述的场景是一种身临其境的真实体验，是故事重要的构成要素。生活场景指移动互联网时代人们互联互通、线上线下相连的一种新的生活方式、生活情境、生活状态。空间场景是空间意义上的场景观念，是一种场景营造的新空间发展理念。体验场景具有全域化、全媒介性、全体感性、全沉浸式等特征。体验场景的驱动机制可以通过可供性场域理论和格式塔心理学来解释。

体验场景是一种基于身体在场的直接性体验，是一种被人体验到包括感知、情感和精

---

① 焦典，陈杨，唐建. 基于环境心理学的展览空间叙事性研究[J]. 城市建筑，2021，18（18）：121-123.

② 刘益，肖爱菲，滕梦秦. 基于感官营销理论的服务场景构建对顾客再次购买意愿的影响研究[J]. 社科纵横，2021，36（2）：55-59.

③ 孙俊才，乔建中. 情绪性工作的研究现状[J]. 心理科学进展，2005（1）：85-90.

神在内的直觉体验。体验场景的气氛美学是一种主客交融的空间性体验。体验场景的气氛美学关注人们身心处境的当下感受。体验场景的气氛美学是以物为媒介的居间性体验，呈现一种媒介场景。人的知觉第一对象就是气氛，气氛回应了现实社会当中人们的美学需要。元气是构成万事的基本物质，是人与自然生命的原始起源。体验场景背后也显现了深厚的我国传统的元气思维。气氛是一种被定了某种情调的具有空间性的东西。气氛美学是可以被营造出来的。创意管理对气氛美学的营造，就是通过气氛美学当中的各种场景要素和结构进行安排。气氛美学的场景结构可以分为材料层、符号层、通感层和隐喻层。气氛美学场景构造的基本要素包括空间制造、物的制造、光的制造、声音制造、气味制造等。气氛美学的场景营造可以有效地拓宽空间功能，凝聚文化认同，激发地方资源，孵化创意内容，培育创意品牌，推动区域发展。

创意场景是数字时代创意与价值的连接机制。创意场景赋予空间、环境、生活以身体感知、情感体验和生命意义，创意场景是创意生成、文化交流与文明互鉴的对话场域。克拉克和西尔把场景元素分为真实性维度、戏剧性维度和合法性维度三大维度，提出一套包括三个一级指标，十五个二级指标的分子美学文化元素周期表。创意场景就是这些不同分子美学文化元素之间不同组合的产物，而创意场景的文化元素是靠各种各样的舒适物设施、活动和人群的组合来实现的。舒适物是让人感到身心愉悦、情感迸发、创意勃兴的客观事物、文化机制和创意活动。创意场景的营造除了依靠气氛美学的制造、舒适物的组合，还要借助创意策展、数据驱动、环境叙事、情绪劳动等创意管理的具体手段。

思考题

1. 说明创意场景在创意管理中的角色与作用。
2. 故事场景、生活场景、空间场景、体验场景等概念与创意场景的关系是什么？
3. 场景式消费和场景式经济的主要特征和关键因素是什么？
4. 不同文化背景和地理环境对场景舒适物的需求有什么区别？
5. 分析场景营造与社会环境、城乡营造的关系。

案例分析

江西景德镇位于黄山、怀玉山余脉的山谷，北望长江，西接鄱阳湖，山环水绕。景德镇陶瓷工业遗产包括从唐至明、清的 52 处 151 个古瓷密址，及大生产时代的近现代陶瓷工业遗产，其密度之高、规模之大、时间跨度之长，在世界范围内绝无仅有，有极高的历史地位和学术价值。景德镇不同时期的陶瓷遗址分布具有鲜明的时代特色和延续性，晚清和民国时期的陶瓷遗址背离河岸，向丘陵、山地转移。新中国成立后的"十大瓷厂"纵深分布在两条主干道东一路和东二路沿线，成为景德镇遗产脉络的一个重要组成部分。1982年，景德镇被国务院公布为首批国家历史文化名城。20世纪五六十年代在恢复基础上初步发展，景德镇第一家机械化瓷厂宇宙瓷厂成立于1958年；20世纪90年代后，"十大瓷厂"迅速衰退直至关停转制；依托唐至明、清的古瓷窑址和作坊，新中国成立后新建的"十大瓷厂"，建立21世纪的工业遗产博物馆群；2016年10月，陶溪川一期开园，景德镇陶瓷工业遗产博物馆（陶溪川博物馆）、陶溪川美术馆投入使用，中央美术学院、中国美院、北欧设计中心等机构也相继入驻。2017年11月，陶溪川博物馆设计获得"亚太遗产保护创新奖"；2019年10月，景德镇成为国家陶瓷文化传承创新试验区，力争建设成为世界陶瓷文化旅游目的地。陶溪川充分开发原有工业遗址的特色物料，打造有地方性与历史感的工业景观，使得场景能够唤起现代社会中远去的工业乡愁与恋旧情怀，遵循"坦诚、真实、不造假"的原则，对工业遗产做转型升级，契合城市旅游概念，打造亲切、精致、浪漫、文化、时尚的年轻人造梦空间，提出"国际范、强体验、混合业态和跨界经营"的运营定位，已经发展成为一个集陶瓷古建文化展示、多元艺术街区构建、文旅教育体验综合的文创园区，总结出以规划咨询设计（design）为主导，投资（investment）、建造（building）和运营（operation）协同的陶溪川遗产活化系统实现方式的DIBO模式。①

【思考】

结合以上背景材料，分析文创园区的体验场景特征、舒适物设置与场景营造策略。

 本章参考文献

1. 吴声. 场景革命：重构人与商业的连接[M]. 北京：机械工业出版社，2015.

2. 斯考伯，伊斯雷尔. 即将到来的场景时代：大数据、移动设备、社交媒体、传感器、定位系统如何改变商业和生活[M]. 赵乾坤，周宝曜，译. 北京：北京联合出版公司，2014.

3. 西尔，克拉克. 场景：空间品质如何塑造社会生活[M]. 祁述裕，等，译. 北京：社会科学文献出版社，2019.

4. OLDENBURG R. The Great Good Place: Cafes, Coffee Shops, Bookstores, Bars, Hair Salons, and Other Hangouts at the Heart of a Community[M]. Oxford: Da Capo, 1999.

5. MOERAN B. The Business of Creativity: Toward an Anthropology of Worth[M]. London: Routledge, 2016.

6. 波默. 气氛美学[M]. 贾红雨，译. 北京：中国社会科学出版社，2018.

7. 吴声. 场景纪元[M]. 北京：中信出版社，2020.

---

① 案例来源：罗雯婧，等. 陶溪川案例分析：唤醒文化记忆的工业场景营造. 北京大学艺术学院创意管理学2021年课堂调研报告.

8．吴军．文化舒适物：地方质量如何影响城市发展[M]．北京：人民出版社，2019．

9．莱戈布鲁，麦科尔．故事场景摩天楼[M]．师蓉，译．北京：中国人民大学出版社，2015．

10．佐佐木俊尚．策展时代：互联网大整合革命即将来临[M]．沈泱，沈美华，译．北京：中信出版社，2015．

11．诺曼．设计心理学 3：情感设计[M]．何笑梅，欧秋杏，译．北京：中信出版社，2015．

第七章

创意产权的孵化与授权

产权是对物品必然发生的不相容的使用权进行选择的权利分配。它们不是对可能的使用施加的人为的或强制性限制，而是对这些使用进行选择时的排他性权利分配。[①]

——[美]罗纳德·科斯

 学习目标

通过本章的学习，学生应了解和掌握如下内容。

1. 创意产权的保护途径与主要价值。

2. 文创 IP 的基本要素与主要分类。

3. 创意产权授权的方式及其评价指标。

第一节 创意产权的实现模式

创意作为精神财富，具有随机性、偶然性、风险性和经济性，是一种无形资产，是创意个体或团队的创意劳动成果。美国经济学家理查德·凯夫斯（Richard Caves，1931—）在《创意产业经济学：艺术的商品性》（*Creative Industries: Contracts between Art and Commerce*）一书中指出，创意产业中的创意产品包含大量的艺术行为或创作行为，这些艺术行为与商业行为之间的纽带是以合同契约和版权制度为连接工具的。[②]创意产权包括有形产权和无形产权。创意有形产权是具有实物形态的创意物权，创意无形产权是具有非实物形态的创意信息、创意知识的拥有权。一般而言，创意产权主要是指创意无形产权。创意无形产权包括创意知识产权、创意商业秘密、创意特许权等，但主要是创意知识产权。创意价值要经过知识产权（intellectual property）的转化才能得到法律的保护，才有实现其

---

① 科斯，等. 财产权利与制度变迁：产权学派与新制度学派译文集[M]. 上海：上海三联书店，1991：20.

② 凯夫斯. 创意产业经济学：艺术的商品性[M]. 康蓉，等，译. 北京：商务印书馆，2017：1-628.

经济价值可能性的权利基础。因此，本节的创意产权主要指创意知识产权。创意产权价值是凝结在创意商品中的创造性抽象劳动，这种劳动是"一种将思想、构思和创意转化为无形的创作成果并将这些成果进行物化赋形的劳动形式"[①]。创意产权价值可以满足人们精神文化的消费需求，能给创意者带来预期收益，因而具有商品属性和经济价值。

一、创意产权的保护途径

创意产权包括创意商标（trademarks）、创意专利（patents）和创意版权（copyrights，又称创意著作权），是一种智慧财产权。根据我国知识产权相关法律规定，创意价值的知识产权转化途径包括以下三种模式。

第一种是创意商标转化模式。这是一种通过申请商标注册的法律手段来保护创意产品或服务设计的方式，注册商标的有效期为十年，自核准注册之日起计算，有效期满如继续使用，必须办理续展手续。商标是创意产品归属某个具体的权利享有人的显著标志，包括文字、图形、数字、颜色、声音等要素形式，具有独特性、差异性和排他性。其中，具有原产地特征的地理标志（geographical indication，又称为"原产地标志"）在创意产品的商标保护和品牌推广中占据越来越重要的地位。地理标志表明创意产品有明确的地理来源，具有良好的声誉和品质。在我国，地理标志可以通过国家知识产权局以集体商标或证明商标的形式申请注册，以商标的形式保护更有法律效力。2021年8月，国家知识产权局发布了"2021年国家地理标志产品保护示范区筹建名单"，包括西湖龙井、五常大米、陕西富平、四川汉源等50个示范区。

第二种是创意专利转化模式。这是一种通过专利申请的法律手段保护创意技术发明、实用新型或外观专利的方式，创意技术发明专利权的期限为二十年，创意实用新型专利权和外观专利权的期限分别为十年、十五年，均自申请日起计算。一般而言，专利权主要保护创造者在技术发明、材料创新和创意设计等领域的创造性劳动成果，是保护科技创新的重要手段。

第三种是创意版权转化模式。这是一种通过原始取得或登记取得等法律手段保护文字、口述、音乐、戏剧、曲艺舞蹈、杂技艺术、美术、建筑、摄影、电影、工程设计图、产品设计图、地图、示意图等图形作品和模型作品、计算机软件等独创形式创意作品的方式。创意版权的作者如果是自然人，其保护期限为创意作者终生及其死亡后五十年，截至其死亡后第五十年的12月31日；如果是法人或者其他组织的作品，其保护期限截止于作品首次发表后第五十年的12月31日。此外，创意商业秘密可以通过与获悉该创意的组织或个人签署保密协议的形式加以保护。

随着创意经济的蓬勃发展，与创意版权相关的产业已经成为美国、英国、中国等大多数国家和地区社会经济的重要组成部分。版权产业（copyright-based industries）以版权的

[①] 段桂鉴，等. 版权价值导论[M]. 北京：商务印书馆，2017：61.

保护和开发为经营活动，是创意内容的创作、制作、表演、广播、传播、展览、授权、发行、零售等相关环节的总和。世界知识产权组织（World Intellectual Property Organization, WIPO）将版权产业分为四类：第一类为核心类版权产业，如图书、报纸、电子书、音像制品、计算机软件、游戏、动漫、摄影作品、音乐等相关产业；第二类为相互依赖类版权产业，如电视机、计算机、乐器、照相机、纸张、复印机等相关产业；第三类为部分类版权产业，如家纺、家具、玩具、陶瓷、建筑等相关产业；第四类为非专用性支持类版权产业，如批发零售业、运输业、互联网产业等。[①]

创意受文化和技术的双重影响，是文化创意与科技创新的融合创意。"文化创意是内容的创造，在有限的自我实现中拥有更精彩的实现。科技创新为消费者提供新的更高的价值。文化创意为产品和服务主义文化要素。"[②]文化创意是"软创新"，科技创新是"硬创新"。"硬创新"大多以专利的形式得到保护，"软创新"大多以版权的形式得到保护，"硬创新"和"软创新"都需要商标的保护。由于创意版权化模式是对创意内容实施知识产权保护的主要形式，因此在某种情况下，创意产业和文化产业又被称为版权产业，创意经济和文化经济又被称为版权经济。腾讯集团聚焦"连接+内容"的业务模式，先后提出的"泛娱乐战略"和"新文创战略"，其本质都是以创意版权为核心，连通网络文学、动漫游戏、图书出版、影视戏剧等不同文化行业的跨界创新模式。版权经济是知识经济的重要表现形式，是现代化经济的结构指标和动力之源，"通过对智力成果为核心的版权资源的创新开发和运用，不断提升社会产品的文化、科技含量，再通过金融的传导，不断促进产业结构转型和升级换代，不断以现代产业体系孕育的新业态、新动能催化现代化经济体系，在我国经济发展向形态更高级、分工更优化、结构更合理的现代化经济体系跃升中发挥着独特作用"。[③]创意产权是版权经济的核心，是形成版权产业价值链的关键。

二、创意产权的主要价值

人类社会的创意具有使用时的非竞争性、体验时的非排他性，是一种典型的准公共产品。国家针对创意的知识产权保护政策，正是创意资源得以通过市场机制进行有效配置的关键。创意产权的经济价值主要表现为创意产权的授权模式。创意产权的授权范围包括品牌授权、艺术授权、博物馆授权、漫画授权、动画授权、游戏授权、影视授权、图书出版授权、网络文学授权以及文字授权、形象授权、图片授权、声音授权、视频授权等不同内容和形式。创意管理的创意产权管理就是围绕创意产权的生产、开发、保护、交易、运营等环节所开展的管理实践。除了创意商标和创意专利的管理以外，创意产权管理主要表现为创意版权管理。创意版权的本质是一种复制权和开发权，源于 15 世纪中叶德国发明家约翰·古登堡金属活字印刷术的发明及其市场应用。创意版权是"著作权人（自然人或法

---

① 丁汉青. 传媒版权管理研究[M]. 北京：中国人民大学出版社，2017：116-117.
② 厉无畏. 创意改变中国[M]. 北京：新华出版社，2009：18-19.
③ 段桂鉴. 大力发展版权经济　助力现代化经济体系建设[N]. 中国文化报，2019-02-16（1）.

人）依法对科学研究、文学艺术诸方面的著述或创作等所享有的权利"①，包括人身权和财产权。按照我国《著作权法》的规定，创意版权的人身权是一种精神权利，包括发表权、署名权、修改权和保护作品完整权，是一种终身权利；创意版权的财产权包括复制权、发行权、出租权、展览权、表演权、放映权、广播权、信息网络传播权、摄制权、改编权、翻译权、汇编权等。此外，创意版权还有与著作权相关的权利，即作品邻接权，主要包括艺术表演者权、录音录像制品制作权、广播电视权、出版者版式设计权等权利。②

由于知识产权的英文简称为"IP"，因此文化产业学界和业界往往会用"IP"来指称创意产权这种文化产业发展的核心要素。随着数字技术和文化产业的融合发展，IP被赋予各种丰富的内涵，不再是"知识产权"的单纯简称，而是在承载形象、表达故事和彰显情感的文化生产过程中成为一种经过市场验证的情感载体，成为一种有故事内容的人格权。③随着互联网基础设施的完善，IP被视为互联网生态的新物种，象征那些具有心智连接、情感维系、温度呈现、人格演绎、鲜明识别、流量变现等核心内容特征的创意资产。④因此，IP以法律确权为基础，但已不再是一个单纯意义上的法律术语，更是一个互联网经济的产品创意、商业创新、企业战略的新模式。

创意IP具有三个层面的意义：法律IP（intellectual property rights）、文化IP（intangible property）和文创IP（creative intellectual property）。法律层面的IP就是前文讨论的创意产权的商标、专利和版权三种形态，是从法律确权意义上界定创意IP，表明创意产权是一种私权，要经过国家法律的确认，有明确的权利享有人。文化层面的IP就是强调创意IP的文化价值，这种文化价值表现为一种无形产权的非物质形态，是文化资源中那些具有广泛认知、高度认同的符号资产。例如，当业界人士和媒体报道称"孙悟空是一个超级IP"的时候，其实主要强调了孙悟空形象作为一种传统文化资源，是可以被反复开发的文化资产，但这是一种公权资产，每个创意个体或团队都有权去开发。文创IP是创意管理意义上的IP观念，强调创意IP作为创意生产过程的价值特征，表明优质的创意产权具有内容链接和价值跨界的创意扩散效应。文创IP融合了法律IP和文化IP的内涵、价值和特征。文创IP是一种有深厚的文化内涵、形象化的创意表现、可持续开发的商业价值的无形资产。

优质的创意产品只是文创IP的起点，需要经历多领域的共享与涵养，才能最终形成超越具体平台和单一形式的文创IP价值，才能具有无限延展的生命力。文创IP概念的普及与热潮强调了文化产业语境下文化资源的商业价值，同时也规范了文化资本的处置原则。在文化产业的各个领域中，电影电视、新闻出版、网络文学、网络游戏、表演艺术和节庆会展等不同门类之间建立了广泛而密切的连接，这种连接既孕育和生产了文创IP的内容，又为文创IP内容的价值转换和经济增值提供了广阔的拓展场域。

① 中国大百科全书总编辑委员会《法律》编辑委员会. 中国大百科全书·法律卷[M]. 北京：中国大百科全书出版社，1986：5.
② 陈震，武东兴. 版权资产运营与管理. 北京：知识产权出版社，2021：19-36.
③ 程武. UP腾讯互动娱乐2016年度发布会报告[EB/OL]. （2016-03-25）[2021-12-09]. http://up.qq.com/webplat/info/news_version3/7694/22238/22239/m14327/201603/444892.shtml.
④ 吴声. 超级IP：互联网新物种方法论[M]. 北京：中信出版集团，2016：54-92.

　　"文创 IP 热"反映出新常态下文化产业发展的双重面貌：第一是"内容为王"的创新意识，第二是"版权为王"的经营策略。文化生产的结果不仅产出"叫好又叫座"的创意产品，而且产出具有可持续开发价值的文创 IP。与传统产业的知识产权保护性运营模式不同，文化产业视野下的文创 IP 运营更加注重不同领域的价值流转和多元演绎，更加注重"一源多用"的跨界开发。创意内容是文化产业的价值源头，但内容是一种无形资产，只有将无形的创意活水封装在法律熔铸的容器之内，才能为文化企业提高文化资源的开发效率，保护内容创作者的合法权益和创意才华。"文创 IP 化"时代的到来意味着文化产业进入一种内容驱动和全产业链拓展的新常态。

　　平台经济是文化创意与互联网结合的新经济模式，是互联网企业在成熟的渠道基础上整合了无边界的内容资源，打造出的一种兼顾"渠道为王"与"内容为王"的新型商业模式。多元化平台经济可以搭建出创意产品从创意、生产、宣发到流通的全流程框架，为文创 IP 的创作与开发提供天然的外部条件，能够有效延长文创 IP 开发的产业链与生命周期。在平台经济的推动下，文创 IP 的多元开发已成为文化产业领域里的常规发展模式。美国好莱坞电影 IP 的开发也正是基于这种生态链式集团化运营才得以发扬光大，成为影响全球文化市场的娱乐旗舰。

　　优质文创 IP 采用"一源多用"的开发策略，实现了文化生产与文化需求之间的可控性。文化消费的不确定性是文化产业典型的风险性特征之一。文化需求决定市场风向，但文化需求是无限且多元的，即使是经验丰富、杰作频出的电影巨匠也很难预测下一波影音产品的票房大热。互联网平台的成熟与扩张一方面提供了数不胜数的优质内容资源，可为优质 IP 的筛选提供庞大的基数；另一方面还衍生出多元化融资模式，通过发挥"忠诚度经济"的热量推动 IP 的价值转换，为中小微企业进行创意产品的生产提供了资金保证，进而推动了整个互联网文化产业的生态建构与多元发展。

第二节　文创 IP 的要素与种类[①]

　　文创 IP 是具有较高曝光度、知名度和稳定受众群的优质创意 IP。文创 IP 包含五项基本要素，各要素符合一种由内到外、层层包裹的洋葱型结构。其中，文创 IP 洋葱模型（见图 7-1）的中心要素是文创 IP 的核心价值观/世界观（values），依次向外展开的要素为鲜明的形象（image）、故事（story）、多元演绎（adaptation）与商业变现（commercialization）。在文创 IP 洋葱模型中，越向内层，文创 IP 价值的实现越由内容创意者决定，而文创 IP 的文化属性越强；越向外层，文创 IP 价值的实现越由文化企业决定，而文创 IP 的商业属性越强。

[①] 本节部分内容发表于向勇，白晓晴. 新常态下文化产业 IP 开发的受众定位和价值演进[J]. 北京大学学报（哲学社会科学版），2017，5（1）：123-132.

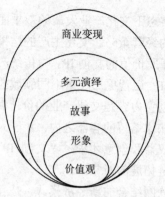

图 7-1　文创 IP 洋葱模型

一、文创 IP 的基本要素

（一）文创 IP 价值观——内容基石

价值观是衡量文创 IP 内容是否具有开发和传播价值的第一标准。文创 IP 的价值观要素强调创意内容的符号象征性、价值导向性和文化认同度。文创 IP 的载体（电影、电视剧、游戏等）作为文化商品，同时具有经济效益与社会效益，文化信息在传播过程中不可避免地会对消费者的精神思想产生影响，因此文化企业在筛选和开发文创 IP 的过程中，需要过滤掉暴力、色情、封建迷信等非正能量的内容，着重表达契合社会共同认同的核心价值。只有具有开发潜力的文创 IP 内容得到受众的认可，才有可能集聚更大范围的"高价值受众效应"（俗称"粉丝效应"）。对此，文创 IP 开发商在后续改编过程中会综合考虑，如电影《寻龙诀》和《九层妖塔》对网络小说《鬼吹灯》的影像开发就合理规避了不受大众理解和接受的部分内容，解构盗墓题材，强化探险/冒险类型，定位共享的价值观念与精神取向。因此，共享的价值观是 IP 开发过程中最重要的正向坚守。

（二）文创 IP 形象——基本单元

形象鲜明是文创 IP 跨界开发的落脚点，尤其是可视化角色形象（无论是真人形象还是拟人形象）。文创 IP 的形象要素强调风格的独特性、品牌的差异性和外观的辨识度。在文创 IP 系列创意产品中，电视剧、电影、游戏等视觉化创意产品是文创 IP 内容变现的核心部分。从文化产业 IP 开发的实践经验来看，文字、声音的多元利用率远远低于影像的多元利用率。个性鲜明的角色形象是创意 IP 的基本单元。当然，形象需要时代化个性予以支撑，需要与消费者的生活环境发生连接。以"暴走漫画"为例，虽然"暴走"IP 的多元开发中包含一系列的形象贴图和动态表情，但是"暴走"IP 不是一套单一的卡通图，而是来自漫画，起源于可以引发广泛"同理心"的故事和强烈的个性形象。这种别具一格的个性形象识别度极高且可以不断地进行发散演绎，创意出各种引人入胜的故事，受到广大网友的喜爱。具有法律意义的文创 IP 不一定是文化产业意义上的文创 IP，如《新华字典》等工具书因缺乏基本的角色或形象，其衍生开发的市场价值就不会太大，除非对这些知识进行创意加工，赋予这些知识内容以形象和故事。

（三）文创 IP 故事——受众联结

故事在某些创作语境中又被称为世界观，是具有共鸣性的内容表达。文创 IP 的故事要素强调信息承载的知识性、故事情节的吸引性和故事情感的感染性。文创 IP 的故事是具有一定创意、富含情感且能打动观众的内容，可被改编或补充，能够在不同载体的转化下保持故事的延续性。从我国古典美学的视角来看，故事是"象"的一种形式，是能够引发情感共鸣或文化认同的内容。《易传》中有"言不尽意""立象以尽意"，指概念不能将事物的内涵完全表达清楚。创意产品所承载的"象"，往往能通过让人感同身受而把内涵、意蕴表达清楚并被人有效接受。正因如此，无论是儒道哲学还是社会知识，流传千古的学说道理大都载于故事与传奇之中而非抽象的概念或体系的法则里。美国认知科学家罗杰·C.享克指出，"人生来就理解故事，而不是逻辑"，"故事给予过去的经验一个生命，故事使已经发生过的事件令人难忘"[①]。文化记忆往往是一种故事记忆，当某一事物被镶嵌在丰富的故事内容中时，最能传达出真挚的情感或明白的道理，给受众带来的接受效果最好。

（四）多元演绎——市场扩容

多元演绎是文创 IP 在形象的基础上，在不同的内容载体上对故事进行的延伸，通过持续建立情感连接来扩容受众并将更多的受众转化成高价值用户（俗称"粉丝"）。文创 IP 的多元演绎要素强调产品品类的丰富度、适用方法的多样性和媒介平台的覆盖面。对于文创 IP 型创意产品来说，没有消费者的认可，文创 IP 的商业价值与文化价值就无法实现。高价值受众是忠诚度和热情度都非常高的受众，文创 IP 孵化与开发的目的就是将更多的普通受众转化为超级价值受众，通过高价值受众的忠实消费实现 IP 价值开发的最大化，进而延长文创 IP 的生命周期并提高其变现能力。多元演绎不仅是文创 IP 吸引受众的关键要素，而且在维系超级价值受众的过程中发挥着更加重要的作用。文创 IP 的跨界开发过程就是要不断深化和强化高价值受众的"高价值受众效应"，有效地延长文创 IP 的生命周期，实现文创 IP 的可持续开发。

（五）文创 IP 商业变现——资本转化

在商业意义上，文创 IP 是受法律保护的知识产权，具有可流转的财产属性，可以从文化资本转化为经济资本。文创 IP 的商业变现要素强调内容受众的规模化、创意市场的层次性和创意政策的扶持度。原创内容可以通过授权的形式在文化企业之间实现买卖，不同的文化企业通过对原创内容的多元演绎而生产不同的文化商品，借助原有内容的影响力来销售更多形式的文化商品，这样可以在降低市场风险的同时扩大收益渠道。在内容授权的过程中，内容创意者与文化企业通过谈判签订书面协议，文化企业付给内容所有人（如

---

① SCHANK R C. Tell Me a Story: A New Look at Real and Artificial Memory[M]. New York: Simon & Schuster Trade, 1990: 1-253.

小说作者）一定的权利金以取得一定期限内独家开发或出售该内容版权的权利。在"内容为王"的文化产业中，优质的内容在经营好价值观、形象、故事和多元演绎的 IP 要素后，便能够获得持续可观的商业收益（见图 7-2）。

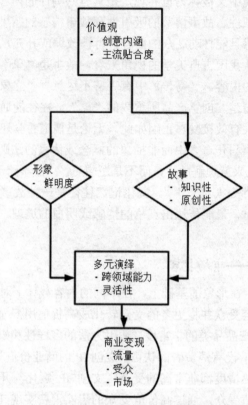

图 7-2　文创 IP 基本要素传导模型[①]

文创 IP 洋葱模型表现了五大要素之间从内向外的静态关系。其中，价值观、故事属于隐性价值，形象、多元演绎和商业变现属于显性价值。在文创 IP 的实际操作过程中，这些要素之间的组合呈现一种动态的关系（见图 7-2）。价值观是文创 IP 孵化的起点，关注创意产品的文化内涵和主流价值观贴合度；形象和故事可以作为文创 IP 的平行对等要素同时操作，关注形象的鲜明度和故事的知识性与原创性；多元演绎作为文创 IP 孵化的第三个环节，注重跨领域能力和灵活性；商业变现是文创 IP 孵化的最终环节，注重 IP 流量、受众和市场关注。

二、文创 IP 的主要分类

雷蒙德·威廉姆斯（Raymond Williams）指出，某一特定时期的文化形态应该包括剩

---

① 该模型经北京大学艺术学院"创意管理学"课程选课学生讨论制作而成。

余的（residual）、主流的（dominant）和新兴的（emergent）三种形态，涵盖过去、现在和未来的时间尺度。[①]广泛传播的文创IP反映了一个时期大众文化的形态特征。因此，根据内容生产的时间累积和影响力的持久性，可将文创IP分为老经典（old classic）、新经典（new classic）和快时尚（fast fashion）三种形态。老经典代表了剩余的文化形态，新经典代表了主流的文化形态，而快时尚则代表了新兴的文化形态。

（一）老经典文创IP（old classic IP）

老经典指已经超过著作权保护期或公共版权的文创IP，一般来源于民族物质文化遗产、非物质文化遗产或自然山水资源，具有典型的民族个性和地方特色。例如，如果对我国古代四大名著中的人物形象与故事内容进行开发，所形成的文创IP就属于老经典文创IP的范畴。老经典IP得益于文化基因，是民族文化在历史长河中深厚积淀的集体硕果，是民族精神的集中体现和民族文化的基因载体。文化产业视域下的老经典文创IP包含的关键要素是传统文化基因、民族价值认同、时代精神风貌和文化创新意识。英国生物学家理查德·道金斯（Richard Dawkins，1941—）在《自私的基因》中指出，文化基因（meme）是文化传承中的基本单元，通过以模仿为主的非遗传方式，将某种以语言、思想、观点、习俗、行为方式为表现形式的民族文化代际传承。一方面，文化基因具有相对稳定性，虽然在传播中被不断复制、模仿和再创造，但其最重要的特征相对稳定，具有强大的繁衍能力以及向"他者"渗透的能力；另一方面，文化基因具有变异性，是不断进化和发展的，总是在不同的社会语境中寻找更适合的存在形态。[②]文化基因总是在变化中保持自我，同时又发展自我，老经典IP的新时期活力就恰恰体现了文化基因的这种特性。

我国是具有先天优势的文化资源大国，丰富的历史文化资源是当代文化创意生产的宝贵财富，充分灵活地运用这些老经典IP，将成为本土文化企业进行内容生产的巨大优势。意大利作家伊塔洛·卡尔维诺（Italo Calvino）在《为什么读经典》中写道："一部经典作品是一本从不会耗尽它要向读者说的一切东西的书。"[③]老经典文创IP的文化生命力经久不衰，不同时代的作者和读者都对其进行着不同的诠释和再造。在网络文学领域，享有"网络第一书"美誉的《悟空传》及其他大量网络小说的故事架构都改编自《西游记》。在电影领域，1995年上映后日益深入人心的系列电影《大话西游》、2013年电影票房高达12.48亿的《西游·降魔篇》、2015年斩获9.56亿票房的动画电影《西游记之大圣归来》的人物形象和故事框架也都源于《西游记》这一老经典IP。在网络游戏领域，由网易开发并运营的2012年中国大陆同时在线人数最高的网络游戏《梦幻西游》和2014年推出的首款3D推塔（DOTA）动作手游《乱斗西游》等，其价值观框架、故事场景和游戏角色也都运用了《西游记》小说的设定。老经典文创IP最能体现一个民族的传统价值观，具有高度持久的文化热度与历久弥新的文化价值。

---

① WILLIAMS R. Marxism and Literature[M]. Oxford: Oxford University Press, 1977: 1-224.

② 道金斯. 自私的基因[M]. 卢允中，等，译. 北京：中信出版社，2012：216-276.

③ 卡尔维诺. 为什么读经典[M]. 黄灿然，李桂蜜，译. 南京：译林出版社，2006：94.

（二）新经典文创 IP（new classic IP）

新经典文创 IP 是由团体或个人创作的，具有一定故事性的完整版权内容，其基本属性是创作超过十年，内容尚在著作权保护期内。新经典文创 IP 是当代文化的原创产物，或由时尚创意产品沉淀而成，或改编自老经典文创 IP 并成为独立的文化内容且经受过较长时间的市场检验。新经典文创 IP 的关键要素包括行业领先水准、时代精神体现与普遍价值认同，能够反映当代社会人们的集体无意识，即无数同类型经验在心理底层积淀的普遍精神和集体认同。因此，新经典 IP 内容通常具有通约性、时代性与民族性的特点。

经典作品总是具有可持续开发的空间且不局限于精英文化，在大众文化领域，对于经典的解读和诠释同样在不断发生。新经典文创 IP 不仅是曾经流行一时的热门创意产品，还要经历一段时间的社会考验，成为人们反复追忆和致敬的内容，虽然原作已经成为历史，但是对原作的多维改编和再度开发仍然可以不断进行。在文化传播全球化的时代，美国迪士尼动画中的米老鼠、唐老鸭等动画形象，以及 DC 漫画旗下的超人、蝙蝠侠等超级英雄形象都已经成为世界人民心中的新经典文创 IP。新经典文创 IP 的回旋式商业开发能够为文化企业带来持久的经济收益，如《变形金刚》《星球大战》等系列电影不仅已跻身新经典 IP 的行列，而且通过不断推陈出新，唤醒了人们心中的文化记忆与情感共鸣，收获了新一轮的经济效益与品牌价值。风靡全球的《哈利·波特》等新经典 IP 更是凭借系列小说、电影、主题公园等全产业链的开发模式，成就了新经典 IP 的文化帝国。在国产创意产品中，动画《葫芦兄弟》、电视剧《还珠格格》《甄嬛传》的故事内容和人物形象也进入了新经典 IP 的开发行列。当然，国产新经典 IP 的生命力主要体现在对网络碎片化文本（如表情包、网络段子等）的不断改编和引用中，文化企业还未能对新经典 IP 进行长达数十年的规划和开发。

（三）快时尚文创 IP（fast fashion IP）

快时尚文创 IP 内容受到著作权保护，能够在文化市场制造短时间的强烈反响和爆发式收益，一般由个人或企业原创（或改编），是多维产品开发的新兴 IP。快时尚文创 IP 就是当下文化市场时常出现的"现象级"产品。面对信息时代的到来，快时尚文创 IP 的数量呈指数级增长态势，新的快时尚 IP 高频涌现，通过整合媒体的营销效力争夺受众。近年来，自媒体的兴起使快时尚 IP 的成名速度越来越快、传播面越来越广，也使过气的文创 IP 消失得越来越快，极易被新的文创 IP 所取代。2007 年的《杜拉拉升职记》等小说作品、2015 年的《花千骨》《琅琊榜》《芈月传》等电视剧作品，都属于快时尚 IP 的创意产品。

从生命周期上看，快时尚文创 IP 可以分为两种：一种是切片型，其本身没有可供成长的空间，故事性或拓展性较差导致其必然昙花一现；另一种是延展型，这种文创 IP 具有被进一步开发的潜力，其生命周期与文化活力可以被人为延长并能够向新经典文创 IP 转化。从创作方式上看，快时尚 IP 可以分为个人原创、组织共创两种，这两种内容创作方式都可以带来"现象级"优质文创 IP，但也有可能很快地被人遗忘。在文化产业中，成熟的技术手段已经成为打造优质文化内容的必要条件，绝妙的创意与故事、系统的协作与管理是决定文化生命力的关键要素。当前，国产快时尚文创 IP 往往能够获得一时的话题热议与收益爆发，但很难收获持久性影响与收益。如"杜拉拉升职记"系列产品，所属企业想趁着话题热度将创意产品迅速推向文化市场，以达到爆炸式整合营销效果，但粗糙的制作加工使受众对杜拉拉的热情很快就被浇灭，尽管后来《杜拉拉升职记》小说还在续写，但 IP"杜拉拉""升职记"的发展步伐已经显得力不从心了。

第三节　创意产权的授权模式

文创 IP 观念改变了文化创意企业的商业模式，将产品价值链转向了 IP 价值链。所谓 IP 价值链，即文化创意企业创意生产的产品是以 IP 为表现形态的 IP 产品，企业的经营行为围绕 IP 生成、IP 评估、IP 授权、IP 交易、IP 开发、IP 销售、IP 消费等价值链展开。美国迪士尼公司本质上是 IP 版权运营公司，形成了 IP 形象发展战略。迪士尼文创 IP 形象包括米老鼠系列、公主系列、小熊维尼系列、皮克斯系列、漫威系列、星球大战系列等。迪士尼文创 IP 形象来自影视、漫画和游戏作品，采取自主创作和并购获得两种方式。迪士尼文创 IP 形象通过书籍、杂志、课程教材、漫画、小说、数字产品以及玩具、服装、家具、食品、电子产品等不同行业的商业授权，以特许经营和直营的合作模式，形成全版权的形象授权商业模式。由此可见，文创 IP 的商业价值在于可持续的市场授权。总体而言，文创 IP 的授权模式包括原创内容 IP 授权和文化衍生品 IP 授权等不同形式。

一、创意产权的价值机制

文创 IP 的授权来自原创版权的持续授权。例如，我国台湾几米品牌运营机构将几米绘本和几米品牌打造成文创 IP，形成了几米全版权授权的运营模式。全版权运营模式即以创意版权为核心，将版权运营渗透到创意生产链、价值链、供应链和产业链等各个环节的运营模式。全版权运营模式打通了不同文化产业不同行业之间、文化产业与传统产业之间的壁垒，实现了跨行业、跨领域的资源整合和价值共享。几米文创 IP 授权包括内容、产品、空间三个方面：第一，几米绘本内容版权开发业务，包括影视戏剧授权、周边商品授权、主题展览授权；第二，几米产品发展业务，通过几米绘本元素开发文具、寝具、玩具等周边商品，与航空公司、金融公司、地铁公司合作行销广告；第三，几米空间开发，包括品牌概念店和艺术中心、几米博物馆和特色乐园等复合空间，结合了餐饮体验、展览展示、商品销售等功能。几米的价值观是带给人心灵抚慰和人性反思，几米绘本中的多个主人公都是绘本爱好者耳熟能详的角色，每一本绘本都承载了一个图文并茂的感人故事。几米文创 IP 通过授权业务模式，找到了艺术与商业、教育与娱乐的价值平衡点。

文化衍生品 IP 授权指依托文化本体衍生的文化内容，通过创意设计的物化手段，开发具有特定文化内涵的创意产品的授权业务。文化衍生品的文化本体包括自然遗产、文化遗产、地理风貌、地标建筑、文化遗迹等，具有文化原真性价值。约瑟夫·派恩和詹姆斯·吉尔摩拓展了商业消费领域中原真性的内涵和外延，指出产品的原真性成为体验经济的重要推力。他们将消费者可感知的原真性分为自然原真性（natural authenticity，指非人工制造或合成的自然产品）、原创原真性（original authenticity，指非模仿或抄袭的人造原创产品）、独特原真性（exceptional authenticity，指针对不同用户，注重差异性和个性化的产品）、指称原真性（referential authenticity，指可延伸到某种文化语境、历史情景或共同记忆的体验）和影响原真性（influential authenticity，指超越功能性和即时性，激发人们追求更高标准、更高品质的商品价值）并将这些原真性运用于自然商品、人造商品、特色服务、文化体验、空间营造和组织管理之中。[1]故宫文创 IP 授权模式的核心就是这种文化原真性所激发出来的高度的文化认同。故宫文创产品的使用者、购买者和消费者，经由文创产品所呈现出来的原创原真性、独特原真性、指称原真性和影响原真性，建立与故宫博物院的自然原真性的认同联系，产生充满意义和价值的场景体验。2018 年，故宫文创衍生产品创造了 15 亿人民币的市场营收，产生了巨大的经济价值和社会效益。苏州博物馆按照记录中国文雅生活的典范之作——《长物志》提出中国人闲适生活的造物思想，如"制具尚用""随方制象""各有所宜""宁古无时、宁朴无巧、宁俭无俗"等，通过自主研发、授权开发、联名合作等形式开发了文具、日用百货、服装鞋包、首饰、数码周边等十余个门类的文创产品，实现了博物馆经济价值的增值，拓宽了博物馆经营的价值领域。[2]

据《2021 中国品牌授权行业发展白皮书》统计，我国 IP 授权市场的品类包括卡通动漫、艺术文化（含博物馆）、潮流时尚、电子游戏、影视综艺、企业品牌、肖像形象、体育运动、网络文学、音像图书和院校名人。其中，娱乐类 IP 授权占比为 58%；被授权商所属行业包括玩具游艺、服装饰品、食品饮料、礼品纪念品、文具办公、婴童用品、电子数码、家居家纺、图书出版、户外运动、软件开发、健康美容、音乐音像等；玩具游艺类占比为 17.7%，服装、食品占比为 16.9%。文创 IP 的知名度和影响力、活跃度和热度、品牌调性匹配度、价值观美誉度和口碑、授权金费用、产品的目标受众匹配度、二次创作力、产品溢价作用和 IP 受众消费力等因素是被授权商考虑接受某文创 IP 授权的主要因素，其中文创 IP 的知名度和影响力是第一因素。[3]文创 IP 授权具有巨大的商业市场和发展空间。

二、创意产权的授权方式

文创 IP 授权是一种基于 IP 权利许可的现代商业经营行为，包括商品授权、主题授权、

① GILMORE J H, PINE B J.Authenticity: What Consumers Really Want[M]. Cambridge: Harvard Business School Press, 2009: 1-317.
② 徐凡，钱皓，王一珉. 基于《长物志》造物思想的苏州博物馆文创产品设计原则[J]. 设计，2018（9）：107-109.
③ 中国玩具和婴童用品协会品牌授权专业委员会. 2021 中国品牌授权行业发展白皮书[R/OL].（2021-04-08）[2021-12-09]. https://new.qq.com/omn/20210409/20210409A03UGJ00.html.

渠道授权、营销授权和虚拟授权等不同模式。文创 IP 授权是权利享有人将创意知识产权以许可（license）的形式进行让渡，实现文创 IP 全部或部分财产权从授权方许可人（licensor）向被授权人（licensee）的转让。文创 IP 的授权费包括几个不同种类：① 买断制授权费（flat fee），这种授权模式与产品经营的实际情况无关，是被授权方向授权方一次性支付的费用；② 分账制授权费（running royalty），是被授权方根据年度销售额向授权方支付的费用；③ 最低保障金授权费（minimum guarantee），即使经营情况不好，被授权方也要向授权方支付该费用。

根据创意知识产权的使用费和后续服务费的支付模式不同，文创 IP 的授权途径也不一样，主要包括以下四种：第一种为"最低保障金+分账权益金"方式，指文创 IP 被授权方向授权方支付最低的保障金和被授权方研发产品的销售提成；第二种为分账制权益金方式，指文创 IP 被授权方只向授权方支付被授权方研发产品在授权期内的销售提成；第三种为年度定额方式，指文创 IP 授权方根据全年被授权方研发产品的经营状况，在年终一次性向被授权方收取一笔授权费用；第四种为资源互换方式，指文创 IP 授权方与被授权方深度合作，资源协作，联合开展产品研发与销售，风险共担，收益共享。随着人们知识产权意识的增强和 IP 授权业务的成熟，目前以买断制授权模式开展文创 IP 授权业务的情况较少出现。文创 IP 是文创企业的核心资产，是文创企业开展产品经营和金融运作业务的关键目标。

三、创意产权授权的评价指标

文创 IP 授权要取得市场的成功，受政府层面的知识产权保护制度、市场层面的版权经济竞争环境和产品层面的文创 IP 内容价值等多个因素的影响。文创 IP 作为一种创意个体或团队通过创意劳动创造的劳动成果，满足了人们个性化的精神文化需要，传播了人类社会整体性的共享文化，具有经济价值和社会价值。创意 IP 具有现代资产的属性，具有无形性、专有性、期限性、地域性、商品性、复合性等特点[①]，因此针对文创 IP 授权业务开发出一套合理有效的评价指标就显得尤为重要。

文创 IP 是强认同的文化符号，是高感染的情感载体。业界人士提出了超级 IP 孵化的 5S 要素，即情感（sensibility）、角色（starring）、世界观（scenery）、故事（story）、符号（symbol）。所谓文创 IP 的情感要素，指文创 IP 的情感内核，既包括情感定位原点，又包括由信念（价值观）和欲念相互冲突形成的天人情感交战；所谓文创 IP 的角色要素，指塑造明星化形象，打造情感鲜明的角色性格；所谓文创 IP 的世界观要素，指根据文创 IP 的主题和情感，创造出独特的世界规则，形成独特的情境；所谓文创 IP 的故事要素，指原型化、情感化故事类型；所谓文创 IP 的符号要素，指文创 IP 能在各个领域呈现的精心设计的符号体系。文创 IP 5S 要素的发挥是以文化母题为基础的。[②]这套文创 IP 孵化的

① 陈震，武东兴. 版权资产运营与管理[M]. 北京：知识产权出版社，2021：15-19.
② 陈格雷. 超级 IP 孵化原理[M]. 北京：机械工业出版社，2020：77-168.

5S 思维强调 IP 思维即产品思维，注重文创 IP 与创意产品的深度融合，对文创 IP 的打造进行了系统化、标准化、产品化的梳理，具有较强的可操作性。

韩国安东国立大学金时范教授经过多年的 IP 授权理论研究与实践探索，提出了一套文创 IP 授权评估指标，称为"金氏指标"（kim si-bum index）。金氏 IP 评价指标包括十一个指标，分别为象征性（symbol）、品牌性（brand）、唯一性（unique）、形象感（image）、故事性（story）、认同感（identity）、知识性（knowledge）、可开发性（manual）、媒介性（media）、狂热性（mania）和市场性（market）。具体而言，象征性指标指文创 IP 要有标识某种特别的价值或意义的事物；品牌性指标指文创 IP 能引起受众强烈的识别和认知的符号；唯一性指标指文创 IP 能唤起受众独一无二的专属感知；形象感指标指文创 IP 具体生动的表达形式；故事性指标指文创 IP 具有感染力的故事讲述；认同感指标指文创 IP 激发受众产生情感、依恋和依附的感情或信仰；知识性指标指文创 IP 能提供有效使用的认知体系和教育功能；可开发性指标指文创 IP 提供了一套清晰完整、精心制作、一元多用的操作指南；媒介性指标指文创 IP 可以在不同媒体、不同介质上进行多次开发和传播；狂热性指标指文创 IP 能产生强大的情感亲密度、忠诚度、受众效应和膜拜效益；市场性指标指文创 IP 有明确的目标受众和清晰的盈利模式。文创 IP 要素洋葱模型和金氏 IP 评价指标可以整合为一套文创 IP 评价指标体系（见表 7-1）。

表 7-1 文创 IP 评价指标体系

价 值 属 性	一 级 指 标	二 级 指 标
文化价值	价值观	象征性
	故事	故事性
		认同感
		知识性
	形象	品牌性
		唯一性
		形象感
经济价值	多元演绎	可开发性
		媒介性
	商业变现	狂热性
		市场性

由于 IP 授权业务的创意复杂性、要素多样化和评估主观性等特点，在具体授权业务的实践中，需要一套评估职业标准作为指导。中国资产评估协会于 2016 年 3 月发布了《文化企业无形资产评估指导意见》，规范了包括文创 IP 在内的无形资产的评估行为。这些无形资产评估指无形资产的财产权益或者特定无形资产组合的财产权益，包括著作权、专利权、专有技术、商标专用权、销售网络、客户关系、特许经营权、合同权益、域名和商誉等。该指导意见对无形资产评估的影响因素、资料收集、评估方法等都做了明确的规定，对文创 IP 的评估提供了参考借鉴。2017 年 9 月，中国资产评估协会又发布了《资产评估

执业准则——无形资产》，就无形资产评估的基本遵循、评估对象、操作要求、评估方法、披露要求等进行了进一步的明确和规范，对文创 IP 价值的评估执业行为和评估执业质量都发挥了很好的规范和保证作用。

2019 年 5 月，国家文物局发布了《博物馆馆藏资源著作权、商标权和品牌授权操作指引（试行）》，为博物馆授权提供了推荐性、规范的文本参考，对"加强文物保护利用和文化遗产保护传承，指导各地博物馆提高馆藏资源著作权、商标权和品牌开发和活化利用能力"，"有序开放文物资源信息，合理开展文物资源授权使用工作"起到积极的作用。该操作指引就博物馆授权的内容、模式、流程以及相关的权利和义务都进行了约定，还提供了直接授权和委托授权两种授权合同的范例、资源清单表，对博物馆馆藏资源著作权、商标权和品牌授权操作的路径进行了清晰的规划，加强了博物馆授权业务的指导，促进了博物馆馆藏资源的有序开放、合理利用。

在国际上，授权产业已经成为创意价值实现、文创 IP 开发的重要产业。1985 年，国际授权业协会在纽约成立；2019 年，该协会的英文名称"International Licensing Industry Merchandisers'Association"（LIMA）更改为"Licensing International"。它是最具权威性和影响力的国际授权业组织，拥有超过 1100 名公司会员，包括迪士尼、时代华纳、索尼、阅文集团等知名文创企业，在上海、香港设有分支机构，定期发布品牌授权评估报告，组织 LIMA 全球授权展、全球授权业大奖、LIMA 工作坊、授权集市等特色活动，对深化授权商业意识的认知、促进全球授权经济的发展、提高授权从业人员的职业素养发挥了积极的作用。

当然，创意知识产权作为文化创意企业最重要的资产，除了开展全版权运营模式以外，还可以将创意产权作为资产运营的标的物，开展创意产权质押与融资、创意产权投资入股、创意产权贸易、创意产权信托等业务模式。①

四、反思：产权保护、创意共享与知识付费

知识产权保护制度的实质是一套保护私利、效率优先的制度设计，一直面临私人利益与公共利益的冲突。创意产权创造性保护的私人性和商业性与人类整体发展的社会性和公共性有内在的矛盾，创意产权的保护需要在创意者的私人利益和社会的公共利益之间保持平衡，明确知识产权适用的边界条件。②美国知识产权学者劳伦斯·莱斯格（Lawrence Lessig）认为，"无论何时何地，自由资源对创作来说都是至关重要的，缺少它们，创作就会被削弱。因此，尤其是在数字时代，核心问题是资源是否应当受到控制，而不是应由谁（政府还是市场）来控制资源。控制是可能的，并不能说明控制是合理的"③。创意产权的保护与开放之争，也是知识产权的右派（copyright—著作权，版权保护派）和左派

① 陈震，武东兴. 版权资产运营与管理[M]. 北京：知识产权出版社，2021：206-246.
② 丁汉青. 传媒版权管理研究[M]. 北京：中国人民大学出版社，2017：10-13.
③ 莱斯格. 思想的未来：网络时代公共知识领域的警世喻言[M]. 李旭，译. 北京：中信出版社，2004：15.

（copyleft—著佐权，版权开放派）之争。

知识产权公共领域是人们进行自由创意的源泉，人类文明的进步是以知识的代代传承与共享为前提的。除了保护期已过的版权自然作为公共版权，还有哪些方式可以拓展知识产权的公共领域？为了抵抗版权过度保护，倡导开放、共享和互济的知识创意理念，知识共享许可行动应运而生。2002 年 12 月，*Creative Commons License*（CC 协议）首次发布，2013 年 11 月更新至 CC 4.0，这是一种在全球范围内允许他人分发作品的公共版权许可。创作共享协议允许创作者选择不同的授权条款和不同国家著作权法的规定，与公众分享创作，授予其他人再散布的权利。这些指定的授权条款包括署名（BY）、非商业性使用（NC）、禁止演绎（ND）和相同方式共享（SA），彼此构成 16 种不同的组合，其中 5 种无效，又因为余下的基本上都保留署名权，最终形成 6 种核心许可条款，即署名（BY）、署名-相同方式共享（BY-SA）、署名-禁止演绎（BY-ND）、署名-非商业性使用（BY-NC）、署名-非商业性使用-相同方式共享（BY-NC-SA）、署名-非商业性使用-禁止演绎（BY-NC-ND）。署名赋予用户的权利最为宽松，署名-非商业性使用-禁止演绎最为严格。[1]CC 协议是"反版权"运动的具体实践，是对知识产权保护对个人利益与公共利益的冲突的实践反思。

CC 协议并不完全适用于当前各国的知识产权法律。在互联网时代，知识产权的私有领域与公共领域之间的界限越来越模糊，如果完全推行没有限制的知识共享，会不会引发新创意领域的公地悲剧？这值得我们进一步思考。公地悲剧（tragedy of the commons，又译为公共地悲剧）被称为哈定悲剧，是由英国学者加特勒·哈定（Garrett Hardin）于 1968 年提出的学术概念，表述了如果一种资源没有排他性所有权的限定，会过度使用公共资源，从而导致资源枯竭的现象。公地悲剧阐释了某种产权流失的问题，其解决的办法一般主要依靠产权制度和道德修养。数字技术推动了知识产权的私有保护与公有领域的知识共享在不断地互相博弈，在各自的范围内互相转化。"知识产权保护著作者的合法权益，公有领域为创作者提供创新的土壤，两者是不可或缺的"，通过有效识别公有领域的创意作品和缩小创意版权的扩张，希望能保持一种动态的均衡状态。[2]

随着移动支付技术、移动终端设备的飞速发展以及数字消费者版权意识的增强，最近几年互联网文化创意企业出现一种基于知识产权保护的知识付费的商业模式。所谓知识付费（也包括"内容付费""创意付费"），即知识获取者需要向知识提供者直接付费才能获得知识消费，而不用通过观看广告或流量导入而免费获得知识消费，是互联网时代知识获取的一种新方式。其实，知识付费在我国有着悠久的传统，为了获得知识，学生要向老师赠送礼物以作为学费，形成了从孔子私学、硕儒书院到乡绅私塾的束脩之礼。孔子打破官学，创办了私学，说到"自行束修以上，吾未尝无诲焉"。知识付费模式是对互联网免费模式的升级，是数字版权经济的商业创新。知识付费的本质是知识产权付费，是得到法律保护的版权在互联网上的商业变现，是无可厚非的企业经营行为。但是，过度的知识付

---

① 于水婧. 知识共享协议与开放存取期刊出版[J]. 出版广角，2016（22）：50-52.

② 程苗苗. 论版权与公有领域内作品的博弈[J]. 新闻研究导刊，2017，8（17）：228-229.

费会催生过度的知识产权保护策略，因此我们要警惕知识付费企业出现知识垄断的不正当竞争行为，警惕知识产权发达国家出现知识霸权的不公平贸易行为。

 本章小结

创意产权包括有形产权和无形产权，创意有形产权是具有实物形态的创意物权，创意无形产权是具有非实物形态的创意信息、创意知识的拥有权。一般而言，创意产权主要是指创意无形产权。创意无形产权包括创意知识产权、创意商业秘密、创意特许权等，但主要是创意知识产权。创意价值的知识产权转化途径包括创意商标转化、创意专利转化、创意版权转化三种模式。创意产权是版权经济的核心，是形成版权产业价值链的关键。在创意管理语境下，IP 以法律确权为基础，但已不再是一个单纯意义上的法律术语，更是一个互联网经济的产品创意、商业创新、企业战略的新模式。创意 IP 具有法律 IP、文化 IP 和文创 IP 三个层面的意义。优质的创意产品只是文创 IP 的起点，需要经历多领域的共享与涵养，才能最终形成超越具体平台和单一形式的文创 IP 价值，才能具有无限延展的生命力。

文创 IP 是具有较高曝光度、知名度和稳定受众群的优质创意 IP。文创 IP 洋葱模型的中心要素是文创 IP 的核心价值观/世界观，依次向外展开的要素为鲜明的形象、故事、多元演绎与商业变现。其中，价值观是衡量文创 IP 内容是否具有开发和传播价值的第一标准；形象鲜明是文创 IP 跨界开发的落脚点，尤其是可视化角色形象；故事在某些创作语境中又被称为世界观，是具有共鸣性的内容表达；多元演绎是文创 IP 在形象的基础上，在不同的内容载体上对故事进行的延伸，通过持续建立情感连接来扩容受众并将更多的受众转化成高价值用户；文创 IP 是受法律保护的知识产权，具有可流转的财产属性，可以从文化资本转化为经济资本。根据内容生产的时间累积和影响力的持久性，文创 IP 可分为老经典（old classic）、新经典（new classic）和快时尚（fast fashion）三种形态。老经典代表了剩余的文化形态，新经典代表了主流的文化形态，而快时尚则代表了新兴的文化形态。

文创 IP 观念改变了文化创意企业的商业模式，将产品价值链转向了 IP 价值链。文创 IP 的授权来自原创版权的持续授权。文化衍生品 IP 授权指依托文化本体衍生的文化内容，通过创意设计的物化手段，开发具有特定文化内涵的创意产品的授权业务。文创 IP 授权是一种基于 IP 权利许可的现代商业经营行为，包括商品授权、主题授权、渠道授权、营销授权和虚拟授权等不同模式。文创 IP 的授权途径包括"最低保障金+分账权益金"方式、分账制权益金方式、年度定额方式和资源互换方式等。业界人士提出超级 IP 孵化的 5S 要素，即情感、角色、世界观、故事、符号。金氏创意产权评估指标包括象征性、品牌性、唯一性、形象感、故事性、认同感、知识性、可开发性、媒介性、狂热性和市场性十一个指标。创意产权创造性保护的私人性和商业性与人类整体发展的社会性和公共性有内在的矛盾，创意产权的保护需要在创意者的私人利益和社会的公共利益之间保持平衡，明确知识产权适用的边界条件。

 思考题

1. 创意产权的表现形式和影响因素有哪些？
2. 说明产品价值链和 IP 价值链的区别与联系。
3. 结合具体的创意产品讨论文创 IP 的价值要素和评估指标体系。
4. 区块链技术给创意产权的价值实现和授权模式带来了哪些影响？
5. 如何平衡创意者的版权私人价值与公众的版权价值共享？

 案例分析

2021 年 9 月 20 日，北京环球影城正式开园，这是全球范围的第五家环球影城。据媒体报道，这个耗资 1000 亿人民币、筹建 20 年的公园包括 7 大主题景区、37 个骑乘设施及地标景点以及 24 个精彩纷呈的文艺演出。北京环球影城一经开园，门票平均价格 500 元以上竟一票难求，一根魔杖 300 元遭人疯抢，每晚 2 万的酒店房间被早早预订，预估每年有 1300 万左右的游客光临，每位游客平均消费在 1500 元左右。环球影城 7 大主题景区包括小黄人乐园、哈利·波特魔法世界、功夫熊猫盖世之地、侏罗纪世界努布拉岛、未来水世界、变形金刚基地和好莱坞大道，相关经典影视文创 IP 对各自的目标受众有着强大的吸引力。《哈利·波特》的 IP 迷就在微信群和朋友圈纷纷表示："北京的霍格沃茨学院已经开学了，说什么也一定要去报到。"环球影城的主题公园是电影文创 IP 思维主导下的主题乐园，注重独立的影视 IP 的开发，影视内容和故事是游乐园区的"核心基础设施建设"。环球影城主题公园的影视 IP 既有自身旗下的《小黄人》《侏罗纪世界》《速度与激情》，又有来自华纳的《哈利·波特》、派拉蒙的《变形金刚》、漫威的《蜘蛛侠》，这些影视 IP 以冒险、奇幻、科幻为主题。除了环球影城，迪士尼乐园也是全球影视 IP 特许经营的大赢家。迪士尼在全球拥有约 12 万名工作人员，集团拥有主题乐园、电影公司以及电视网等多家子公司，以及"米老鼠""唐老鸭""白雪公主""三只小猪""小熊维尼"等家喻户晓的卡通形象。迪士尼 IP 授权包括动画与电影播映的版权授权，迪士尼商标或品牌特许授权，主题公园连锁与园内商品、服务、酒店的特许授权，迪士尼特许经营连锁商店，迪士尼电视、流媒体平台运营，等等。

【思考】

结合以上背景材料，分析国际主题公园的创意产权开发模式及我国主题园区运营的提升策略。

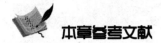 **本章参考文献**

1．RUSHTON M, CAVES R E. Creative Industries: Contracts between Art and Commerce[J]. Journal of Cultural Economics, 2002, 26(1): 82-84.

2．段桂鉴，等．版权价值导论[M]．北京：商务印书馆，2017．

3．陈震，武东兴．版权资产运营与管理[M]．北京：知识产权出版社，2021．

4．丁汉青．传媒版权管理研究[M]．北京：中国人民大学出版社，2017．

5．陈格雷．超级 IP 孵化原理[M]．北京：机械工业出版社，2020．

6．莱斯格．思想的未来：网络时代公共知识领域的警世喻言[M]．李旭，译．北京：中信出版社，2004．

第八章

创意营销的品牌与传播

井蛙不可以语于海者，拘于虚也；夏虫不可以语于冰者，笃于时也；曲士不可以语于道者，束于教也……可以言论者，物之粗也；可以意致者，物之精也；言之所不能论，意之所不能察致者，不期精粗焉。

——《庄子·秋水》

 学习目标

通过本章的学习，学生应了解和掌握如下内容。

1. 创意品牌的概念、价值构成与架构模型。

2. 创意传播的特征、要素与模式。

3. 创意营销的发展转型与价值本质。

智能技术与文化创意的双重赋能推动了数字时代的营销转型。营销管理是工业革命的产物，诞生于产品被规模化生产之后抵达消费的有效触达的需求。近三百年以来，人类社会经历了从工业时代、信息时代、知识时代到智能时代的历史演进，营销管理也经历了从产品驱动的生产营销 1.0、客户驱动的需求营销 2.0 到体验驱动的人本营销 3.0，再到身心合一、数据驱动、价值观互动的整合营销 4.0 的管理变革，反映了营销权力从生产者的"垂直、独享、个体性"到消费者的"水平、包容、社会性"的权力转移。[①]美国营销管理学家菲利普·科特勒（Philip Kotler，1931— ）总结出营销管理包括制定营销战略、获取营销信息、分析营销市场、创建品牌资产、建立产品战略、设计营销渠道、整合营销传播、实现长期营销等一系列获得顾客、挽留顾客和提升顾客满意度的科学与艺术手段。[②]

20 世纪 60 年代以来，营销策略和要素组合不断发生动态的调整，经历了从以产品为中心到以受众为中心、从关注受众与生产者到关注受众与生产者交互的转变。第一代理论

---

① 科特勒，卡塔加雅，塞蒂亚历. 营销革命 4.0：从传统到数字[M]. 王赛，译. 北京：机械工业出版社，2018：13-18.

② 科特勒，凯勒. 营销管理[M]. 何佳讯，等，译. 上海：格致出版社，2016：33-60.

以产品为中心，主要关注产品（product）、价格（price）、促销（promotion）、渠道（place），即 4Ps 组合营销。第二代理论以受众为中心，其主要影响因素有顾客（consumer）、成本（cost）、沟通（communication）、便利（convenience），即 4Cs 整合营销策略。第三代理论关注受众与生产者，主要考虑二者之间的关系（relationship）、节省（retrenchment）、关联（relevancy）、报酬（rewards）等因素，形成了 4Rs 关系营销理论。第四代理论关注受众与生产者交互，主要考虑趣味（interesting）、利益（interests）、互动（interaction）、个性（individuality）等因素，以 4Is 互动营销为代表。第五代营销理论关注个体利益与社会利益，形成了 4V 价值营销理论，具体是指差异化（variation）、功能化（versatility）、附加价值（value）和共鸣（vibration）。[①]自从营销组合进入营销 4.0 以后，就呈现一种创意营销的组合特征。创意营销既被数字技术左右，又受文化创意影响，是数字化营销和价值观营销的统合，是创意管理的重要职能。鉴于营销管理学理论体系的完善性和知识的丰富度，本章未呈现有关创意营销管理的全部环节，只介绍创意营销中两个关键性的运营环节：创意品牌和创意传播。

第一节　创意品牌的价值内涵

　　品牌是一种特殊的无形资产，也是一套整合的营销体系。品牌是创意产品在特定的时间与空间互动中所形成的受众感知与认同评价。品牌意象是创意产品的生产者和消费者共建的意义连接。创意品牌既是文化创意企业的公司资产，又是创意产品受众的心理资产。

一、创意品牌的基本概念

　　品牌是一种差异性区别符号，在荷兰学者里克·莱兹伯斯（Rik Riezebos）看来，"品牌"的英文"brand"来源于古挪威语"brandr"，意为"烙印"，特指烙在家畜身上的标记，用以区分饲养这些家畜的部落和家庭。[②]中世纪的欧洲工匠、中国古代匠人都会在自己制作的手工艺品上不起眼的位置刻上自己的名号（包括姓名、工作室名、行会名或产地名等），以作为产品的品质保证和质量溯源的标记。工业时代，商品生产开始进入批量化、标准化、规模化生产阶段，品牌成为生产者与消费者之间建立信任连接的载体。创意品牌是一种社会资本的表现形式，这种社会资本是内置于生产者与消费者之间、基于创意产品所形成的社会网络之中的信任资本。在人与人无法面对面进行物物交换的现代商业社会中，产品名号或服务名号或公司名号所表现出的质量、品质、美感、功效等优质的评价和良好的口碑就成为一种信任资本，达成社会成员和某个产品和公司之间的信任机制。

---

① 李金生，李晏墅. 市场营销学[M]. 北京：高等教育出版社，2008：135-239.
② 莱兹伯斯. 品牌管理[M]. 李家强，译. 北京：机械工业出版社，2006：1-158.

根据《辞海》的定义，"品牌"是产品的名号，是能代表产品品质水准的名号，可传达企业的形象与精神。菲利普·科特勒认为，品牌是销售者向购买者长期提供的一组特定的特点、利益和服务[①]，是能让消费者形成综合感知的多种元素的组合。美国营销学者亚伦·凯勒（Aaron Keller）认为，品牌是装载意义及信任的航船，客户体验是它的燃料。[②]从表面上看，品牌是一种名称、术语、标记、符号或设计等要素，或者是这些要素的组合运用；从本质上看，品牌是消费者基于情感连接和价值认同，用以辨认某个特定的消费品的识别工具和联想载体。因此，创意品牌不只是确保文化创意企业持续经营的商业价值，而是更多地将文化创意企业、创意产品/服务和创意消费者整合进一个社会系统，代表了消费者在其生活中对产品与服务的感受而滋生的信任、相关性与意义感的综合。[③]创意品牌体现了创意产品和创意企业外在的商业价值和内在的精神价值的统合，是文化创意企业综合价值的体现。

创意品牌是文化创意机构意义资产的价值感知，创意品牌推广的核心作用在于帮助消费者建立起对生产者所提供的产品或服务以及生产者本身的品牌认同（brand identity）。品牌认同不只是浅层意义上的功能识别、形象识别和行为识别，更是深层意义上的理念识别、价值识别和精神识别。与常规品牌相比，创意品牌更关注品牌的美学风格、情感价值和精神认同。品牌与组织机构的生产产品与经营活动息息相关。根据具体的载体形态的不同，创意品牌可以分为产品品牌、服务品牌、机构品牌、个人品牌、活动品牌、地理品牌、城市品牌和国家品牌等，但核心还是产品品牌或服务品牌。创意品牌管理（又被称为"品牌推广""品牌营销"或"品牌传播"）作为创意管理整体职能模块的组成部分，既是创意营销的重要手段，又是创意营销的根本目的。正如亚伦·凯勒所说的，品牌推广是为品牌赋予意义和承诺的行动。因此，创意品牌管理不是单一线性的产品推广，而是通过塑造一种无形的吸引力拉近消费者与生产者的心理距离，进而延长创意产品的生命周期，拓宽文化创意企业的生存空间。

二、创意品牌的价值构成

创意品牌的价值包括本体价值和衍生价值。其中，本体价值指承载创意品牌的创意产品所呈现的基础性、根本性价值形态，决定了创意产品的消费属性和经济价值；衍生价值指创意品牌本体价值之上衍生出来的象征价值和符号价值，决定了创意产品的文化属性和精神价值。例如，泡泡玛特（POP MART）旨在用"创造潮流，传递美好"的品牌文化构建覆盖潮流玩具全产业链的综合运营平台。POP MART 的本体价值是潮流文化的购买平台，其文化价值是围绕全球艺术家挖掘和推广潮玩文化，其符号价值对应相关创意 IP 的

---

① 科特勒，凯勒. 营销管理[M]. 何佳讯，等，译. 上海：格致出版社，2016：6-32.

② 凯勒，马里诺，华莱士. 品牌物理学：隐藏在创意与故事背后的科学营销系统[M]. 崔学海，译. 北京：中信出版集团，2018：65.

③ 周志民. 品牌管理[M]. 天津：南开大学出版社，2008：4-7.

孵化。按照前文所述,创意资本表现为关系资本、文化资本和符号资本等不同的内容层次,因此创意品牌的价值也体现为品牌关系价值、品牌文化价值和品牌符号价值等不同的价值类型。

创意品牌是建立在消费者与品牌生产者之间的社会联系。美国品牌专家珍妮弗·基农(Jennifer Kinon)认为,品牌是有生命的;品牌是人的延伸;品牌之于产品,犹如灵魂之于人类。创意品牌的关系价值反映了消费者与生产者之间通过创意产品形塑的类似一般人际关系的交往模式,表现为三种经验原理:第一,品牌关系是一种有目的的关系,类似爱情与激情、自我概念关联、个人承诺、相互依赖、亲密关系、品牌的伴侣品质等关系,其核心内容是向品牌参与者提供意义;第二,品牌关系是一种多样性关系,是一种多元化现象,包括层级关系与平等关系、强制关系与志愿关系等多个维度及多种形式;第三,品牌关系是一种动态关系,是一种过程性现象,它在一系列的相互作用中发展和变化并随环境的改变而改变,具有建立期、成长期、维持期和衰退期等不同的时间阶段。[①]创意品牌的关系价值反映了创意品牌的构建是双向的,既来自于创意品牌供给侧的生产者赋能,又来自于创意品牌需求侧的消费者赋能,这种品牌互动的双向赋能贯穿着创意品牌生命周期的始终。

创意品牌的文化价值体现了创意品牌的文化内涵,是创意品牌所凝练的认知价值、社会和政治价值、艺术表现价值、情感价值、体验价值、审美价值、历史价值、技术价值、道德和宗教价值、膜拜价值等精神价值。文化记忆是消费者体验创意产品之后的记忆内容。情感是人类精神活动的关键驱动力,消费者通过对创意品牌所产生的独特情感和精神动机建立起牢固的品牌记忆(brand memory)。创意品牌存在于大众集体记忆的社会框架,在消费社会成为人们文化记忆主要的建构方式之一。创意品牌的文化价值受历史时间、生活空间和参与主体等不同因素的影响。在德国文化人类学家阿莱达·阿斯曼(Aleida Assmann, 1947—)看来,"文化记忆是被居住的记忆,是人栖居的记忆",是一种具有长期性的存储记忆。[②]创意品牌从历史时间的经历中萃取了人们的集体记忆,推动了文化记忆的形塑,赋予了创意品牌深厚的文化内涵。文化作为一种生活方式,是人们在特定生活空间中日常经验的日积月累、日常沉淀与实践淬炼,创意品牌承载了人们对自我生命的日常跨界、局限突破与存在超越,表达了"感性冲动"与"形式冲动"和解之后的"游戏性"统一。创意品牌使人们在消费创意产品的同时感受到情感的诉求、生命的价值和人生的意义。创意品牌的文化价值彰显了创意品牌的人文品格,承载了人们的价值理想、道德信仰和终极膜拜。

创意品牌是一种人文品牌,具有强大的象征价值。创意品牌是"工业化的制造型社会"向"后工业化的消费型社会"转型的手段,是实现"中国制造"向"中国智造"转型的综合体现,是对人们高品质美好生活需求的有效满足。创意品牌的符号价值是由创意品牌鲜

---

① 麦金尼斯,帕克,普里斯特. 品牌关系指南[M]. 贺远琼,等,译. 北京:经济管理出版社,2017:5-20.

② 阿斯曼. 回忆空间:文化记忆的形式和变迁[M]. 潘璐,译. 北京:北京大学出版社,2016:147-156+300-301.

明的形象、艺术的风格、审美的品位和原型的象征等元素所综合组织起来的品牌意象。美国品牌原型学者玛格丽特·马克和卡罗·皮尔森认为，品牌具有人格原型的象征价值，品牌符号价值的探索方式就是通过故事叙事从远古神话进入人的生命世界。[①]创意品牌折射了品牌创建者个体的生命经历，创意品牌的终极定位就是寻找到品牌所象征的人格原型。品牌原型是创意品牌的意义框架、文化母题和价值内涵。在人文品牌专家张庭庭看来，创意品牌彰显了创意产品的人文精神和人格属性，回归创立事业的诚挚初心，穿透事物表象、照见本质，将创业者的生命体验、价值好恶或行事风格，忠实地反映于产品或服务的内涵，并将其提炼后形之于外。创意品牌直接与消费者内心深处的心灵印记对话，唤起品牌的认同，深化品牌的意义。创意品牌是品牌创意者的外显样貌或心灵映照，其创立的事业是自我的延伸。[②]美国品牌营销专家沃尔夫冈·谢弗（Wolfgang Schaefer）等人认为，故事为品牌提供背景，让消费者相信它们依然心存渴望，提升了产品的品质和价格。品牌故事赋予创意品牌教育、社会、超自然和宇宙观等符号价值。[③]

三、创意品牌的架构模型

亚伦·凯勒构建了一套"品牌物理学"的理论思维和方法论，总结了创意品牌的三种价值模型：时间模型、空间模型和动态模型。时间模型反映了创意品牌的时间价值，有三个非常关键的时间概念：① 初始时刻，指消费者第一次对某创意品牌形成有效的品牌记忆的时刻；② 时间量，指消费者接触某创意品牌的时间总和；③ 时间增速，创意品牌与消费者建立联系的速率，表达了一种品牌能量。空间模型涉及创意品牌的多元参与主体，包括：① 品牌所有者，代表创意品牌的所有者或企业家、营销人员，负责提供企业的历史、文化及其他事务；② 品牌推广人，包括宣传及推广品牌信息、产品及体验的媒体、名人、零售商、代理商、顾问、合作伙伴及其他实体；③ 社区，代表亲人、挚友、同事及其他与"你"亲近的个人或社群；④ 个人，购买、体验或喜爱某品牌的个人或经历。空间模型强调了创意品牌发生的社会网络。动态模型又称雅各布天梯模型（Jacob's Ladder），该模型来自于古希腊的神话故事。一个名叫雅各布的人做梦梦到自己沿着从天堂来的登天之梯攀爬从而取得圣火，后人便把神话中的这把梯子称为雅各布天梯。[④]雅各布天梯象征了通往神圣和幸福的途径，亚伦·凯勒用以比喻创意品牌的创建路径。雅各布天梯模型包括 8 个阶梯，从下往上分别是品牌信号（signals）、人类感官（senses）、品牌时刻（moments）、品牌记忆（memories）、能量（energy）、销售额（sales）、利润（profits）、

① MARK M, PEARSON C. The hero and the Outlaw: Building Extraordinary Brands Through the Power of archetypes[M]. New York: McGraw-Hill Education, 2001.

② 张庭庭. 人文品牌心法[M]. 台北：大块文化出版社，2013：1-256.

③ 谢弗，库尔文. 品牌思维：世界一线品牌的 7 大不败奥秘[M]. 李逊楠，译. 苏州：古吴轩出版社，2017：1-308.

④ 物理学中有雅各布天梯实验：给存在一定距离的两电极之间加上高压，若两电极间的电场达到空气的击穿电场时，两电极间的空气将被击穿并产生大规模的放电，形成气体的弧光放电并产生磁场，使电弧向上运动，其运动过程类似于爬梯，又因和古希腊传说中雅各布的梦境类似，因此这个物理现象就称为雅各布天梯原理。

品牌价值（values）。①雅各布天梯模型是品牌时间要素与空间要素的动态性、逻辑化系统整合，强调创意品牌的价值构成是多个品牌元素综合的结果。

创意品牌不同于一般品牌，一般品牌主要以市场营销为导向，以消费者的物质消费和生理需求为主要诉求，考虑经济价值的长期回报；创意品牌主要以受众体验为导向，注重消费者的精神消费和心理需求，考虑品牌价值的整体回报。一般品牌偏重红海思维，着眼于现有消费市场，采用价值创新和成本创新互斥的运营手段，以品牌产品的差异化、专门化和低成本为品牌的价值锚点，打造产品的竞争优势；创意品牌运营蓝海思维或紫海思维，同时采用价值创新与成本创新的运营手段，找到功能价值和文化价值的平衡点，跳出现有竞争市场，注重创意共生与价值共享，在创意产品功能导向的基础上，更加重视创意产品的情感导向、精神导向和价值观导向。其中，情感导向所形塑的品牌情感资本是创意品牌的显著特征。创意品牌的情感资本能提供彰显个性、激发情感、展示生活、强化沟通、达成信任、产生忠诚和友谊、提供伟大经历等情感体验和价值认同，创意品牌通过情感驱动力实现品牌知名度、品牌信息、品牌尊重、品牌友谊、品牌信任、品牌忠诚、品牌合作等不同层次的情感阶梯的攀爬，最终实现品牌成功。②

创意品牌的营销管理流程包括品牌规划与创建、品牌传播与推广、品牌评估和资产经营等不同阶段。其中，品牌规划与创建阶段包括明确展开市场调研、确定品牌定位、提炼品牌价值、挖掘品牌意义、梳理品牌元素、设计品牌形象；品牌传播与推广阶段既包括涉及品牌产品定位、市场定位、价格定位、受众定位的商业定位，又包括涉及品牌生活方式、情感体验、价值认同的文化定位，以最大范围地寻找品牌营销的渠道触点，加强与消费者的沟通与交流，建立消费者参与品牌价值塑造的互动机制；品牌评估与资产经营阶段包括评估品牌的无形资产价值、开展品牌授权和品牌延伸业务、构建品牌资产保护体系和制定品牌振兴策略等环节。

创意品牌要素（brand elements）包括品牌名称、品牌标志、品牌标语、品牌角色、品牌音乐、品牌事件、品牌空间、品牌故事、品牌原型及其在专属产品形态、制作工艺、创始人物和组织机构上的应用表现等符号体系。美国品牌战略学家凯文·凯勒（Kevin Keller，1956—）认为，品牌要素设计要遵循易记忆、有含义、受欢迎、可转移、调整性、保护性六项原则。③创意品牌管理贯穿消费者行为路径的全过程。菲利普·科特勒总结了营销 4.0 管理手段的 5A 受众路径：认知（aware）—吸引（appeal）—询问（ask）—购买（act）—拥护（advocate）。认知阶段的受众印象停留在"我知道"特定创意品牌的中立状态，受众信息来自过去的产品体验、营销互动或他人推荐；吸引阶段的受众印象进入"我喜欢"特定创意品牌的情绪状态，受众被某创意品牌所吸引，形成心仪的品牌清单；询问阶段的受众印象保持"我相信"对特定创意品牌的评价阶段，受众积极收集与特定创意品

① 凯勒，马里诺，华莱士. 品牌物理学：隐藏在创意与故事背后的科学营销系统[M]. 崔学海，译. 北京：中信出版集团，2018：386.
② 唐波拉尔. 超级品牌管理[M]. 刘慧，译. 北京：中国大百科全书出版社，2020：165-173.
③ 凯勒. 战略品牌管理[M]. 何云，吴水龙，译. 北京：中国人民大学出版社，2014：1-425.

牌相关的所有信息；购买阶段的受众印象提升到"我要买"特定创意品牌的行动状态，通过线上或线下渠道购买了特定创意品牌的某款产品；拥护阶段的受众印象上升到"我推荐"特定创意品牌或具体创意产品的忠诚状态，忠于创意品牌，长期使用，反复购买，主动推荐给亲人、朋友或网络公众。[①]创意品牌管理是针对这种 5A 受众路径的全过程营销。凯文·凯勒的品牌管理金字塔模型包括品牌识别、品牌定位、品牌响应和品牌关系四个层级，最后达成品牌资产的建立。我国品牌战略学者何佳讯认为，品牌的创建需要左脑思维的理性路径和右脑思维的感性路径"双管齐下"。理性路径"强调使用品牌的有形要素，包括形状、设计、口味、颜色、成分、性能等"，感性路径"强调运用品牌的无形要素，如遗产、文化、个性和价值观"。[②]其实，创意品牌主要表现为一种感性路径的构建模式，无论是外观形象、产品设计、颜色设定，还是个性体验、文化内涵、价值意义等，主要是感情建构、情感共鸣的结果。

第二节　创意传播的流程与模式

索罗门化（SoLoMo）生存描述了数字时代人们生活方式的基本特征。在这里，SoLoMo[③]是"social"（社交的）、"local"（本地的）和"mobile"（移动的）三个英文单词的缩写，表示一种"社交本地移动"的互联网生活场景。人们数字生活空间的 SoLoMo 场景重构了创意营销的机制、结构和模式，尤其是在品牌传播和营销推广领域催生了创意传播的营销理念和创新手段。

一、创意传播的概念与特征

"创意传播"是"文化创意"与"营销传播"两个核心术语的结合，体现了"创意"内容与"传播"形态深度融合发展的时代需要。所谓创意传播，就是在互联网语境下发展起来的以人为本、以文化为素材、以创意为手段、以场景为体验的传播生态与传播方法。在我国创意传播管理学学者陈刚看来，创意传播的核心是数字生活空间的沟通元。所谓沟通元（英文"meme"），最早出现于英国生物学家理查德·道金斯于 1976 年所著的《自私的基因》一书中，特指文化基因（又译为"模因""谜母"），是一个类似生物基因（gene）、在人与人之间通过模仿而复制、传播的文化组件，是承载着文化传播作用的信息符码。2006年，美国营销学家杰伊·莱文森（Jay Levinson）将沟通元概念引入营销学理论，用以描述他提出的"游击营销"的反传统营销方式。[④]陈刚将沟通元分为热点关注型、生活者制造

① 科特勒，卡塔加雅，塞蒂亚万. 营销革命 4.0：从传统到数字[M]. 王赛，译. 北京：机械工业出版社，2018：46-54.
② 何佳讯. 品牌的逻辑[M]. 北京：机械工业出版社，2017：22-23.
③ SoLoMo 是美国风险资本投资家约翰·杜尔（John Doerr，1951—）于 2011 年 2 月率先提出的概念.
④ 莱文森. 营销创新力[M]. 许仲彦，译. 北京：人民邮电出版社，2006：1-200.

型、主题传播型等不同类型。创意传播的流程包括三个环节：① 寻找沟通元；② 选择合适的平台发送沟通元，触发创意传播；③ 激活生活者，实现协同创意。[1]创意传播就是依托沟通元，在互联网环境下，运用跨领域、跨学科、跨专业的多种传播形式不断沟通、分享和协同内容创意，提升创意品牌的亲和力和创意营销的竞争力。

创意传播是互联网生活场景下创意产品的营销策略与推广手段，是回应智能化场域、参与式营销和互动性消费等时代趋势的创意管理和传播创新模式。按照菲利普·科特勒的受众消费 5A 路径，创意传播作为一种创意营销的重要手段，展示了受众"从不知道一个品牌到耳熟能详、感兴趣、购买、再购买，甚至形成品牌口碑的全过程"[2]，实现受众对某种创意产品独特单一、个性定制、参与互动的消费体验。在互联网时代，人们感兴趣的除了创意产品或创意品牌本身，还有创意产品或创意品牌所用的传播方式和所处的传播场景，以及在传播方式中传达和传播场景中浸润的惊奇、享受、情绪和参与。创意传播重构了传统传播的法则，将传统传播与数字传播统合于场景传播之中，是文化创意的内容创新和营销传播的形式创新的双重融合。

创意传播是通过意义创新的形式，实现内容创新和形式创新。意大利创新管理学者罗伯托·维甘提（Roberto Verganti）认为，无论是产品创新、服务创新、过程创新还是传播创新、营销创新、商业创新，都具有两个层级的创新形式：解决方案创新和意义创新。其中，解决方案创新就是"运用更好的创意来解决现有问题，用一种新方法来解决市场中的相关挑战"，其结果无论是渐进式解决方案还是根本性解决方案，都是"大同小异"的创新；意义创新是"重新确定值得解决的问题的新愿景"，提供一种新的价值主张，提高新的生活品质，提升新的人生价值和组织价值。[3]创意传播是意义创新的营销路径，旨在帮助创意接受者重新构建人生愿景，重塑生活的意义。

社群是人们在特定的区域内发生的一种社会关系，是人与人之间在不同发展阶段集结的不同规模的社会群体。社群是人类进化和社会互动的结果，是"一切有组织的人群"，从原始社会的部落、氏族到文明社会的家庭、民族、国家、宗教，再到数字时代的网络社群，社群的形态和特征都发生了根本性变化。数字时代的网络社群是一种"再部落化"的虚拟形态，其动力机制表现为一种社群个体去中心化、多维度的跟随意愿的推动力。[4]网络社群中的个体具有共通的价值观念、相近的生活方式、共同的兴趣爱好和共享的情感状态，他们既彼此独立，又互相影响，形成个体与信息、服务和商品之间线上和线下的连接。创意传播通过创意品牌网络社群的构建，强化了创意产品生产者与消费者之间的社交关系，将品牌原型培育成具有强大连接能力的社群文化，采取塑造生动的品牌故事、培育独特的社群文化、提供可识别的品牌要素、做好品牌精神的内化管理、提升受众的社群融入程度等社群传播的创意手段，强化了社群成员的关系网络、互动仪式、体验场景和价值崇

① 陈刚，沈虹，马澈，等. 创意传播管理[M]. 北京：机械工业出版社，2012：1-213.
② 科特勒，卡塔加雅，塞蒂亚力. 营销革命4.0：从传统到数字[M]. 王赛，译. 北京：机械工业出版社，2018：78.
③ 维甘提. 意义创新：另辟蹊径，创造爆款产品[M]. 吴振阳，译. 北京：人民邮电出版社，2018：15-35.
④ 陈敬东，陈沫. 人群营商学[M]. 北京：经济管理出版社，2020：234.

拜，提高了消费者对创意产品的品牌忠诚和消费意愿。[①]社群传播强化了创意营销的品牌影响力和消费者的认同感。

创意产品的消费者基于对创意品牌的价值信任而主动参与创意产品的研发、生产、渠道、销售等创意生产的全过程，形成创意产品的共同工作和协同创意机制。创意传播是人的创意思维与智能技术的高度融合，重塑了数字时代创意者的身份与作用，使创意者成为创意生产者和创意消费者的协同身份。创意传播推动了创意产品的消费者从普通用户、高价值用户向创意产、消者的演化，使创意消费者主动参与创意产品的内容构思和创意品牌的价值构建。创意传播充分调动起创意消费者的积极性，使得创意品牌的建构"是在企业与消费者通过沟通元不断协商，在彼此平等的条件下的商议、沟通和磨合中而最终达到统一形象的反反复复过程中成就的"，从而实现"相对的个体差异"与"品牌核心价值"的统一。[②]创意生产与消费过程中的主动参与、信息分享、情感共鸣和互动体验是协同创意的关键。协同创意作为一种数字时代创意产品新的价值来源，在大数据技术、云计算技术、区块链技术和交互认知技术等智能技术的驱动下，实现生产者与消费者之间、生产者与生产之间、消费者与消费者之间、不同创意要素之间的协同效应，成为创意产品打造和创意品牌形塑的主导方式。

创意传播是一种基于用户消费画像、个体价值标签和大数据智能驱动的数字传播。创意传播的技术基础是具有流量驱动和数据协同特征的互联网底层架构。创意传播是一种通过数据算法提高用户的互动效率，实现动态性、矩阵式的全媒体传播。创意传播通过用户消费行为的数据获得和数据加工的智能分析，形成内容创意、精细化运营和数据工具赋能的联动效应。大数据创意传播以用户体验为中心，深刻改变了用户的媒体接触和使用习惯，满足了用户舒适度、方便性、美观度、可控性、干扰度等智能化界面和人性化趋势的需求，包括创意生产大数据的产生、汇总、分析、推送、营销、关联等大数据营销的全过程，最终形成创意大数据平台，发挥创意市场预测和发掘的整合功能。[③]数据赋能工具是实现大数据创意传播的关键，包括全媒体触点接触界面、智能内容创作工具、媒体触点分发工具、社群运营平台、数据可视化呈现技术等数据驱动系统和内容管理平台。

创意传播是商业人类学视角下民族生活志主导的参与式创意营销实践。人类学重视人作为"社会行动者的概念体系、认知方式和行为逻辑，强调更为开放地体察消费者的生活经验并在此基础上理解他们参与的市场过程"，重视市场运行的社会性、道德性和情感性等消费者的心理特质和文化诉求。[④]商业人类学作为社会人类学和文化人类学的重要组成部分，通过参与、体验、陪伴等田野方法对人们的日常生活进行全景式记录和符号性阐释，注重人们的生活情境、审美偏好、自然语言、生活习俗、日常劳作等生活日常的活态记录，从而洞察人们的消费趣味、消费身份、符号认知和品牌认同，侧重于创意产品符号传播和

① 王新新，等. 品牌社群：形成与作用[M]. 长春：长春出版社，2013：71-76.
② 沈虹. 缘起"协同"——论"协同创意"的理论渊源[J]. 广告大观（理论版），2013（4）：74-81.
③ 喻国明. 大数据智能算法范式下的媒介用户体验的效果评估[J]. 教育传媒研究，2018（5）：6-8.
④ 朱宇晶. 人类学参与商业研究的价值及其反身性[J]. 广西民族大学学报（哲学社会科学版），2017，39（4）：11-17.

创意品牌的意义原型营销。创意传播在关注人们显意识消费行为的基础上，更注重人们的潜意识行为，深入探究人们对生活观念的认识、体悟和产品使用的消费动因，以受众为视角进行高效的交流与沟通，识别人们的情感渴望、心理动机和价值期待，从整体上描述人们细微具体、动态变化的社会文化环境，开展跨文化传播营销。[①]

二、创意传播的要素与模式

根据顾客与组织的关系，业界专家把以顾客为中心的组织分为 CK 型组织（customer is king）、CT 型组织（customer is target）和 CF 型组织（customer is friend），这些组织都适合采用科特勒倡导的"创意思维、跨界整合"的水平营销模式。水平营销是一种创意营销，采取选择目标焦点（包括市场、产品或其余营销组合）、进行横向置换以产生刺激和制造营销空白（通过替代、倒置、组合、夸张、去除和换序）、建立意义联结（想象购买过程、提取积极因素、寻找可能的情境）等创意步骤，实现地点、时间、情境和用户体验的最佳组合。[②]水平营销是一种创意营销的思维模式，也推动了创意传播的要素创新模式转化。

创意传播发生在特定时间和空间里受众独有的个体情绪和人际互动的体验场景。创意传播通过体验场景而产生情绪感染和情感传播，赋予产品以价值和意义，改变消费者对创意产品和创意品牌的价值认知，最终产生消费和交易。创意传播包括用户传播、时间传播、空间传播、事件传播和互动传播五大推广要素。

创意传播的创意信息接收者不是一个被动的受众，而是一个主动的消费者、积极的生活者。创意传播要坚持以人为本、用户至上的传播理念，充分收集消费者的个体需求，从而构建不同体验场景中的生活感和连接性。创意传播就是刻意制造欣喜感、认知感、荣耀感和连接感四个瞬间的峰值体验，激发消费者在"积极的决定性时刻"的情感消费。[③]数字时代消费者需求包括内容消费、情感消费、仪式感消费、表现型消费和惊异型消费等不同的类型。其中，内容消费注重创意产品的知识分享、文化内涵和审美品质；情感消费注重体验场景的情绪感知、情感互动和情感共鸣；仪式感消费是个体"参与以团队或共同身份名义聚在一起的神圣典礼"[④]，从而赋予自己的日常生活以意义感和价值感的消费内容，具有整合性社会文化功能，注重权威认证和社会权力的背书；表现型消费注重消费过程中的社会身份的展示和符号认知的表达，具有象征性消费或消费性象征的消费特性；惊异型消费是面对碎片化、瞬时性和个性化的内外因素的消费反应，是对日常生活的陌生化感知消费，是生活性与陌生性、常理之中和意料之外的统一。创意传播塑造了互联网时代的创意消费，这是一种全感知、全景化、全息性的想象力消费，"采用先进的造型、视频和音

① 田广，冯蛟，王颖. 市场营销人类学[M]. 银川：宁夏人民出版社，2017：17-18.

② 科特勒，德里亚斯迪贝斯. 水平营销：突破性创意的探寻法[M]. 科特勒咨询集团（中国），译. 北京：机械工业出版社，2019：149-160.

③ 奇普·希思，丹·希思. 行为设计学[M]. 靳婷婷，译. 北京：中信出版社，2018：54-62.

④ 汪媛. 现代仪式性消费行为研究——从传播的仪式观视角[J]. 法制与经济，2015（11）：103-105.

频及相关技术，通过人的视觉和听觉而影响人的情感和认知，营造出具有叙事主题和故事内容的视听效果"①。互联网时代的想象力消费是一种流动的、无边界的消费场景，包括视听感官层面的景观消费、情感心灵层面的故事消费和精神信仰层面的价值消费三个消费场景。想象力消费呈现出既虚拟又真实、既线下又线上、既显现又遮蔽、既在线又在场的消费特性，通过智能终端、智能传输和智能连接设备将内容、渠道、平台聚合成一个数字体验场景的超级创意市场。

创意传播依托不同媒介的时间传播效率，重塑了人们的时间体验。媒介使用对人们的生活必需活动、工作（学习）活动、家务活动和闲暇活动等生活时间产生了结构性影响，通过媒介公用与多任务行为扩大了人们生活时间的总量，有利于人的积极情绪的产生和生活满意度的提高。②在不同的应用场景下，人们的时间观念包括自然时间、机械时间和精神时间等不同形式。互联网时代的时间不再是持续性、顺序性、线性化的历史流淌，而是集中表现为网状的当下主义。美国传媒学者道格拉斯·洛西科夫（Douglas Rushkoff）提出了永恒时间（上帝所在）、等长时间（金钱所在）和当下时间（体验所在）三种时间观，认为"农业社会的时间是自然存在的尺度""工业社会的时间是社会存在的尺度""信息社会的时间是意义存在的尺度"。③当下主义时间观念的创意传播采取善用零碎时间、延长使用时间、锁定未来时间等时间策略，通过互联网技术的连接功能和共享价值，创造数字时代的"随时经济"。④德国哲学家马丁·海德格尔（Martin Heidegger，1889—1976）认为，"时间性"是"此在"的那种纯粹的展开自身的活动，此在即时间。⑤创意传播将过去的时间和未来的时间都压缩在当下的时间，以"现在-当下"为传播关注点，让时间观念回归到人们的生命体验，通过时间传播实现每个人的独特生命体验，在时间的体验中感受到生命的意义和人的价值。

创意传播依托不同媒介的空间形态开展空间生产和空间叙事，增强人们的空间感知和空间体验。空间和时间是一切事物存在的基本方式，创意传播是有关时间价值与空间价值的融合传播和立体传播，但更多的还是靠多元的传播手段去拓展空间价值，打造"时空复合一体"（spatiotemporal complex）的体验场景。创意传播的空间包括物理空间、社会空间和虚拟空间三个维度。其中，物理空间的创意传播是通过多媒体的传播手段、高精度的传感技术和虚拟与现实增强混合技术，将虚拟环境与现实空间相结合，营造人的三维立体、五感统觉和身心在场的感知体验；社会空间的创意传播是在列斐伏尔所谓的社会空间（社会关系的生产与再生产）中发生的一种创意生产的社会关系及其互动机制，推动社会化媒体产生出新的创意社会的空间形态和交往模式，"不仅建构了个体日常生活的价值观念、行为方式、社会认知、情感经验和个体的社会化过程，也建构了社会结构深层的文化心理、

① 花建. 新视听技术与文化产业的新业态[J]. 同济大学学报（社会科学版），2019，30（1）：32-41.
② 吴文汐. 媒介的力量：媒介使用对人的生活时间的重构研究[M]. 北京：人民日报出版社，2015：1-217.
③ 洛西科夫. 当下的冲击[M]. 孙浩，赵晖，译. 北京：中信出版社，2013.
④ 卢希鹏. 当随经济遇到共享经济：个人品牌时代来临[J]. 清华管理评论，2016（4）：68-73.
⑤ 海德格尔. 存在与时间[M]. 陈嘉映，王庆节，译. 北京：生活·读书·新知三联书店，2006：85-109.

社会变迁、公共参与、社会运动和政治变革"[1]；虚拟空间的创意传播是通过 5G/6G 技术、区块链技术和智能技术，以及各种可穿戴式设备，将现实环境、虚拟空间和生活空间、生产空间整合为"元宇宙"（metaverse）世界，实现"真实的虚拟世界"和"虚拟的真实世界"[2]的相互影响，是一个数字化身的新世界。法国哲学家吉尔·德勒兹（Gilles Deleuze，1925—1995）提出的"块茎（rhizome）文化"的空间特质具有联系性（connection）、异质性（hetrogeneity）、多元性（multiplicity）、无意指裂变（asignifying rupture）、制图学（cartography）和贴花（decalcomania）等思维原则。[3]"块茎文化"的创意空间是去中心化、超越传统社会空间的等级制度和二元结构的，具有多元连接、异质共生、自由扩散、开放共享的空间特点。空间叙事是叙事者以物理空间、社会空间和虚拟空间等空间要素为传播媒介，以故事叙事的方式进行创意产品的推广、创意信息的表达和创意品牌的塑造，最终让接收者获得独特的感知与体验。[4]创意传播的空间叙事通过培育文化主题的关联性、用户参与的互动性和内容品质的独特性等，增强创意产品的接受者与体验场景的融入感。

创意传播的事件传播是一种通过策划与组织具有社会影响力、话题关注度的文化活动和社会事件而推动产品推广和品牌传播的创意营销活动。在这里，"事件"包括活动、节庆、会展、节事、集会等多种形式，具有文化的主题性、空间的聚集性、时间的短暂性、主体的多元性和体验的集体性等特点。事件最早起源于古代的宗教祭祀、文化庆典和村社集市，强调的是这些事件的文化属性。随着传媒业的发达和市场经济的开拓，公共事件、体育赛事、文化庆典、艺术节庆等各类事件、活动具备了经济属性，催生出具备"聚集""创意"和"整合"等核心特征的事件经济。[5]事件传播推动了私人性与公共性、自然性与社会性、政府性与企业性、公益性与营利性等二元对立的价值转换，实现了文化与经济、创意与商业的资源转化。创意传播的事件营销具备内容的创造性、情绪的兴奋性和集体的热情性等特点，通过事件传播 5W 要素，即事件目的（why）、事件主体（who）、事件时机（when）、事件场地（where）和事件内容（what）的营销组合，遵循事件传播 6P 准则，即产品（product）、价格（price）、地点（place）、促销（promotion）、过程（process）和人（people），可以实现更有效率、更加持续的创意事件传播与营销。[6]事件营销的起点

① 刘涛. 社会化媒体与空间的社会化生产：列斐伏尔"空间生产理论"的当代阐释[J]. 当代传播，2013（3）：13-16.

② "元宇宙"的英文"metaverse"由前缀"meta"（"超越"，或"元"）和词根"verse"（源于"universe"，"宇宙"）组成，出自美国科幻作家尼尔·斯蒂芬森（Neal Stephenson）于 1992 年出版的科幻小说《雪崩》（*Snow Crash*），指一个脱离于物理世界、虚拟人物角色可以自由生活的平行数字世界，后来用以描述一个基于智能互联网、具有链接感知、交互共享和沉浸体验的虚拟增强和物理持久的空间。

③ 德勒兹，加塔利. 资本主义与精神分裂（卷2）：千高原[M]. 姜宇辉，译. 上海：上海书店出版社，2010：28-29. 在块茎文化的六大原则中，联系性和异质性原则指在根茎之中任意两点之间皆可连接，而且必须被连接。树或根只是固定了一个点或一种秩序，块茎则可以在空间内无限蔓延。多元性原则指块茎是一种多元体，既非主体也非客体，并且无明确的中心。无意指裂变原则指块茎在新旧环境下都能够生长、繁衍，实现不可追溯性的意指裂变。制图学和贴花原则强调块茎的生长如同自由制图一般具有开放性，周围的所有维度都是可连接的、可拆解的、可修改的、可颠倒的。

④ 赵红红，唐源琦. 当代"空间叙事"理论研究的演进概述——叙事学下空间的认知转变与实践[J]. 广西社会科学，2021（3）：74-81.

⑤ 徐德忠. 事件经济：探析文化创意产业发展的新模式[J]. 南京财经大学学报，2021（1）：79-87.

⑥ 普利司通. 事件营销[M]. 陈义家，郑晓蓉，译. 北京：电子工业出版社，2015：71-88.

在于文化的挖掘和创意的表达，事件营销的过程在于媒介的整合和时空的统合，事件营销的结果在于社会意义的转化和多元价值的共生。

创意传播是创意产品的生产者与消费者以及消费者彼此之间的一种多重互动传播。创意传播过程既是创意产品的创意价值消费过程，又是创意价值生产过程。传播媒介是人与人连接的社会装置，是人作为社会性动物、构建想象共同体的重要载体。从古至今，口语、文字、图书、广播、电视、互联网等媒介的不断变化推动了传播方式从线性传播到网络传播、从单向传播到互动传播的变革。数字媒介使得人在传播过程中的参与性、体验性、交互性越来越强，媒介不只是信息，人也内嵌于媒介之中，使得人、媒介和信息融为一体，媒介越来越呈现人格化、标签化、互动性的特征。在数字媒体时代，人就是媒介的存在。冷媒介与热媒介不是静止不变的，受信息技术和智能技术的影响，冷媒介与热媒介逐渐融合成为泛媒介，人的生活周遭越来越"泛媒介化"，人被嵌入一套社会互动装置体系。创意传播借助互动网络、互动电视、互动广播、互动短视频等互动媒介，创造了主动参与、即时分享、自我赋能、沟通交流的体验场景[1]，实现了创意产品的社交关系、信息符号、媒介整合、议程设置等不同类型的互动仪式链传播。[2]美国社会学家兰德尔·柯林斯（Randall Collins，1941—）认为，互动仪式链是社会结构的基本活动，人与人在情感交互中产生情绪分享与价值认同。[3]可见，创意传播激发了人的情感互动，形成分享意愿的情感网络，最终实现受众情感共享的品牌依恋。

创意传播的本质是价值的创意营销，是顾客价值的创意管理，是创意价值需求与创意价值满足之间持续互动的创新行为，"商品与金钱的交换是消费行为的终极表现形式，但真正驱动消费行为发生的既不是优质的商品，也不是低廉的价格，而是价值"[4]。

本章小结

营销策略和要素组合不断发生动态的调整，经历了产品营销、受众营销、体验营销和价值观营销等不同发展阶段，总体上经历了 4Ps 组合营销、4Cs 整合营销、4Rs 关系营销、4Is 互动营销和 4Vs 价值营销等不同历史时期的范式演进。创意营销受数字技术和文化创意的双重影响，是数字化营销和价值观营销的统合，是"创意思维、跨界整合"的水平营销模式，是创意管理的重要职能。

品牌是一种差异性区别符号，创意品牌既是文化创意企业的公司资产，又是创意产品受众的心理资产。创意品牌是一种社会资本的表现形式。品牌是一种名称、术语、标记、符号或设计等要素，或者是这些要素的组合运用；品牌更是消费者基于情感连接和价值认同，用以辨认出某个特定的消费品的识别工具和联想载体。创意品牌是文化创意机构意义

---

① 王晓红. 短视频助力深度融合的四个关键[J]. 青年记者，2019（36）：5.
② 崔恒勇. 互动传播[M]. 北京：知识产权出版社，2015：12-16.
③ 柯林斯. 互动仪式链[M]. 林聚任，王鹏，宋丽君，译. 北京：商务印书馆，2009：15-17.
④ 刘鹏程. 价值的力量：让营销回归价值的原点[M]. 北京：机械工业出版社，2021：2.

资产的价值感知，创意品牌推广的核心作用在于帮助消费者建立起对生产者所提供的产品或服务以及生产者本身的品牌认同。创意品牌的价值包括本体价值和衍生价值。创意品牌的价值也体现为品牌关系价值、品牌文化价值和品牌符号价值等不同的类型。其中，创意品牌是建立在消费者与品牌生产者之间的社会联系；创意品牌的文化价值体现了创意品牌的文化内涵；创意品牌是一种人文品牌，具有强大的象征价值。亚伦·凯勒总结了创意品牌的时间模型、空间模型和动态模型三种价值模型。创意品牌主要以受众体验为导向，注重消费者的精神消费和心理需求，考虑品牌价值的整体回报。创意品牌的营销管理流程包括品牌规划与创建、品牌传播与推广、品牌评估和资产经营等不同阶段。创意品牌要素（brand elements）包括品牌名称、品牌标志、品牌标语、品牌角色、品牌音乐、品牌事件、品牌空间、品牌故事、品牌原型及其在专属产品形态、制作工艺、创始人物和组织机构上的应用表现等符号体系。

"创意传播"是"文化创意"与"营销传播"两个核心术语的结合，体现了"创意"内容与"传播"形态深度融合发展的时代需要。创意传播是互联网生活场景下创意产品的营销策略与推广手段，是回应智能化场域、参与式营销和互动性消费等时代趋势的创意管理和传播创新模式。创意传播是通过意义创新的形式实现内容创新和形式创新。社群传播强化了创意营销的品牌影响力和消费者的认同感。创意产品的消费者基于创意品牌的价值信任而主动参与创意产品的研发、生产、渠道、销售等创意生产的全过程，形成创意产品的共同工作和协同创意机制。创意传播是一种基于用户消费画像、个体价值标签和大数据智能驱动的数字传播。创意传播是商业人类学视角下民族生活志主导的参与式创意营销实践。创意传播发生在特定时间和空间里受众独有的个体情绪和人际互动的体验场景。创意传播包括用户传播、时间传播、空间传播、事件传播和互动传播五大要素。

 思考题

1. 数字技术与消费升级给营销策略带来哪些变化？

2. 批判分析亚伦·凯勒提出的创意品牌的时间模型、空间模型和动态模型三种价值模型。

3. 说明一般品牌与创意品牌的区别与联系。

4. 如何认识沟通元是创意传播的价值起点？

5. 讨论我国传统文化创意传播的策略与路径。

 案例分析

江西省抚州市现有 5A 级景区 1 个、4A 级景区 26 个，3A 级景区 14 个；2020 全年共接待游客 7078.5 万人次，实现旅游收入 675 亿元，与 2019 年相比分别增长 10%、11%。

根据某广告创意公司基于抖音、微博和微信等数据的整理和分析，抚州文旅的口碑内容并不多，大众对抚州文旅的总体认知比较单一，对王安石、汤显祖等历史名人有一定的认知基础，对绿色生态、古村古镇、曹洞禅宗、红色标语地等文化资源的认知度较低，且与江西其他地方的文旅相比没有形成差异化认知。大众的"抚州印象"遭遇"阿卡林省"（没有存在感的代名词）时的尴尬。抚州文旅的传播主要以官方单项宣传为主，大多是关于"东方莎士比亚——汤显祖"的名人印记。受限于地理位置和交通条件，抚州应主动提供吸引目标群体的理由，打造城市 IP 导向型旅行目标地，亟须丰富的个性化体验产品和口碑式拉动助力。2016 年是汤显祖逝世 400 周年，抚州市政府打造了一系列基于牡丹亭元素和汤显祖形象的文旅项目，如建设了汤显祖纪念馆、汤显祖家族墓园、汤显祖国际戏剧节、中国戏曲博物馆等。2018 年 9 月，抚州依托汤显祖"临川四梦"的经典效应，推出大型沉浸式实景剧《寻梦牡丹亭》，成为抚州文旅的新名片，但对抚州文旅的拉动效用不明显。"牡丹亭"文化 IP 是公共文化资产，与浙江遂昌、江苏苏州以及各大剧团处于共用状态，大众很难把"牡丹亭"与抚州直接联系起来。抚州需要联合内容更优质、形式更有吸引力的创意机构，打造高品质的影音精品，提升文旅产品的创意魅力，强化抚州与"牡丹亭"的关系。

【思考】

结合以上背景材料，分析城市品牌创意传播的影响因素与营销策略。

 本章参考文献

1．科特勒，卡塔加雅，塞蒂亚万．营销革命 4.0：从传统到数字[M]．王赛，译．北京：机械工业出版社，2018.

2．科特勒，凯勒．营销管理[M]．何佳讯，等，译．上海：格致出版社，2016.

3．李金生，李晏墅．市场营销学[M]．北京：高等教育出版社，2008.

4．莱兹伯斯．品牌管理[M]．北京：机械工业出版社，2006.

5．凯勒，马里诺，华莱士．品牌物理学：隐藏在创意与故事背后的科学营销系统[M]．崔学海，译．北京：中信出版集团，2018.

6．周志民．品牌管理[M]．天津：南开大学出版社，2008.

7．麦金尼斯，帕克，普里斯特．品牌关系指南[M]．贺远琼，等，译．北京：经济管理出版社，2017.

8. MARK M, PEARSON C S. The hero and the outlaw : building extraordinary brands through the power of archetypes[M]. New York: European Journal of Marketing, 2001.

9．张庭庭．人文品牌心法[M]．台北：大块文化出版社，2013.

10．谢弗，库尔文．品牌思维：世界一线品牌的 7 大不败奥秘[M]．李逊楠，译．苏州：古吴轩出版社，2017.

11．唐波拉尔．超级品牌管理[M]．刘慧，译．北京：中国大百科全书出版社，2020．

12．凯勒，斯瓦米纳坦．战略品牌管理[M]．何云，吴水龙，译．北京：中国人民大学出版社，2020．

13．何佳讯．品牌的逻辑[M]．北京：机械工业出版社，2017．

14．莱文森．营销创新力[M]．许仲彦，译．北京：人民邮电出版社，2006．

15．陈刚，沈虹，马澈，等．创意传播管理[M]．北京：机械工业出版社，2012．

16．维甘提．意义创新：另辟蹊径，创造爆款产品[M]．吴振阳，译．北京：人民邮电出版社，2018．

17．王新新，等．品牌社群：形成与作用[M]．长春：长春出版社，2013．

18．田广，冯蛟，王颖．市场营销人类学[M]．银川：宁夏人民出版社，2017．

19．科特勒，德里亚斯迪贝斯．水平营销：突破性创意的探寻法[M]．科特勒咨询集团（中国），译．北京：机械工业出版社，2019．

20．吴文汐．媒介的力量：媒介使用对人的生活时间的重构研究[M]．北京：人民日报出版社，2015．

21．普利司通．事件营销[M]．陈义家，郑晓蓉，译．北京：电子工业出版社，2015．

22．奇普·希思，丹·希思．行为设计学[M]．靳婷婷，译．北京：中信出版社，2018．

23．崔恒勇．互动传播[M]．北京：知识产权出版社，2015．

24．柯林斯．互动仪式链[M]．林聚任，王鹏，宋丽君，译．北京：商务印书馆，2009．

25．刘鹏程．价值的力量：让营销回归价值的原点[M]．北京：机械工业出版社，2021．

第九章

创意组织的运营与战略

一个新的历史时期将从这种社会生产组织开始，在这个新的历史时期中，人们自身以及他们的活动的一切方面，包括自然科学在内，都将突飞猛进，使以往的一切都大大地相形见绌。①

——[德]弗里德里希·恩格斯

 学习目标

通过本章的学习，学生应了解和掌握如下内容。
1. 创意组织的发展形态与观念。
2. 创意组织的职能定位与运营模式。
3. 创意战略的制定与执行。
4. 创意领导力的共生基因。

根据《辞海》的解释，"组织"一词见于《辽史·食货志上》："饬国人树桑麻，习组织"，本义为"纺织"，可以引申为"组织"所具备的条理和结构。"组织"的英文是"organization"，强调"组织"是有"器官"（organ）的有机体。组织是按照特定目的建立起来的人的集合，每个人都存在于某个或多个特定的组织之中。创意个体或团队离不开创意组织，任何创意行为都发生在一个确定的组织网络中。"与具有大约 46 亿年历史的地球相比，人类的历史是短暂的，从早期猿人算起，至今 350 万年到 200 万年，占地球历史的万分之四至万分之七。与人类的历史相比，人类的文明史也是短暂的，从新石器时代算起，只相当于人类历史的千分之三"，"文明分为物质文明、政治文明、精神文明，对应着人类和自然的关系、人类的社会组织方式，以及人类的心灵世界"。②英国社会人类学家勃洛尼斯拉夫·马林诺夫斯基（Bronisław Malinowski，1884—1942）认为，一个文化

---

① 马克思，恩格斯. 马克思恩格斯选集（第三卷）[M]. 中共中央编译局，译. 北京：人民出版社，2012：458.
② 袁行霈，严文明. 中华文明史（第一卷）[M]. 北京：北京大学出版社，2006：1.

体系是由底层次的器物、中层次的制度和组织、高层次的精神和价值观这三个文化层次有机构成的。[①]可见，组织是文化的重要组成部分。

组织既是人类文明成果的体现者，又是人类文明的塑造者，人类文明的演进史也是社会组织的进化史。人类之所以能够从远古社会不断进化、不断利用各种资源并加以创造，推动人类社会的进步，其中一个很重要的原因就是人可以形成社会组织。以色列历史学家尤瓦尔·赫拉利（Yuval Harar，1976—）指出，人类祖先智人之所以能够主宰地球，成为万物之灵，是因为智人拥有强大的虚构能力，创造了国家、宗教、企业等想象共同体组织，达成共同认知，实现有效连接。[②]这些想象共同体的组织形式和组织规模具有相对性，依据血缘、地缘、文缘、宗族、经济、政治等不同的认同体，形成不同的社会组织形式，包括原始部落、氏族、公社、家庭、城邦、民族、教会、军队、国家、企业、国际组织等。这些组织将不同规模、不同背景的人联合起来，朝向一个共同的宗旨和目标统一行动，完成个人实现不了的任务，产生了强大的组织效率，给人类带来了巨大的社会进步。商业组织是社会组织的重要组成部分，而公司组织产生于第一次工业革命，发展于第二次工业革命，成熟于整个 20 世纪，进入 21 世纪之后出现革命性变化。比利时组织管理专家弗雷德里克·莱卢（Frederic Laloux）认为，人类心智模式的变化推动了人类合作方式和组织模式的变革，从最初崇尚武力、依靠暴力手段、强调绝对臣服的冲动型红色组织，到层级森严、划分阶级、严格遵循仪式和流程的服从型琥珀色组织，到鼓励质疑和探索、激励创新、追求成果的成就型橙色组织，再到寻求公平、平等、社群、合作的多元意识型绿色组织，现在进入自主管理、灵活进化、驱动真实自我的进化型青色组织。[③]创意组织也是人类社会组织进化的结果，也随着技术条件、经济结构、人性价值和社会生态的变化而变化。

第一节　创意组织的形态特征

创意个体或团队的创意行为、创意劳动、创意工作和创意行动都发生于一个特定的创意组织。任何伟大的创意都离不开分工与协作，创意组织的建立原则在于分工协作与价值扩散，创意组织依据创意分工和创意协作实现价值创造和价值扩散。创意组织是创意个体或团队为实现创意行动的目标相互协作而形成的组织系统，包括公共创意组织、非营利创意组织和商业创意组织。本章讨论的创意组织指经营性商业创意组织，主要表现为各种所有制性质的文化创意企业。

---

① 马林诺夫斯基. 文化论[M]. 费孝通，译. 北京：华夏出版社，2002：1-107.
② 赫拉利. 人类简史：从动物到上帝[M]. 林俊宏，译. 北京：中信出版集团，2017：1-441.
③ 莱卢. 重塑组织：进化型组织的创建之道[M]. 进化组织研习社，译. 北京：东方出版社，2017：1-548.

一、创意组织的发展形态

经营性商业创意组织以追求创意价值的商业化利益为共同目标，由组织愿景、机构设置、人员构成、权责关系、制度规范、资金设备、专有技术、信息沟通、团体意识和组织环境等不同的组织要素组成并随着组织内部环境和外部环境的变化而不断调整，是具有特定组织文化特性的社会系统。创意组织的企业形态除了一般的有限责任公司、股份有限公司、外资公司和国有公司等类型，还出现了"一人企业""社会企业"和"共生企业"等新型组织形态。

"一人企业"即"一人有限责任公司"，是指"只有一个自然人股东或者一个法人股东的有限责任公司"，经营目的是"变得更好而不是更大，维持小规模带来的发展自由"。[①]"一人企业"把自然人转变为社会法人，利用了有限责任公司作为风险控制的现代制度设计的优势，将创业风险控制在企业的资源边界之内，而且在股权融资、债权融资或清算时也便于资产评估和规范操作。文化创意企业的创业成本相对偏低，而"一人企业"性文化创意企业又是一个人创业，通过把个人的创意构想依托于互联网平台，充分利用公众号、小程序、直播平台、网络文学平台等，很容易实现个人创业。"一人企业"特别适合文化创意领域创新创业的组织形态，韩国政府资助的韩国文化产业振兴院专门为此成立了"一人企业"孵化中心。

"社会企业"是运用开拓性商业手段实现社会公共利益的组织形态，是一个潜在的公共服务提供方，也是一个重要的社会创新工具，具有混合性或多元化组织配置的显著特征，整合多元利益相关者，实现可持续的共同治理。[②]社会企业是文化创意企业的价值底色，文化具有天然的外溢性效应，而文化产业具备天然的公共价值，从事文化产业的文化创意企业具备天然的社会责任。此外，社会企业也可以作为一种商业模式的理性选择。现在很多互联网文化创意企业采取社会企业的运营模式，如腾讯集团就将可持续社会价值创新调整为企业发展的大战略。社会企业与非政府组织（Non-Governmental Organization，NGO）和非营利组织（Non-Profit Organization，NPO）等公益组织有同样的社会价值追求，而又落脚于企业组织的运用模式，考虑投入和产出的商业回报。文化、健康、环保、医疗、教育等社会事业领域都适合采用社会企业的组织形态。非物质文化遗产、美术馆、乡村文化创意等文化发展领域也易于采用社会企业的组织模式。

"共生企业"是数字技术和互联网技术影响下的企业组织形态。共生企业指为了驾驭和引领 VUCA[③]变化而进行开发边界、资源共通、价值共创、成果共享的共生型组织形态。陈春花指出，共生型组织具备互为主体性、整体多利性、柔性灵活性和效率协同性等特征。

---

① 贾维斯. 一人公司：起步的思维[M]. 刘奕吟，译. 武汉：武汉大学出版社，2021.
② 斯皮尔，康福思，艾肯，等. 社会企业治理主要视角：一种参与式概念框架[J]. 中国非营利评论，2021，27（1）：274-298.
③ VUCA 是易变性（volatility）、不确定性（uncertainty）、复杂性（complexity）和模糊性（ambiguity）的英文缩写，源于20世纪90年代的军事术语，用以描述个体和组织所处的动荡不居的社会状态。

所谓互为主体性，即你中有我、我中有你，你的需求也是我的需求，不分彼此，不分主客，不分生产者、消费者。所谓整体多利性，指处于共生型组织的利益相关者互利共生、共享利益。所谓柔性灵活性，指组织应对变化的灵活敏捷性。所谓效率协同性，指组织绩效是一种整体绩效，既包括组织内部效率，又包括组织外部效率。[①]共生企业秉承了一种共生主义的生态逻辑，借用了自然界生物之间互利、和谐的关系状态，用以描述数字智能时代企业组织的进化状态。共生型创意组织营造一种自由、平等、互利、互惠的创意生态，让不同的创意物种实现自然、有机的创造性联系，更有利于创意资源的共享、创意价值的创造、创意产权的共用和创意成果的共享。

二、创意组织的发展观念

组织发展观念是一种决定组织发展的哲学观念和思维模式。创意组织的基本发展观念包括静态组织发展观、动态组织发展观、生态组织发展观和心智组织发展观。静态组织发展观偏重于创意组织生产要素和关联结构中的"物"，从办公设施、空间环境到组织架构、岗位设定，以及企业提供产品或者服务的生产安排、人员构成、岗位职责等，以较为静态的方式观察创意组织的组织目标、机构设置、人员构成、管理规定等。动态组织发展观侧重于创意组织创作生产活动中的"人"，注重人在创意组织当中的协作与同步，注重创意组织各要素之间的互动、演变与发展。生态组织发展观强调创意组织内部环境各要素的协同状态和创意组织与外部环境的互动机制，注重创意组织的赋能能力、连接能力和价值外溢性能力。心智组织发展观认为，人们的认知、道德、心理决定了组织的具体形态，应注重创意组织中人与人之间的行为方式、心理状态和精神表征，要关注人们的内在信念和心智模式、人们的行为及其所处情境、组织的文化特质、组织的系统结构，重视组织成员的创意思维、创意人格和创意角色的差异性和互补性。[②]

创意个人构成创意组织，创意组织通过完成组织使命实现个人价值。美国管理学家斯蒂芬·罗宾斯（Stephen P. Robbins）认为，组织是一个对完成特定使命的人们的系统性安排。[③]这个系统构成了创意组织的社会网络，分为内部网络和外部网络。创意组织的内部网络包括创意研发和创意生产部门、创意营销和创意服务部门、创意职能管理部门（如人事、行政、财务、法务等）。创意组织内部呈现了一种特定的创意分工，创意分工是为了创意协作，创意协作是为了提高创意效率、产生创意绩效。亚当·斯密在《国富论》中提出劳动分工的观点，认为劳动分工对提高劳动生产率和增加国民财富具有巨大的影响。创意劳动分工具体表现为创意工作分工、创意岗位分工、创意团队分工、创意组织分工和创意社会分工等不同形式。组织中的每个人都有明确的专业分工，但分工的目的是协作，每个人处于一个特定的创意组织之中，每个人将专业分工做到极致，彼此协作，组织效率就

① 陈春花，赵海然. 共生：未来企业组织进化路径[M]. 北京：中信出版集团，2018：1-220.
② 莱卢. 重塑组织：进化型组织的创建之道[M]. 进化组织研习社，译. 北京：东方出版社，2017：1-548.
③ 罗宾斯. 组织行为学精要[M]. 郑晓明，译. 北京：机械工业出版社，2000：1-270.

远远超过创意个体单纯相加的求和效率，这构成创意组织内部社会网络的组织效率来源。此外，创意组织还依赖特定的外部环境和社会网络。创意组织的创意资源来自外部环境，处于由不同的消费者、竞争对手、合作伙伴、政府监管、社区居民等主体构成的外部关系和社会环境中。因此，在陈春花看来，创意组织管理就是要处理好个人与目标、个人与组织、组织与环境、组织与变化等创意组织的内外关系及其彼此影响。[①]

创意组织以数字新基建为依托、以文化创意和数字资源为核心要素，通过互联网嵌入广泛的社会关系，实现协同创意和融合创新。创意组织的社会网络中最为重要的关系网络就是消费者网络。2019 年，小米公司以不到十年的创业时间进入世界 500 强企业名录，其成功的密码是适应互联网时代消费者快速变化的内容需求和品质需求，总结出了"专注、极致、口碑、快"的互联网创意思维。小米运用这一互联网思维针对消费者的诉求，推出用户至上的极致服务，以最便宜的价格提供最好的产品，成为用户性价比最高的品牌之一。小米公司进入哪个行业，就以极低的价格、极好的品质重构了哪个行业。有人认为小米的产品品质没那么好，但在同等价位上消费者能买到的最好产品就是小米品牌的。但是，小米品牌传递的并不是价格优势，而是价值优势，因此小米最大的成功就是创建了自己的品牌社群，拥有高价值用户所产生的凝聚力和认同度。小米与消费者的互动很强，消费者对小米产品设计研发、系统内测的参与度很高。小米公司非常注重创意设计，声称自己是一家以工业设计取胜的互联网企业。小米公司的工业设计分布在小米生态的各个环节、各个投资合作的企业，其设计的产品曾获得德国红点奖（Reddot）、德国 iF 设计奖、美国工业设计优秀奖（IDEA）、日本优良设计奖（G-Mark）和中国红星奖等各类国际工业设计大奖。小米公司拥有自己的文化内容和文化产品，包括电子阅读、电竞、游戏等内容型文化产品和电视、投影等装备型文化产品。小米有品是一个"有品生活，更好选择"的主题赋能生态，以创意众筹、品牌合作、创意设计的方式，帮助非遗老字号品牌进行升级优化，再通过小米有品去销售。小米公司的十年是文化创意与科技创新融合发展的十年。

创意组织的创造力来自协作性合作团队。即兴创意合作是突破性创新的关键所在。创意组织的即兴管理在于创意组织对知识管理和消费需求做出的创造性回应。消费者的需求包括显性需求和隐性需求。显性需求可以通过消费者访谈和行为数据分析、总结出来，如消费习惯、消费支出、消费类型等。隐性需求涉及消费者的价值观、内驱力和审美偏好，需要对生活情境进行长期观察和即时反馈。美国 IDEO 创新设计公司就非常注重对消费者隐性需求的深度挖掘，设计人员以参与式田野调研的方法参与目标人群的日常生活，收集反映消费者深层次需求的态度信息并以关键词、用户标签和消费画像的方式记录下来，最终设计出能够满足消费者内在需求的创意产品。英国哲学家迈克尔·波兰尼（Michael Polanyi, 1891—1976）指出，人类的知识有两种：一种知识以书面文字、图表和数学公式的形式加以表述，另一种知识正如我们在做某事的行动中所拥有的、未被表述的知识。[②]这两

---

① 陈春花. 共生价值：数字化时代的组织管理[M]. 北京：人民邮电出版社，2021：1-280.

② 波兰尼. 认知与存在[M]. 李白鹤，译. 南京：南京大学出版社，2017：1-231.

种知识就是显性知识和隐性知识。日本知识管理学专家野中郁次郎（Ikujiro Nonaka，1935—）进一步提出显性知识和隐性知识相互转换的 SECI 过程：群化（socialization），即通过共享经验产生新的意会性知识的过程；外化（externalization），即把隐性知识表达出来成为显性知识的过程；融合（combination），即显性知识组合形成更复杂、更系统的显性知识体系的过程；内化（internalization），即把显性知识转变为隐性知识，成为企业的个人与团体的实际能力的过程。创意组织的即兴管理就是推动隐性知识向显性知识转变的重要管理手段。在美国创造力研究学者凯斯·索耶（Keith Sawyer）看来，创意组织要打破"剧本思维"的束缚，不要用早已提前安排好的思维方式解释复杂、意外的情况，而要在突发事件中实行即兴创作，寻找创意计划和即兴创作之间的最佳平衡点。[1]创意组织的创意来自创意个体，通过自下而上的创意传递，最终成为成功的创意产品。创意组织是一种学习型组织，在美国学习型组织专家彼得·圣吉（Peter M. Senge，1947—）看来，学习型组织要敢于打破"局限思考""归罪于外""缺乏整体思考的主动积极""专注于个别事件""从经验学习的错觉即管理团队的迷思"等组织障碍，通过"修炼"学习型组织的五项技能，即自我超越、改善心智模式、建立共同愿景、团队学习、系统思考，提高创意组织的集体智力。[2]学习型创意组织注重系统性思维和整体性视野，注重组织心智的转换，积极迎接面向未来的挑战。

创意组织往往呈现一种松散的、临时任务型组织状态。创意组织管理就是对创意个体的管理。创意组织管理是激发创意个体发起创意合作、建立创意声誉的动态过程，创意生产者和创意组织都非常关注创意个体的文化声誉，个人与全行业的声誉评估影响着创意组织的创意决策。创意组织往往会设置开放性办公空间，创造有趣、富有创造力的组织文化，鼓励创意互动、集体想象和创意分享，让创意员工通过自我监督、自我驱动推动创意进展。创意组织的本质是一个有机生命体，充分利用艺术融合、美学动员和情绪渲染创造创意组织的团队心流，进入创意组织的创意高峰时刻。[3]陈春花认为，共生组织具备开放边界、引领变化、彼此加持、互动生长、共创价值等特征，因此"无我领导"是共生组织领导力的新内涵，发挥牵引陪伴、协同管理和协助赋能的共生领导力。[4]

第二节　创意组织的结构与模式

创意组织是将创意个体与组织的目标结合起来，不仅要实现组织利益的最大化，而且要让创意个体实现个人的成长和生命的价值。创意组织是"巧创新"驱动型组织，实现文

① 索耶. 如何成为创意组织[M]. 汤超颖，高鹏，元颖，译. 成都：四川人民出版社，2019：36-46.
② 圣吉. 第五项修炼：学习型组织的艺术与实践[M]. 张成林，译. 北京：中信出版集团，2018：1-455.
③ BILTON C, CUMMINGS S. Handbook of Management and Creativity[M]. Cheltenham: Edward Elgar Publishing, 2014: 1-184.
④ 陈春花，赵海然. 共生：未来企业组织进化路径[M]. 北京：中信出版集团，2018：1-220.

化创意与科技创新的融合创新。"巧创新"范式是一种新的赋能手段，以新型科技为依托，以市场需求为动力，以文化价值为内涵，以审美感、故事性、情感化和风格化的表现形式展现产品对生命的终极追求，实现美感和效用的完美结合。随着文化创意和智能技术的自身发展与深度融合，巧创新型创意组织的职能定位、功能路径、运营模式都出现了新的特点和范式。

一、创意组织的职能定位

创意组织的运营就是要解决创意产品、创意团队、创意渠道和创意市场等有关产品研发、团队管理、渠道营销和市场竞争等诸多议题。总体而言，互联网时代的创意组织是创意产权（property）的创造者、创意平台（platform）的搭建者、创意伙伴（partner）的推进者以及创意能量（power）的汇聚者。

创意组织提供的不仅是创意产品或服务，更是创意产权和创意品牌。创意组织摆脱了工业时代的产品思维，不再关注产品的批量化生产和规模化销售。如今，创意组织的运用重点不再是聚焦于创意产品价值链，而是迭代升级为创意产权价值链。如前文所述，创意产权集中表现在文创产权，来源于文化产权并以数据资产的形式进行保存。

创意组织不再是金字塔式组织结构，打破了马克斯·韦伯的科层制、层级化组织结构。创意组织是一种平台型组织，具有超级聚合、强力连接、强大赋能的能力。平台型企业呈现一种"多对多即时互动"的运行形态，"崇尚赋能而不是管控，主张开放而不是封闭，强调互动迭代而不是静态锁定"，具有数字化的时空融合、用户之间存在跨群网络外部性、即时交互性、指数级增长性等特点。[①]平台型创意组织具备连接、赋能和共生三种功能。

创意组织的内在动力机制在于激活创意个体，将组织内的创意个体和组织外的消费个体都视为创意伙伴，实现创意者经济发展范式。当今时代，构成创意组织的创意个体不再是被创意组织雇用的被动的工作人员，而是独立自主、内驱力强的超级个体。创意组织的运营要善于激活个体，将个体创意转变为集体智慧。陈春花认为，创意组织要做好激活创意伙伴、激活个体的四项工作：① 管理期望，尊重创意个体的个性化和差异化，建立起个体与组织之间牢固的心理契约；② 共享共生，摒弃传统的单线传递的线性思维，打破组织和个体成员之间价值分离的机械模式，围绕组织和个体成员的共同价值创造，营造公开、透明的工作环境和成果共享的分配机制；③ 幸福感驱动，充分发挥个体员工的智慧和优势，协调组织资源，帮助个体员工获得发展，使其不断追求生存优越和快乐，促进组织利益相关者的幸福最大化；④ 赋能成长，摒弃组织固化的权力带来的桎梏，充分赋权给每个组织成员，帮助组织成员成长，使组织成员的内在动力获得持续激发。[②]创意组织是所有利益相关者的利益共同体、责任共同体、价值共同体和命运共同体。

创意组织产品的增长率和市场的占有率不是靠单一的价格优势，而是依托创意能量的

① 刘绍荣，等. 平台型组织[M]. 北京：中信出版集团，2019：16-17.
② 陈春花. 激活个体：互联时代的组织管理新范式[M]. 北京：机械工业出版社，2015：1-256.

跨界创新和文化辐射。创意能量是引爆创意组织的强大力量，是创意组织向外拓展的驱动力量。创意能量表现为创意组织的软实力、辐射力和衍生力，是一种文化上的吸引力和精神上的凝聚力。创意能量好比物理学意义上的核能，通过创意"核裂变"或创意"核聚变"产生创意"核能"。所谓创意核裂变，就是创意组织内创意个体之间的创意交流、沟通、互动产生的创意能量，是一种衍生能力；所谓创意核聚变，就是创意组织内生产的创意成果可以不断聚集更多的外部资源，从而产生一种聚合能力。

二、创意组织的功能路径

创意组织通过共同的宗旨集合创意个体，产生组织绩效。英国管理学家查尔斯·汉迪（Charles Handy，1932—）认为，组织效力的影响因素有个人因素（能力、角色和工作动机）、组织因素（领导力、团队关系、制度和结构）和环境因素（经济环境、自然环境和技术环境）。[①]创意组织将创意个体、创意责任、组织权力和价值目标结合起来，主要依托文化连接、创意赋能和价值共生三大创新路径发挥自身的功能。

创意组织的第一大功能表现为文化连接。连接是互联网时代的价值之源。创意组织的连接功能表现为组织内部的"强连接"（strong ties）和组织外部的"弱连接"（weak ties）的统合，是一种"巧连接"（smart ties）。创意组织的连接可以穿透组织具备的垂直边界（组织内部的层级）、水平边界（组织内部不同职能、生产单位之间）、外部边界（组织与外部世界之间）和地理边界（组织在不同国家或区域市场之间），将创意组织形塑成一个无边界组织。[②]创意组织的连接是一种数字连接、即时连接和文化连接。创意组织的连接功能以数字技术为底层架构，以文化创意为连接纽带，表现为娱乐连接、故事连接、社交连接、交响连接、共情连接和意义连接六种文化连接方式。开放连接是创意组织激活内部环境、实现价值放大的重要手段。互联网时代组织资源开发的本质就是连接。连接不只是物理世界的原子化连接、量子世界的数字化连接，更是心理世界的情感连接、精神世界的价值观连接。

创意组织的第二大功能表现为创意赋能。赋能是一个外来词语，英文是"empower"，本义为"赋权"，后被引申为"赋予某种能力"。创意组织的创意赋能功能表现为对内的创意赋能和对外的创意赋能。对内的创意赋能体现为创意组织对组织成员充分授权，营造宽松、自由的创意氛围，让创意个体获得决策权、行动权，充分发挥创意个体的主动性和积极性；对外的创意赋能表现为创意组织为了适应外部环境的剧烈变化，充分开发组织资源，让各类参与主体汇聚在创意组织周围，成为虚拟的群结体，让外部参与方能够更好地发展自己，从而推动创意组织自身的进步。江西省景德镇市浮梁县为了推动乡村文创事业的发展，特别推出了"乡创特派员制度"，为乡创特派员提供赋权、赋能的制度保障，包括年度体检，统一购买安全保险，享受人才申报、融资贷款、补贴奖励等各类政策扶持和

---

① 汉迪. 组织的概念[M]. 方海萍，等，译. 北京：中国人民大学出版社，2006：1-379.
② 阿什肯纳斯，尤里奇，吉克，等. 无边界组织[M]. 姜文波，刘丽君，康至军，译. 北京：机械工业出版社，2016：9-12.

激励措施;建立了乡创特派员与乡镇党委书记"一对一"联系服务机制及落实特派员列席村"两委"会议,确保他们对乡村重大项目具有知情权和建议权,等等。[①]乡创特派员是近年来乡村文创事业的创新实践,而地方政府推出的赋能机制为营造乡创共同体发挥了关键性作用。

创意组织的第三大功能表现为价值共生。创意组织要充分营造自上而下和自下而上的互动机制、内部与外部的互动机制,把内部雇用的组织成员和外部竞争的组织对手转变为依托组织作为平台创业的事业伙伴,在组织内部和外部构建创意共生价值网络,实现事业伙伴之间创意共生、创意共创、创意共享的创意价值协商机制。腾讯集团近年来提出的"智能、协作、创新"云生态战略,通过深度融合、云化分享、智慧链接、"全用户"、"大内容"、"新科技"、宽平台等战略手段,构建数字生态共同体,实现了可持续的商业价值增长和社会价值创新,这些举措反映了价值共生的商业潮流。价值共生思维在互联网技术的推动下已经渗透到社会的各行各业,成为资源共用、价值共享、生活共同富裕的主流价值观。

三、创意组织的运营模式

创意组织的运营模式是创意组织将创意资源转化成创意资本、开发创意产品、形成创意产权、展开创意营销、实现创意价值等创意生产全过程中创意管理要素的组合方式。总体而言,创意组织的运营模式分为内容型、渠道型、终端型、平台型和生态型五类。

第一类是内容型运营模式。大部分文化创意企业都采用基于内容创意的运营模式。这类创意组织开始于内容研发,内容创意的核心是形成创意 IP,进而实现全产业链的跨界连接。内容型运营模式包括内容创意、内容评估、内容分发、内容消费、内容反馈等过程。其中,在创意前端的内容价值识别阶段,创意一般较为模糊,还游荡在创意个体的头脑里,创意组织创建一个有效的筛选机制对这些模糊创意进行识别并推进研发成为关键环节。[②]我国小米公司大楼内部的共享创意空间、日本 Team Lab 的网络社群空间都是互动的创意激荡空间,可以有效识别和捕捉前期的模糊创意。创意中端的内容价值生成是内容的生产过程、创意的研制过程,可以是自主研制,也可以是外包研制。内容研制的结果一定要能成为文创 IP,这是内容型平台运营模式的显著特点。没有形成文创 IP 的内容是无法形成流量转化效应和产业协作效应的。创意后端的受众体验、反馈和评价阶段依靠内容的吸引力和辐射力,将普通受众转化成高价值受众,形成内容的品牌社群,从免费、广告收益转向订阅付费收益、版权授权收益,最终实现跨界创新的价值衍生。电视剧《花千骨》、网络文学《勇者大冒险》的全产业链价值运营都是比较典型的内容运营模式。

第二类是渠道型运营模式。渠道是创意产品从生产者流向消费者的通路,包括线下渠道、线上渠道和线下线上融合的全渠道。电影行业的发行院线渠道、演艺行业的剧场院线

---

① 邱西颖. "乡创"在行动——浮梁探索"乡创特派员"制度推动乡村振兴[N]. 江西日报,2021-07-14.
② 杨永忠. 创意管理学导论[M]. 北京:经济管理出版社,2018:139-142.

渠道、图书出版行业的图书发行渠道都是创意组织中的典型渠道。渠道运营的价值在于渠道规模化、中间环节优化和创意价值整体化。电影发行的"窗口期"策略就是好莱坞电影发行的常规电影渠道运营模式。所谓窗口期，是指一部电影在院线、录像带/DVD、有线电视、无线电视、网络视频等不同播映平台上的投放顺序和间隔时间。设置窗口期的目的是保障影院放映的利益最大化，同时又可以在不同的播映平台获取发行"剩余价值"。但是，随着网络视频平台的发展壮大，电影发行在选择影院发行还是网络发行方面已经开始出现新的变化。在互联网时代，电影发行的窗口期效应不再是线性时间的历时性安排，而是网络效应的共时性安排。网络化窗口期效应的真正考验是电影版权的"全产业链"价值收益，这里的全产业链价值收益包括电影产业所有"扩窗"的发行收益，电影产业与文化产业其他门类融合形成的电影出版、电影戏剧、电影游戏等文化产品的销售收益，以及电影产业与一、二、三产业融合形成的电影旅游、电影美食、电影服饰、电影衍生品等产品的销售收益。①

第三类是终端型运营模式。"终端"一词既有物理意义上"设备终端"之义，又有市场营销意义上"消费终端"的意思。一般而言，终端是指生产者与消费者实现创意产品价值交换的最后一环，强调创意产品与消费者之间最终的接触方式。对于文化创意而言，终端特指无形的内容要有有形的设备载体。小米公司是终端型运营模式的典型代表，通过小米手机作为用户触点的终端，搭建了小米智慧家居的生态模式。苹果公司和亚马逊公司既有终端型运用模式，又有内容型运营模式，它们对两者的融合运营做得非常好。

第四类是平台型运营模式。平台经济的本义指借助有效的服务系统和交易空间，促使经济活动的双方和多方之间形成广泛的交易和合作增值效应。②平台型运营模式强调多边经济和网络效应。平台型运营模式首先要设置协议规则，搭建聚合平台，积累用户流量，集聚平台价值。通过免费、补贴或其他综合平台进行用户引流，用户达到一定的规模之后，开始开展投放广告、授权版权、付费订阅等业务，实现平台商业利益的最大化。平台型运营模式的核心是平台的搭建与资源的开放，除了硬件设施，更重要的是平台规则。平台型运营模式的特点是利用外部的用户关系建立无限增值的可能性，此现象被称为消费的网络外部性（network externalities），分为两种：一种是成员外部性（membership externality），即平台一方用户量增加将影响该平台对另一方用户的价值，如随着视频网站平台的会员数量增加，视频网站更易于高价销售广告位以获取收益，同时能够吸引更多的优质视频版权方加入；另一种是用途外部性（usage externality），即平台的价值与用户和内容间的互动频次有关，当频次增加时，平台双方都会受益。③平台型运营模式分为以下四种：① 中性平台（neutral platform），不控制资源的利害，也不建立用户联系，采取相对松散的内容管理与用户服务，如百度搜索引擎；② 主导平台（enabler platform），通过直接控制资源

① 向勇.《囧妈》动了谁的奶酪？——兼论数字创意时代我国电影院线的发展格局[J]. 艺术评论，2020（3）：88-95.
② 花建. 发展我国文化产业的服务平台体系：要求·重点·业态[J]. 同济大学学报（社会科学版），2015（3）：25-32.
③ 徐晋. 平台经济学：平台竞争的理论与实践[M]. 上海：上海交通大学出版社，2007：1-292.

而引导价值，生产并加工资源，将用户的管理控制权让渡给他者，如爱奇艺；③ 经纪平台（broker platform），通过管理用户控制主流价值和大量资源，注重用户体验，平台不进行内容制作，如新浪微博；④ 整合平台（integrator platform），掌握内容资源和用户管理权并鼓励第三方加入，对多方资源进行整合与调配，如苹果应用平台等。此外，平台型运营模式还分为巨型平台（腾讯、阿里、百度、脸书等）、主题化平台（抖音、爱奇艺、聚美优品等）、微平台（文化创意企业的微信公众号、小程序、微博、微商等）和一人平台（MCN、自媒体等）。

第五类是生态型运营模式。生态型运营模式在整合平台型运营模式的基础上发展而成，为创意产品提供服务系统和交易空间，是一种复合性、共享性运营模式。生态型运营模式不仅在内容和用户两端进行资源整合与系统管理，并且在内容层、渠道层与用户层搭建子平台群，建立开放和包容的创意生态层。内容层包含用户生成内容（user generated content，UGC）、专家生成内容（professionally-generated content，PGC）和企业生成内容（enterprises-generated content，EGC）、机器生产内容（machine generated content，MGC）等形式的创意产品；渠道层包含大量的 PC 端网站、软件和移动端 App、应用商店等；用户层包括微信、QQ、小程序、微博等社交应用。每一个创意生态层都为生产者与消费者提供丰富的产品和服务，将参与者有机地结合起来，高效推动整个生态系统的运转和扩容，其主要特征包括自下而上与共享共赢、准公共性与收益多源、高渗透力与低风险性。腾讯集团是共享型生态运营模式的一个典型代表，其生态平台中的众多主体存在竞争、合作、寄生和共生四种关系，其吸纳性与包容性使众多创意主体获得了广阔的生存空间，既能独立发展，又有优胜劣汰，促进优质创意资源的不断优化与净化。生态系统中的无数子平台作为协调者，发挥着积累、传递、引导、筛选等枢纽作用，创意产品的内容品质不断提高，使得整个生态系统的规模不断扩大，促进创意生态的全面繁荣与持久发展。[1]

第三节　创意组织的战略与领导

创意组织的运营与管理离不开创意管理者和领导者，创意组织的领导者是创意企业家，他们在创意组织中展现了一种独特的创意战略思维和创意领导力。美国创新管理学家克莱顿·克里斯坦森（Clayton Christensen，1952—2020）把企业家分为创业型企业家、行政型企业家、产品型企业家和程式型企业家，认为企业家都具备两种技能：发现技能和执行技能。其中，发现技能包括联系、发问、观察、交际、试验等认知技能和实践技能；执行技能包括分析、计划、细节化实施、纪律化管理等实践技能。[2]根据他的研究，创意企

---

① 向勇，白晓晴. 互联网文化生态的产业逻辑与平台运营研究：以腾讯互娱事业群为例[J]. 北京电影学院学报，2017（1）：28-35.

② 克里斯坦森. 创新者的窘境[M]. 胡建桥，译. 北京：中信出版集团，2020：1-360.

业家是以发现技能为主的创业型企业家。

一、创意战略的制定与执行

战略最初是一个军事领域的术语，后来用以描述一切具有全局性、高层次、长远性的筹划和谋略。美国战略学家艾尔弗雷德·钱德勒（Alfred D.Chandler，1918—2007）认为，战略是为确定企业基本长期目标、选择行动途径和行为实现目标并进行资源分配的一系列目标、途径和手段。[①]创意组织的经营战略受组织外部宏观环境、产业环境、市场环境和内部环境等多种因素的影响。美国战略学家伊戈尔·安索夫（Igor Ansoff，1918—2002）认为，组织战略由经营范围、资源配置、竞争优势和协同作用四种要素构成，相辅相成，并以产品和市场为基本面向，区别出产品拓展（product development）、组合（diversification）、市场渗透（market penetration）和市场开拓（market development）四种策略，决定着组织的"共同经营主线"。[②]根据钱德勒的研究，创意组织是一种环境适合性组织（environment-serving organization，ESO），创意组织要与环境、战略、组织相适应。创意组织战略包括外部环境、战略预算、战略动力、管理能力、权利、权力结构、战略领导和战略行为八个要素模块。[③]加拿大战略管理学家亨利·明茨伯格（Henry Mintzberg，1939—）批评了战略规划的三个基本谬误——能够预见不连续性、战略家可以与组织的经营脱节、战略制定的过程可以形式化[④]，认为组织战略是一种有关产品、市场和顾客的最佳定位（position），是一种反映组织高层领导人抽象意识的价值观念（perspective），是一种针对竞争对手的动向和策略而采取的有效计谋（ploy），是一个实现组织发展目标的长远计划（plan），是一套可总结、可参考、可借鉴的实践模式（pattern）。[⑤]战略管理是一个分析、决策和行动的连续过程，是明茨伯格所谓的"艺术、手艺和科学"的实践结合。

战略理论的发展经历了常规战略、蓝海战略和紫海战略三个阶段。以美国战略学家迈克尔·波特的竞争战略为代表的常规战略主宰了全世界管理学界近四十余年，其遭遇过两次重大的理论挑战：一次是 2005 年由金伟灿（W. Chan Kim）和勒妮·莫博涅（Renee Mauborgne）提出的蓝海战略；另一次是 2010 年由克里斯·比尔顿（Chris Bilton）和斯蒂芬·卡明斯（Stephen Cummings）提出的创意战略。结合迈克尔·波特的竞争战略理论，常规战略将战略框架分为四个分析层次：宏观环境分析（PEST）、产业环境分析（五力分析）、战略群组分析和组织内部分析（价值链分析、波士顿矩阵分析）。根据常规战略的分析框架，结合组织的资源禀赋和战略资产并通过 SWOT 组织战略分析[⑥]，组织可以采取

---

① 钱德勒. 战略与结构：美国工商企业成长的若干篇章[M]. 孟昕，译. 昆明：云南人民出版社，2002：1-435.

② 陈荣平. 战略管理的鼻祖：伊戈尔·安索夫[M]. 保定：河北大学出版社，2005：1-210.

③ 安索夫. 战略管理[M]. 邵冲，译. 北京：机械工业出版社，2013：1-208.

④ 明茨伯格. 战略规划的兴衰[M]. 张猛，钟含春，译. 北京：中国市场出版社，2010：1-307.

⑤ MINTZBERG H. The Strategy Concept II: Another Look at Why Organizations Need Strategies[J]. California Management Review, 1987, 30(1): 25-32.

⑥ SWOT 分析指 S（strengths）优势、W（weaknesses）劣势、O（opportunities）机会、T（threats）威胁等有关组织内外竞争环境的整体态势分析。

总成本领先、高差异化和聚焦集中战略三种不同的竞争战略。[①]创意组织竞争的目的是塑造组织的竞争优势，扩大组织的市场生存空间，最终远离残酷的市场竞争。常规战略着眼于红海竞争，遵循"价格"与"价值"的互替理论，在"鱼"（产品价格）与"熊掌"（产品价值）不可兼得的思维逻辑下，企业要么侧重价格创新，要么侧重价值创新。无论是产业环境分析、战略群组分析、五力分析、双边市场分析还是价值链分析、波士顿矩阵分析，这些常规战略手段的目的只是在已经存在的市场里对现有需求展开激烈的争夺。

蓝海战略思维着眼于拓展非竞争性市场空间，打破价值与价格互替规律，通过同时采取价值创新和价格创新的经营手段，抵达一片新兴的市场领地。金伟灿与莫博涅认为，蓝海战略的关键在于根据组织价值曲线绘制战略布局图，然后采取"要素剔除""减少""增加""创造"四种不同的战略行动，按照重建市场边界、注重组织全局、超越顾客现有需求、遵循合理的战略顺序等战略制定原则，通过克服关键组织障碍、将执行作为战略的一部分以及协调价值、利润、人员主张等战略执行路径，最终实现组织重点突出、与众不同，以及令人信服的宣传主题等竞争优势。[②]蓝海战略是对在已知市场空间中竞争的红海战略的超越，是以顾客价值为中心的战略思维。金伟灿和莫博涅看到了一种非竞争的市场空间，通过要素剔除、减少、增加和创造，企业可以规避竞争，进入蓝海市场，同时追求差异化和低成本，实现价值创造和价格创新的竞合统一。

战略是对未来的规划和控制，比尔顿和卡明斯则以一种兼具优雅和勇气的紫色主义与和平共赢的绿色主义视角看得更远，发现红海和蓝海的融合其实是紫海，这是一种崭新的战略视野。比尔顿和卡明斯构建了一套系统的创意战略理论。创意战略以动态的思维来看待创意组织，将创意组织的四大内部因素（发现、专注、宽松和集中）与四大外部因素（展望、互动、涉猎和创造）视为审视框架，创意战略正是在这些内部和外部因素的相互作用、互相影响下得以形成的。[③]在卡明斯看来，一个好的创意战略包括成功的前景和实现的路径，就是要超越组织最佳实践，不要试图模仿行业标杆组织的成功经验，而要通过组织创造与发现的创新目标和外部与内部的学习目标构建出组织未来的实践矩阵，推动组织实现"糟糕实践—优秀实践—有前景的实践—未来实践"的实践演进。创意战略作为一种紫海战略，结合"红色"的科学和"蓝色"的艺术，"蓝色"的西方和"红色"的中国，阿波罗精神中的秩序、理性思考和狄俄尼索斯精神中的自由意志等，将两个相对的观点结合在一起思考，最终发展出组织独有的创造性未来实践。[④]

创意战略包括"商业创新""创业家精神""创意领导力"和"创意组织化"四大战略模块。其中，"商业创新创造了增值人类生活的潜力，但要将创新有效地'导入市场'，则有赖于创业家精神提供必要的原动力；然而，为了建立创业家精神的市场滩头堡，就必须靠创意领导力将短期机会转换成长期的方向；要让创意领导力发展出正确的创意组织，

① 波特. 竞争战略[M]. 陈丽芳，译. 北京：中信出版社，2014：1-452.

② 金，莫博涅. 蓝海战略：蓝海转型[M]. 吉宓，译. 杭州：浙江大学出版社，2018：1-444.

③ 比尔顿，卡明斯. 创意战略：商业与创新的再联结[M]. 向方勇，译. 北京：金城出版社，2015：43-46.

④ 黄江. 创意战略：超越最佳实践[J]. 清华管理评论，2017（3）：6-11.

就必须提供一个供联结与改变的框架；而为了让创意组织能长保活力如新，又需要商业创新"①。创意战略是一个动态执行的过程，围绕产品/市场创新、团队管理创新、领导模式创新和组织运营创新，呈现一个循环不止、周而复始的螺旋形结构。创意战略是帮助创意组织实现紫海战略的战略手段。紫海市场是红海市场与蓝海市场的混合市场。紫海战略是红海战略和蓝海战略的整合战略，是创意组织在变动不居的市场竞争格局中所采用的常态战略。创意组织运用紫海战略可以保持组织的低成本优势，开发普及率高的大众化产品，有益于中小企业实现战略突破，实现整合式创新取胜。②

创意战略首先关注创意组织的商业创新。创意组织的商业创新融合了常规战略和蓝海战略的创新路径，包括六大创新模式：价值创新、成本创新、容量创新、市场营销创新、边界创新和学习创新，分别可以增加价值、减少成本、增加容量、发展更好的市场关系、改变习惯界限、发展更有效的学习方法。在比尔顿和卡明斯看来，商业创新可以依靠多样性、天真心、好奇性、紧迫性和超越"最佳实践"之思考的心理特质来驱动。③创意战略的商业创新是有关产品、市场、顾客、团队等组织要素的系统性商业模式创新。商业模式创新是对组织价值体系的重构，包括对组织资源禀赋、用户价值、业务系统、盈利模式等组织体系的创新。瑞士商业创新专家亚历山大·奥斯特瓦德（Alexander Osterwalder）进一步提出商业模式包括价值主张、客户细分、客户关系、关键业务、核心资源、关键合作、分销渠道、成本结构和收入来源等要素，各要素之间有机协同，形成创意组织的整体性商业创新体系。④

创业家精神（又称企业家精神）是创意战略的独特品质。德鲁克认为，创业家精神不是企业家的人格特征，而是基于特定的观念和理论所表现出来的创新行为。他认为，创业家精神表现为创新机会源的识别和行动，这些创新机会源包括意外事件、不协调事件、流程需求、产业结构和市场结构、人口统计特征、认知变化、新知识七个方面。⑤比尔顿和卡明斯认为，创业家精神是直觉与感性的结合，开始于不受约束的机会主义，但是需要靠勤奋取得进一步的发展。这种创业家精神可以在创意价值识别、创意概念发展、创意价值评估、创意产品精心制作以及创意新品上市等创意生产环节中加以体现，需要作为业余爱好者的涉猎力与作为勤勉努力者的专注力的"偶联性"结合。⑥总体而言，创业家精神既是一种心理特质，又是一种行为风格，包括创新精神、冒险精神、合作精神、敬业精神、学习精神、执着精神和诚信精神等内涵。⑦

创意领导力是创意战略领导者"以共同抱负和能够实现这些抱负的战略行动的形式赋

① 比尔顿，卡明斯．创意战略：商业与创新的再联结[M]．向方勇，译．北京：金城出版社，2015：42.

② 陈劲．中国企业该走紫海战略[EB/OL]．（2017-03-06）[2001-12-09]．https://k.sina.cn/article_5770289164_157efa00c001002bta.html.

③ 同①67-111.

④ 奥斯特瓦德，皮尼厄．商业模式新生代[M]．王帅，毛心宇，严威，译．北京：机械工业出版社，2011：1-271.

⑤ 德鲁克．创新与企业家精神[M]．蔡文燕，译．北京：机械工业出版社，2009：1-232.

⑥ 同①123-140.

⑦ 徐飞．战略管理[M]．北京：中国人民大学出版社，2013：17.

予愿景具体内容的智力活动",安索夫将其分为合法性领导力、决策领导力和行动领导力。[①]创意领导力是一种有创新性视角的领导能力,是通过指示型、指导型、共鸣型、授权型四种领导风格表现出来的一种整合型领导技能。[②]比尔顿和卡明斯强调创意领导力对组织外部的愿景规划与组织内部的交互作用的把控能力,认为创意领导者往往是置身于创意组织的中间而非组织顶端或最前沿的中层领导,采取资源连接、愿景推断、底层促进和图景绘制等创意领导力"键码",展现出愿景型引领与交互式沟通的领导力范式。[③]创意领导力的关键在于同外界保持联系,"提纯"创意组织的战略核心,激励创意员工和创意团队发挥自己的创造力,包容差异性和多样化,将矛盾冲突转化成创意机遇,最终让创意构思在实践中转化落地。

创意组织化是创意战略目标实现的基础,创意战略的宗旨是实现创意组织价值的最大化。创意组织化为商业创新、创业家精神和创意领导力发挥作用提供源泉和土壤,更多地表现为组织的创意文化建设和创意氛围营造。建立优秀的组织文化是使组织强大的秘诀,良好的沟通和信任机制是组织成功的基石,组织的高绩效来源于高绩效的组织文化。组织文化是以组织精神为核心,凝聚组织员工归属感、积极性和创造性的人本管理理论,既对组织创意战略的制定起到引导的作用,又对组织创意战略的实施发挥推动的作用。[④]创意组织化建设的目的是打造有利于创意战略的观念、行为发挥作用的创意环境。创意组织是一种"既松又紧"的液态创意生态,集中与放松的组织策略是创意组织的卓越境界。创意组织呈现了亚里士多德的"中道"德行和儒家的"中和"之道,具有"崇尚行动、接近顾客、自主创新、以人促产、价值驱动、不离本行、精兵简政、宽严并济"等组织美德。创意组织文化表现出"强有力并有适应性的文化、关于学习方法的学习、从内部和外部吸收观点、多任务处理、灵巧的结构和随时准备迎接变化"等中正、平和、适度的特征。[⑤]

总之,创意战略是为了确保创意组织持续的卓越绩效和竞争优势,包括创意组织使命和目标的选择、外部环境中机会和威胁的识别、内部环境中优势与劣势的分析、组织优势的发挥以及将其付诸行动的战略实施等过程和模式。[⑥]在比尔顿和卡明斯看来,"商业创新要素需要创意发现者的特质,创业家精神要素需要勤奋半吊子的特质,领导力要素需要愿景行动者的特质,组织化要素需要专注自由者的特质"。创意战略呈一个螺旋形、动态的组织结构,一个优秀的创意组织就是要建立这样一种目标环境,通过不断地创造和发现,让商业创新、创业家精神、创意领导力和创意组织化四大战略要素循环不止、周而复始。[⑦]创意战略是所谓"比红海更安全、比蓝海更创新"的紫海战略,也是一种"可持续

① 安索夫. 战略管理[M]. 邵冲,译. 北京:机械工业出版社,2013:126-143.

② 希亚姆. 商业创新[M]. 李妍,译. 北京:人民邮电出版社,2015:45-58.

③ 比尔顿,卡明斯:创意战略:商业与创新的再联结[M]. 向方勇,译. 北京:金城出版社,2015:161-193.

④ 冷志明,蒋才芳. 企业战略管理[M]. 长沙:中南大学出版社,2009:321-322.

⑤ 同③227-247.

⑥ 希尔,琼斯. 战略管理[M]. 孙忠,译. 北京:中国市场出版社,2007:6-9.

⑦ 同③227-247.

的、和谐生态主义"的绿海战略。

二、创意领导力的共生基因

美国领导力专家詹姆斯·库泽斯（James Kouzes）和巴里·波斯纳（Barry Posner）总结出卓越创意领导人具有长期保持的五种习惯行为，包括以身作则、共启愿景、挑战现状、使众人行、激励人心。[1]美国学者约瑟夫·奈认为，领导人的权力是一种通过影响他人而获得自己所需结果的能力，包括威胁强迫、金钱诱导和吸引感召三种途径，前两种途径为硬实力，第三种途径为软实力，相应地形成了马克思·韦伯所谓的传统权威、理性权威或法律权威、领导魅力型权威三种领导权威类型，而互联网时代更强调合作、社交软实力、魅力型领导风格。奈认为，领导行为反映了领导者和跟随者之间的权力关系和人际关系，高效的领导者会激励追随者超越自我，展现出魅力型、学习型或务实型等不同的领导技巧。[2]创意个体的自主崛起、数字智能技术的广泛应用和文化创意的融合发展催生了互联网时代创意组织的领导力变革，重构了创意组织的领导力基因图谱。要建设高绩效的创意组织，领导者必须具备卓有成效的创意领导力。总体而言，创意领导力是一种激发组织成员使命与价值观的强大力量，表现出一种共生领导力的基因特质。

创意领导力的表现为对创意组织内部环境和外部环境中的组织资源和人际关系的整合与协调，包括社会价值（social value）、市场价值（market value）、审美价值（aesthetic）、关系价值（re-connected value）和技术价值（tech-value）五个不同价值维度的共生领导力基因，呈现一个 SMART 领导力基因模型结构。

社会价值领导力塑造了创意组织的价值起点和愿景目标，是创意领导力的核心基因。创意组织的使命、愿景不是单纯的获得经济回报，创意个体的工作投入也不是以单一的物质报酬为目的。每个人、每个组织绝不是海洋中的孤岛，而是陆地上彼此相连的泥土。创意组织根植于社会环境，要有超越物质利益、短期经济效益的价值追求，要有长远发展的远见卓识，要有超越功利追求的道德要求。社会价值领导力确保创意领导者具有正确的领导动机。文化权利、数字共享、绿色低碳、弱者救助、代际公平、文化传承、教育公平、医疗公平等社会议题面临越来越大的挑战，创意领导者的社会价值领导力要从组织使命和愿景的角度回应这些议题，将这些社会价值方面的议题转变成创意组织的愿景陈述和发展蓝图，形成创意组织内部成员之间、创意组织与外部利益相关者之间的价值共鸣。

市场价值领导力塑造了创意组织的价值基石和实现方式，是创意领导力的动力基因。市场价值领导力表现为以用户为中心的领导行动和可持续发展的商业创新。市场法则是人类社会迄今为止配置资源最为有效的社会机制，是平衡公平与正义的有效渠道。市场价值遵循自愿逻辑、利他立场、彼此尊重、互相信任、利益分享的契约精神，强调创意组织的高效执行和持续创新。

---

① 库泽斯，波斯纳. 领导力：如何在组织中成就卓越[M]. 徐中，沈小滨，译. 北京：电子工业出版社，2018：8-19.
② 奈. 巧实力：权力，个人、企业和国家[M]. 李达飞，译. 北京：中信出版社，2013：36-65.

审美价值领导力塑造了创意组织的价值高度和高远追求，是创意领导力的升华基因。审美价值是个体超功利的情感需求和无利害的精神取向，是个体彰显自我主体性的价值心态。审美价值领导力指向创意产品对个体创造才能的激活和人生境界的提升。我国哲学家张世英说人有四种人生境界，即欲求境界、求知境界、道德境界和审美境界，审美为最高境界。他认为，人的审美意识具有"感性美""理性美"和"超理性之美"三个层次。[①]因此，审美价值领导力旨在推进创意组织超越三个审美层次。审美价值领导力注重创意产品的感性形式、设计风格、生活智慧和精神超越等审美价值的塑造。

关系价值领导力塑造了创意组织的价值格局和人际互动，是创意领导力的连接基因。创意组织的关系价值分为组织内部的人际关系价值和组织外部的人际关系价值。关系价值领导力展现了创意领导力的影响力特质。领导力不是一种职务、权威，不是被授予或指派的，而是通过影响他人来发挥作用的。创意领导者是通过提升他人的价值而提升自己的价值，通过成就他人而成就自己。创意领导者要着手构建创意组织内部和外部环境的良好人际关系。关系价值领导力在创意组织内部环境表现为自下而上创意资源的内生突进，在创意组织外部环境表现为外部创意资源的外生连接。关系价值领导力是一种善用关系资本的能力，反映了组织内部的人员激励力和组织外部的社交突破力。

技术价值领导力塑造了创意组织的价值根基和生态架构，是创意领导力的变革基因。"科学技术是第一生产力"，技术变革是人类社会进步的根本动因。技术价值领导力表现为一种敏捷、快速的技术思维、技术前瞻、技术应用技能和技术研发能力。从工业革命、电气革命到网络革命，科学技术不断改变人们的生活方式、生产机制和组织模式。人工智能时代的技术价值领导力表现为对新兴技术的敏感力、高新技术的应用转化力和前沿技术研发的推动力。创意领导者要加强对技术的价值沟通、研发创新、创新变革、团队组建等能力的建设，促进技术价值领导力的落地，推进创意组织的数字化转型发展。

创意领导力的 SMART 价值基因是一种共生领导力基因。共生领导力遵循组织边界的开放性、组织价值的整体性、组织要素的互动性和组织主体的自主性等共生型组织原则。社会价值、市场价值、审美价值、关系价值和技术价值等价值基因互相作用、相互影响，协同共生。例如，社会价值和市场价值是一对"精神与物质统一"的价值基因，审美价值和关系价值是一对内外统一的价值基因，审美价值与技术价值是一对形式和内容统一的价值基因。创意领导力的共生基因特质进一步推动了不同创意组织之间的群结集聚，进而形成更大的创意生态。数字化时代的创意领导者共生领导力是一种能承诺且能承担责任的能力，是一种指向未来的能力，要求创意领导者从组织管制转向组织牵引、协同和赋能。[②]

一个创意领导者的创意领导力共生基因不是合理分布、全面发展的，而是在社会价值、市场价值、审美价值、关系价值和技术价值五种不同基因维度上各有侧重。创意领导力具体表现为产品型创意领导力、程式型创意领导力、人际型创意领导力和战略型创意领导力。产品型创意领导力注重创意产品的技术价值和审美价值，程式型创意领导力关注创意组织

---

① 张世英. 审美意识的三重超越——再论美在自由[J]. 哲学分析, 2011 (3): 18-27.
② 陈春花. 数字化时代企业家的"共生"领导力[J]. 企业观察家, 2018 (12): 101-103.

的关系价值和市场价值，人际型创意领导力强调创意组织的关系价值，战略型创意领导力提倡创意组织的社会价值。

领导力是决定个人发展和组织发展的关键，是战略思维、人格影响和管理行动的有效结合。美国领导力专家约翰·马克斯维尔（John C.Maxwell）系统总结了领导力的21条法则，包括盖子法则（领导力决定一个人的成效水平）、影响力法则（衡量领导力的真正尺度是影响力）、过程法则（领导力来自日积月累，而非一日之功）、导航法则（谁都可以掌舵，唯有领导者才能设定航线）、增值法则（领导者为他人提升价值）、根基法则（信任乃领导力的根基）、尊重法则（人们通常愿意追随比自己强的领导者）、直觉法则（领导者善用领导直觉评估每件事务）、吸引力法则（你只能吸引和你相似的人，而无法吸引想要的人）、亲和力法则（领导者深知得人之前必先得其心）、核心圈法则（一个领导者的潜力由最接近他的人决定）、授权法则（有安全感的领导者才会授权于人）、镜像法则（看到别人怎么做，大家也会照样做）、接纳法则（人们先接纳领导者，然后接纳他的愿景）、制胜法则（领导者为其团队找出一条制胜之路）、动势法则（动势是领导者最好的朋友）、优先次序法则（领导者明白，忙碌不一定等于成效）、舍得法则（领导者必须先"舍"后"得"）、时机法则（掌握时机与善用策略同样重要）、爆炸性倍增法则（培养追随者，得到相加的效果；培养领导者，得到倍增的效果）、传承法则（一个领导者的长久价值由其继承者决定）。[①]创意领导力的共生基因要求创意领导者具备艺术审美、故事叙事、数字科技和跨界创新的知识和能力。其中，艺术审美是发掘美感的知识和能力；故事叙事是讲好故事的知识和能力；数字科技是运用科技的能力；跨界创新是突破框架的能力。创意领导力的提升不是一蹴而就的，而是要经过一个日积月累的养成过程。

 **本章小结**

组织既是人类文明成果的体现者，又是人类文明的塑造者。创意组织是人类社会组织进化的结果，随着技术条件、经济结构、人性价值和社会生态的变化而变化。任何伟大的创意都离不开分工与协作，创意组织的建立原则在于分工协作与价值扩散，创意组织依据创意分工和创意协作实现价值创造和价值扩散。创意组织的企业形态除了一般的有限责任公司、股份有限公司、外资公司和国有公司等类型，还出现了"一人企业""社会企业"和"共生企业"等新型组织形态。创意组织的基本发展观念包括静态组织发展观、动态组织发展观、生态组织发展观和心智组织发展观。创意个人构成创意组织，创意组织通过完成组织使命实现个人价值。创意组织以数字新基建为依托、以文化创意和数字资源为核心要素，通过互联网嵌入广泛的社会关系，实现协同创意和融合创新。创意组织的创造力来自协作性合作团队。创意组织往往呈现一种松散的、临时任务型组织状态。

---

① 马克斯维尔. 领导力21法则[M]. 路本福，译. 上海：文汇出版社，2017：11-320.

创意组织是"巧创新"驱动型组织，实现文化创意与科技创新的融合创新。互联网时代的创意组织是创意产权创造者、创意平台搭建者、创意伙伴推进者以及创意能量汇聚者。创意组织将创意个体、创意责任、组织权力和价值目标结合起来，主要依托文化连接、创意赋能和价值共生三大创新路径发挥自身的功能。创意组织的运营模式分为内容型、渠道型、终端型、平台型和生态型五类。

创意组织的领导者是创意企业家，他们在创意组织中展现了一种独特的创意战略思维和创意领导力。战略理论的发展经历了常规战略、蓝海战略和紫海战略三个阶段。创意战略包括"商业创新、创业家精神、创意领导力和创意组织化"四大战略模块。其中，创意战略首先关注创意组织的商业创新；创业家精神（又称企业家精神）是创意战略的独特品质；创意领导力是创意战略领导者"以共同抱负和能够实现这些抱负的战略行动的形式赋予愿景具体内容的智力活动"；创意组织化是创意战略目标实现的基础，创意战略的宗旨是实现创意组织价值的最大化。创意领导力是一种激发组织成员使命与价值观的强大力量，表现出一种共生领导力的基因特质。创意领导力的表现为对创意组织内部环境和外部环境中的组织资源和人际关系的整合与协调，包括社会价值、市场价值、审美价值、关系价值和技术价值五个不同价值维度的共生领导力基因，呈现一个 SMART 领导力基因模型结构。创意领导力的 SMART 价值基因是一种共生领导力基因。创意领导力的共生基因要求创意领导者具备艺术审美、故事叙事、数字科技和跨界创新的知识和能力。

思考题

1. 批判讨论弗雷德里克·莱卢关于人类心智模式与组织演进的关系分析。
2. 创意组织的运营模式受到哪些因素的影响？
3. 社会网络如何促进创意组织的结构变革？
4. 创意战略如何实现"艺术、手艺和科学"的实践结合？
5. 你认为不同的创意领导力模型及相应关键能力有什么差异？

案例分析

2019 年 5 月，习近平向国际人工智能与教育大会致贺信，指出"人工智能是引领新一轮科技革命和产业变革的重要驱动力，正深刻改变着人们的生产、生活、学习方式，推动人类社会迎来人机协同、跨界融合、共创分享的智能时代"。在移动互联网、大数据、云计算、传感网、物联网等技术的驱动下，人工智能呈现深度学习、跨界融合、人机协同、群智开放的特点；大数据驱动的深度学习、柔性设计、个性推荐、智能穿戴等人工智能诸发展要素已渗透至创意产业，正引起行业的动荡和业态重塑。2018 年 10 月，由 3 个毫无艺术创作才能的程序员开发的艺术作品《爱德蒙·德·贝拉米肖像》（*Edmond de Belamy*）

在纽约佳士得以 35 万美元被拍卖，成为世界上第一件成功拍出的人工智能艺术品。阿里巴巴人工智能设计师"鹿班"在短短 7 天中针对各类商品设计出 4 亿张海报，把设计效率提升到前所未有的高度（相当于百位设计师工作 300 年）并以个性化、差异化的设计成果实现"千品千面"的视觉效果，把人工智能设计发展到字体、标志、网页、图表、界面等平面设计领域，发展到产品、建筑、室内、服装、印刷、游戏、影视等多元设计领域。美国奈飞（Netflix）利用人工智能技术已达十余年，每天通过 AI 对 3000 万次"播放"（暂停、倒退和快进）用户的 400 万次评级、300 万次搜索进行观测与分析，收集每个用户对于每部影片的评价（分数 1～5），精准掌握受众偏好，将自制剧打造成爆款的概率从传统的 20% 提升至 80%，借此推荐用户可能感兴趣的内容。Netflix 除了掌握越来越多的用户行为数据（包括用户观看的内容、使用设备、观看时间、观看频率、观看地点），还借助机器学习建立推荐算法，以捕捉更多基于 rule-based 算法可能漏掉但对预测喜好相当有帮助的信息，如观看影片的顺序、不同因素之间的交互作用。①

【思考】

结合以上背景材料，分析人工智能给创意生产机制和创意组织管理模式带来的挑战。

 本章参考文献

1. 莱卢. 重塑组织：进化型组织的创建之道[M]. 进化组织研习社，译. 北京：东方出版社，2017.

2. 贾维斯. 一人公司：起步的思维[M]. 刘奕吟，译. 武汉：武汉大学出版社，2021.

3. 圣吉. 第五项修炼：学习型组织的艺术与实践[M]. 张成林，译. 北京：中信出版集团，2018.

4. 陈春花，赵海然. 共生：未来企业组织进化路径[M]. 北京：中信出版集团，2018.

5. 陈春花. 共生价值：数字化时代的组织管理[M]. 北京：人民邮电出版社，2021.

6. 索耶. 如何成为创意组织[M]. 汤超颖，高鹏，元颖，译. 成都：四川人民出版社，2019.

7. 刘绍荣，等. 平台型组织[M]. 北京：中信出版集团，2019.

8. 陈春花. 激活个体：互联时代的组织管理新范式[M]. 北京：机械工业出版社，2015.

9. 汉迪. 组织的概念[M]. 方海萍，等，译. 北京：中国人民大学出版社，2006.

10. 阿什肯纳斯，尤里奇，吉克，等. 无边界组织[M]. 姜文波，刘丽君，康至军，译. 北京：机械工业出版社，2016.

11. 徐晋. 平台经济学：平台竞争的理论与实践[M]. 上海：上海交通大学出版社，2007.

---

① 案例来源：范凌. 艺术设计与人工智能的跨界融合. 人民日报[N]. 2019-09-15（8）；彭郑子莲. Netflix 们的 AI 竞技场[EB/OL].（2018-12-24）[2021-12-09]. https://www.jiemian.com/article/2727184.html.

12．克里斯坦森．创新者的窘境[M]．胡建桥，译．北京：中信出版集团，2020.

13．钱德勒．战略与结构：美国工商企业成长的若干篇章[M]．孟昕，译．昆明：云南人民出版社，2002.

14．安索夫．战略管理[M]．邵冲，译．北京：机械工业出版社，2013.

15．明茨伯格．战略规划的兴衰[M]．张猛，钟含春，译．北京：中国市场出版社，2010.

16．波特．竞争战略[M]．陈丽芳，译．北京：中信出版社，2014.

17．金，莫博涅．蓝海战略[M]．吉宓，译．北京：商务印书馆，2016.

18．比尔顿，卡明斯．创意战略[M]．向方勇，译．北京：金城出版社，2015.

19．奥斯特瓦德，皮尼厄．商业模式新生代[M]．王帅，毛心宇，严威，译．北京：机械工业出版社，2011.

20．德鲁克．创新与企业家精神[M]．蔡文燕，译．北京：机械工业出版社，2009.

21．希亚姆．商业创新[M]．李妍，译．北京：人民邮电出版社，2015.

22．库泽斯，波斯纳．领导力：如何在组织中成就卓越[M]．徐中，沈小滨，译．北京：电子工业出版社，2018.

后　记

　　本书的写作从酝酿到完稿，耗时近五年。本书的完成建立在本人为北京大学艺术学院艺术史论专业文化产业管理方向的本科生讲授"创意管理学"必修课程以及为广播电视专业创意制片与文化产业方向的 MFA 艺术硕士生讲授"创意与管理"导师实践课程的教学实践基础上，并连续两年得到北京大学教务部组织的"北京大学本科教学改革立项"的大力资助。创意管理学课程自 2017 年开设以来，以创意价值为原点，探讨文化生产领域中"创意"与"管理"的有机融合，训练学生掌握平衡"艺术"与"商业"、"文化"与"产业"的"炼金术"，深入领会创意思维和创意战略的介入过程和管理机制。课程集中介绍了创意管理在文化艺术领域的理论探索与实践应用，详细探讨了创意管理的视野与方法、原理与机制并辅以大量的实务与前沿案例，旨在为学生讲清创意管理理论的基本原理、基础知识、实践规律和行业应用，培养学生艺术与文创的跨领域整合与转化能力，以及创意管理指导下的创意管理的理论思考，最终提高学生创意管理的实践能力。五年来，创意管理学课程的讲授围绕审美、故事、创意和商业四大模块的能力构建，通过理论学习、案例分析、专家分享和实践演练，使学生在发掘美感、讲好故事、突破框架和商业运营等方面的综合能力得到显著提升。这给本人开启本书的写作以极大的鼓舞。

　　本书是理论思考与创意实践的结晶。本人将创意管理学的教学思路定位为"生命体验"的创意与"知行合一"的管理相结合，在理论讲授的同时组织创意管理工作坊，安排学生进行创意资源的调研、创意项目的策划与创意成果的展示。2017 年课程的实践教学依据我国地方文化资源的分布划分，把学生分为五个创意团队，分别赴四川彭州、四川宣汉、山西临县、陕西西安和澳门进行实地调研，最后策划了"Barave Beauty 巴丽芙时尚文创""碛口枣娃原创 IP 开发""游戏 App'五陵少年'""'溯回—船承'澳门文化全息体验园"等创意项目。2018 年课程的实践教学按照"一带一路"沿线国家与区域的文化资源划分，将学生分为东南亚南亚、西亚北非、蒙古俄罗斯和东欧等创意小组，最终策划了"越南越美——Aodai 文创服饰""EAST LOVER 文创香水""Poetail 诗人与酒"等创意项目。2019年和 2020 年课程的实践教学依托北京大学在四川设立的北京大学文化产业博士后宣汉创新实践基地，围绕巴文化进行实操性创意策划和运营探索，指导学生以"巴味生活"和"巴适慢生活"为主线，结合巴文化元素，挖掘巴文化基因，以艺术介入乡村建设的实践，推动创意项目的实际落地，致力于改善当地人民的产业结构和经济状况，受到各级政府和社会大众的广泛关注。2021 年课程的实践教学以江西抚州临川文化为主题，学生分别策划了"动漫网络剧'临川戏梦'""剧情探索文旅项目'游园寻梦'""无边界古建博物馆""新媒体沉浸式艺术展'赤子追梦'""青年戏剧节'临川新梦'"和"跨媒介演艺'滚傩神戏'"等创意项目，展现了学生高涨的创意热情和多彩的创意巧思。这些创意实践开阔了学生的创意管理视野，增强了学生对创意管理的实践感知，培养了学生的创意沟通协调能力和创意团队管理能力，既验证了创意管理的理论体系，又拓展了创意管理的知识领域。同学们的热情参与和积极反馈为本人不断丰富和提升创意管理的理论知识和教学实践提供了极大的帮助。

按照英国学者杰弗里·霍奇逊（Geoffrey Hodgson）建构演化经济学的标准，一门学科的建立要同时满足本体论、方法论和隐喻论三大标准，文化产业管理的学科建设也可对照参考。我国的文化产业管理学科经过近二十年的研究探索和教学实践，充分吸收与其核心交叉学科和邻近关联学科的研究成果，虽然其学科门类归属尚未明确，其学科构建问题还远没有解决，但已经逐渐发展成为一个具有特定研究对象、研究方法和满足社会需求的学术园地，并呈现多元化的知识更新和内容升级的发展趋势，本书的写作就是一种尝试。本书作为中国艺术学理论学会中国文化产业管理专业委员会主持的"普通高等院校文化产业管理系列规划教材"之一，其文字撰写和付梓出版过程得到北京大学艺术学院诸位同事和中国文化产业管理专业委员会诸位同人的专业指导，得到了清华大学出版社领导的大力支持和编辑杜春杰老师的悉心帮助。本书的写作过程阅读并参考了大量国内外学术同行的杰出研究成果，在此表示诚挚的感谢。本书的写作是一个不断探索未知、不断更新认知的过程，限于个人的水平和学识，本书难免有疏漏之处，请学界专家、业界专家和广大读者不吝赐教、批评指正，以便今后改正提高。

向勇

2022 年 3 月于北大燕南园